# Gerenciamento Ágil
## de Projetos

Vitor L. Massari

# Gerenciamento Ágil de Projetos

2ª edição

Copyright© 2018 por Brasport Livros e Multimídia Ltda.

Todos os direitos reservados. Nenhuma parte deste livro poderá ser reproduzida, sob qualquer meio, especialmente em fotocópia (xerox), sem a permissão, por escrito, da Editora.

1ª edição: 2014
Reimpressão: 2016
2ª edição: 2018

Editor: Sergio Martins de Oliveira
Diretora: Rosa Maria Oliveira de Queiroz
Gerente de Produção Editorial: Marina dos Anjos Martins de Oliveira
Imagens: Dry Souza Design Gráfico
Capa: Paulo Vermelho
Arte final: Use Design

Técnica e muita atenção foram empregadas na produção deste livro. Porém, erros de digitação e/ou impressão podem ocorrer. Qualquer dúvida, inclusive de conceito, solicitamos enviar mensagem para **editorial@brasport.com.br**, para que nossa equipe, juntamente com o autor, possa esclarecer. A Brasport e o(s) autor(es) não assumem qualquer responsabilidade por eventuais danos ou perdas a pessoas ou bens, originados do uso deste livro.

---

M414g    Massari, Vitor L.
              Gerenciamento ágil de projetos / Vitor L. Massari – 2.ed. – Rio de Janeiro:
         Brasport, 2018.

              ISBN: 978-85-7452-892-2

              1. Administração de projetos 2. Gerenciamento ágil I. Título.

                                                                                CDD: 658.404

Ficha Catalográfica elaborada por bibliotecário – CRB7 6355

---

**BRASPORT Livros e Multimídia Ltda.**
Rua Teodoro da Silva, 536 A – Vila Isabel
20560-005 – Rio de Janeiro-RJ
Tels. Fax: (21)2568.1415/3497.2162
e-mails: marketing@brasport.com.br
vendas@brasport.com.br
editorial@brasport.com.br
**www.brasport.com.br**

**Filial SP**
Av. Paulista, 807 – conj. 915
01311-100 – São Paulo-SP

Dedico este livro às minhas três grandes mulheres: minha mãe Valéria, minha amada esposa Márcia, minha filha Laura Vitória Massari e ao meu finado pai Florivaldo Massari.

# Agradecimentos

Todos os mencionados a seguir foram de vital importância para a realização deste livro.

Gostaria de agradecer:

- à editora Brasport, pela parceria e pelo apoio e suporte a este trabalho;

- à Hiflex Consultoria, por ser a grande força motriz por trás do meu trabalho de estudo e disseminação de conhecimento;

- aos meus sócios Maurício José de Souza e Fábio Cruz, pela paciência com minha mente inquieta e anárquica;

- aos meus grandes mentores profissionais do presente e do passado: Fernando Vilares, Luis Ricardo Almeida, Arturo Sangiovanni, Marcos Miranda, José Agnaldo Sousa, Marcus Caldevilla, João Carlos Deiró, Cláudio Teruki, Dimas Magalhães, Lúcia Sato, Ricardo Vergara, Izaura Suguimoto, Rosemari Gatti e Nelson Hiroshi Uchida;

- aos amigos Evandro Fornazari, André Teixeira, Alexandre Unzer, Rachel Simões, Flávia Amorin, Daniella Aguiar e Luciene Rocha pelo incentivo, apoio, pelas ideias e pela divulgação do meu trabalho;

- ao Jackson Caset, proprietário do portal Profissionais TI, por ser a primeira pessoa a dar espaço para a publicação de meus artigos e divulgação de treinamentos, que culminaram com a escrita deste livro;

- à Dry Souza Design Gráfico, pela elaboração das imagens deste livro;

- a todos os demais familiares: meus irmãos, cunhados e sobrinhos, por todo o amor e companheirismo ao longo da vida.

# Prefácio da 1ª edição

Olá! Imagino que se você chegou até aqui é porque está à procura de mais conhecimento e de uma melhor preparação para a realização do exame de certificação PMI-ACP, e pode ser também que busque se sentir mais capacitado para enfrentar os desafios reais de projetos na sua vida profissional. Para esses dois casos eu posso dizer, só para começar, que você veio ao lugar certo.

Foi um prazer muito grande receber o convite de Vitor Massari para escrever este prefácio e especialmente por ter a oportunidade e o privilégio de ser um dos primeiros a ler este seu primeiro livro e por também estar buscando a certificação PMI-ACP.

Vitor conseguiu fazer um ótimo trabalho ao juntar todos os conteúdos necessários para que um profissional entenda desde os conceitos e *frameworks* ágeis mais conhecidos e aplicados no mercado até o código de ética do PMI, passando pelas teorias e fundamentos básicos da iniciação, planejamento, execução e monitoramento de projetos, respeitando os pontos defendidos pelo tradicional *PMBOK® Guide* para uma gestão ágil de projetos.

A certificação PMI-ACP do PMI aborda a maioria das práticas, técnicas e abordagens ágeis existentes no mercado, combinando-as com outras diversas ferramentas e técnicas tradicionais do gerenciamento de projetos, tais como custo-benefício, ROI, valor presente líquido, *business case*, gerenciamento de requisitos, aquisições, entre outras.

A certificação PMI-ACP é uma das mais difíceis de aprovação, pois, além da teoria, cobra também questões situacionais que colocam à prova a experiência prática do profissional que a procura. Então, não basta decorar os conteúdos e ler os materiais: é preciso saber como responder às situações reais dos projetos e utilizar as técnicas e práticas certas na hora certa, e tudo isso você conseguirá encontrar neste livro do Vitor, que é um dos primeiros especializados na certificação ágil do PMI lançado no mercado brasileiro, por um autor brasileiro.

É difícil encontrar livros com o conteúdo completo como este. Há alguns em inglês, mas em português não. E se considerarmos que, além das teorias, conceitos e práticas

# X    Gerenciamento Ágil de Projetos

abordadas pelo Vitor de maneira objetiva e direta, ainda há uma gama incrível de questões semelhantes às do exame espalhadas em exercícios de revisão e simulados para testar o seu conhecimento ao longo de mais de 280 questões em português, este é um dos poucos do Brasil.

Gosto muito de dizer que, assim como um atirador de elite não deve conhecer e atirar com apenas uma arma, os gerentes de projetos, membros de equipes de projetos e todos os envolvidos diretos com os resultados dos projetos precisam conhecer e saber aplicar diversas armas (técnicas, ferramentas e boas práticas), pois só assim será possível vencer os obstáculos que estão em constante mudança nos ambientes de projetos e ainda atingir as metas que nos são cobradas.

Dessa forma, tenho certeza ao dizer que neste livro você encontrará muitas dessas práticas, técnicas e ferramentas que poderá usar para vencer os desafios de seus projetos e se sentir mais preparado para evoluir e crescer na carreira.

Como as práticas e ferramentas são as mais variadas e com diversas aplicações e objetivos, talvez você não encontre todas elas detalhadas ao máximo nesta obra, mas garanto que o melhor de tudo você obterá aqui: um novo conhecimento a respeito da existência e do objetivo principal de uma técnica ou prática ágil fundamental para se obter a certificação PMI-ACP do PMI, podendo se aprofundar mais em cada uma, inclusive através dos treinamentos do próprio Vitor, que estão ajudando dezenas de profissionais a obter a certificação PMI-ACP pelo Brasil afora.

Tenho que dizer que, além de ter gostado do livro, eu já o estou utilizando para a minha própria preparação para o exame de certificação PMI-ACP.

Então, se você está buscando um bom livro que traga todo o conteúdo necessário para que você aprenda, estude e se prepare para obter a certificação PMI-ACP, você não precisará mais procurar, basta continuar a leitura a partir daqui.

Deixo aqui os meus parabéns ao Vitor Massari por este ótimo livro, que contribui muito para o estudo e compartilhamento de conhecimentos sobre gerenciamento ágil de projetos.

Convido você a ter uma boa leitura e desejo-lhe uma boa prova de certificação PMI-ACP!

**Fábio Cruz**
Sócio-Diretor e Especialista em Gerenciamento de Projetos pela Hiflex Consultoria e autor dos *best-sellers* "Scrum e PMBOK unidos no gerenciamento de projetos", "Scrum e Agile – Guia Completo" e "PMO Ágil", também publicado pela Brasport.

# Sobre o Autor

Sócio-Diretor e um dos principais consultores e especialistas em *Agile/Lean* da Hiflex Consultoria, possui mais de 18 anos de experiência em projetos de inovação. Atualmente ajuda organizações de pequeno, médio e grande porte a darem passos rumo à agilidade em projetos.

Detentor de mais de 20 certificações internacionais especializadas no tema, como PMI-ACP, *Certified Scrum Professional*, *Professional Scrum Master* II, *SAFe Agilist*, *DevOps Master*, PRINCE2 *Agile*, entre outras. Agilista, gerente de projetos, colunista, blogueiro, instrutor e anárquico, acredita no equilíbrio entre as várias metodologias, *frameworks* e boas práticas voltadas para gestão de projetos e que os gestores precisam encontrar esse equilíbrio, muito mais do que seguir cegamente modelos predeterminados.

Cocriador do treinamento Imersão Ágil em parceria com Fábio Cruz.

Docente da disciplina Gestão Ágil de Projetos nas maiores instituições de ensino do Brasil, como FIA e Senac. Integrante do corpo docente do primeiro curso de formação de *Agile Coaching* do Brasil.

Vencedor por dois anos consecutivos do Troféu Luca Bastos no evento nacional *Agile Trends*, trazendo *cases* de aplicação de gerenciamento ágil em clientes.

Voluntário e tradutor do *framework* LeSS para utilização de métodos ágeis em escala. Pioneiro na utilização de métodos ágeis em escala (Nexus, LeSS, SAFe) em ambientes não TI.

Membro do comitê internacional e revisor das certificações EXIN Agile Scrum.

Autor do *best-seller* "Agile Scrum Master no Gerenciamento Avançado de Projetos" e coautor de "Gestão Ágil de Produtos com Agile Think® Business Framework", ambos lançados pela Brasport.

# Sumário

| | |
|---|---|
| **Introdução** | 1 |
| **Capítulo 1. Detalhes Sobre a Certificação PMI-ACP** | 3 |
| 1.1. Elegibilidade para o Exame | 3 |
| 1.2. Como se Inscrever para o Exame | 4 |
| 1.3. Conteúdo do Exame | 5 |
| 1.4. Bibliografia Referencial para o Exame | 5 |
| 1.5. Preparando-se para o Exame | 6 |
| 1.6. O Dia do Exame | 7 |
| **Capítulo 2. *Framework* Ágil** | 8 |
| 2.1. Manifesto Ágil | 8 |
| 2.2. Conceitos de Agilidade | 15 |
| 2.3. Métodos e *Frameworks* Ágeis | 19 |
| 2.3.1. *Crystal* | 19 |
| 2.3.2. FDD (*Feature-Driven Development*) | 20 |
| 2.3.3. DSDM (*Dynamic Systems Development Method*) | 21 |
| 2.3.4. *Kanban* | 22 |
| 2.3.5. *Lean* | 23 |
| 2.3.6. XP (*Extreme Programming*) | 26 |
| 2.3.7. *Scrum* | 28 |
| 2.4. *Tailoring* e os Modelos Híbridos | 31 |
| 2.5. Revisão | 35 |
| 2.6. Respostas | 38 |

**XIV** Gerenciamento Ágil de Projetos

**Capítulo 3. Iniciando Projetos Ágeis**     **40**

3.1. Avaliando Valor     40
    3.1.1. Retorno sobre o Investimento (ROI – *Return On Investment*)   40
    3.1.2. Valor Presente Líquido (NPV – *Net Present Value*)     41
    3.1.3. Taxa Interna de Retorno (IRR – *Internal Rate of Return*)     42
    3.1.4. Análise de Custo-Benefício     43
    3.1.5. *Business Case*     43
    3.1.6. Mapeamento de Fluxo de Valor     44
3.2. Termo de Abertura do Projeto     46
3.3. Identificar as Partes Interessadas     48

**Capítulo 4. Planejando Projetos Ágeis**     **49**

4.1. Conceitos de Planejamento Adaptativo     49
    4.1.1. *Roadmap* do Produto     49
    4.1.2. MMF/MVP (*Minimally Marketable Feature/Minimum Viable Product*)     50
    4.1.3. Elaboração Progressiva     50
    4.1.4. Entregas Incrementais     51
    4.1.5. *Timeboxing*     54
4.2. Coletando Requisitos     54
    4.2.1. *Wireframes*     54
    4.2.2. Personas     55
    4.2.3. Jogos Ágeis     56
    4.2.4. Modelagem Ágil     57
    4.2.5. *User Stories*     58
    4.2.6. Mapas de *User Stories*     62
4.3. Priorizando Requisitos     62
    4.3.1. Priorização Orientada a Valor     63
    4.3.2. Priorização Relativa     66
    4.3.3. *Backlog* Orientado a Riscos     67
4.4. Estimativas Ágeis     69
    4.4.1. Horas Ideais     69
    4.4.2. *Story Points*     69
    4.4.3. Estimativa por Afinidade     71
    4.4.4. *Wideband Delphi*     72
    4.4.5. *Planning Poker*     73
    4.4.6. Velocidade     73
    4.4.7. Estimativa de Custos     76

Sumário XV

| | |
|---|---|
| 4.5. Planos Ágeis | 77 |
| 4.5.1. Decomposição Orientada a Valor | 79 |
| 4.5.2. Planejamento de *Release* | 81 |
| 4.5.3. Planejamento de Iteração | 83 |
| 4.6. Gerenciamento das Aquisições | 85 |
| 4.6.1. Contratos Ágeis | 85 |
| 4.7. Revisão | 87 |
| 4.8. Respostas | 94 |
| 4.9. Simuladinho | 99 |
| 4.10. Respostas | 106 |
| **Capítulo 5. Executando Projetos Ágeis** | **110** |
| 5.1. Entregando Valor | 110 |
| 5.1.1. *Kanban*/Quadro de Tarefas | 110 |
| 5.1.2. Limites de WIP (*Work In Progress*) | 111 |
| 5.1.3. Protótipos | 113 |
| 5.2. Engajamento das Partes Interessadas | 114 |
| 5.2.1. Incorporando Valores das Partes Interessadas | 114 |
| 5.2.2. Gerenciamento das Partes Interessadas | 115 |
| 5.2.3. Gerenciamento das Comunicações | 116 |
| 5.2.4. Gerenciamento dos Fornecedores | 117 |
| 5.2.5. Radiadores de Informação | 118 |
| 5.3. Usando *Soft Skills* | 118 |
| 5.3.1. Negociação | 118 |
| 5.3.2. Escuta Ativa | 119 |
| 5.3.3. Métodos de Facilitação | 119 |
| 5.3.4. Diversidades Culturais da Equipe | 120 |
| 5.3.5. Resolução de Conflitos | 120 |
| 5.3.6. Equipes Distribuídas | 123 |
| 5.3.7. Modelos Participativos de Tomada de Decisão | 123 |
| 5.4. Práticas de Aumento de Desempenho da Equipe | 124 |
| 5.4.1. Ferramentas e Técnicas de Liderança | 125 |
| 5.4.2. Liderança Situacional | 126 |
| 5.4.3. Inteligência Emocional | 129 |
| 5.4.4. Formando Equipes Fortalecidas | 130 |
| 5.4.5. Formando Equipes de Alto Desempenho | 131 |
| 5.4.6. Motivações da Equipe | 132 |
| 5.4.7. *Daily Stand-Ups* | 134 |
| 5.4.8. Treinamento, *Coaching* e Mentoria | 134 |

**XVI    Gerenciamento Ágil de Projetos**

| | |
|---|---|
| 5.4.9. Técnicas de *Brainstorming* | 136 |
| 5.4.10. Espaço da Equipe | 136 |
| 5.4.11. Equipes Distribuídas | 137 |
| 5.4.12. Artefatos Ágeis | 137 |
| 5.4.13. O *Framework* de uma Equipe Ágil | 138 |
| 5.5. Refinando o Escopo | 139 |
| 5.5.1. Refinamento do *Backlog* do Produto | 139 |
| 5.6. Revisão | 140 |
| 5.7. Respostas | 145 |
| **Capítulo 6. Monitorando e Controlando Projetos Ágeis** | **149** |
| 6.1. Controlando Cronograma, Escopo e Custos | 149 |
| 6.1.1. Gerenciamento Ágil de Valor Agregado | 149 |
| 6.1.2. Gráficos *Burndown* e *Burnup* | 151 |
| 6.1.3. KPIs (*Key Perfomance Indicators*) | 153 |
| 6.2. Monitorando Riscos | 153 |
| 6.2.1. *Pre Mortem* | 153 |
| 6.2.2. *Spike* | 154 |
| 6.2.3. Gráficos *Burndown* de Riscos | 155 |
| 6.2.4. Resolução de Problemas | 156 |
| 6.3. Monitorando o Fluxo | 157 |
| 6.3.1. *Kanban*/Quadro de Tarefas | 157 |
| 6.3.2. Diagrama de Fluxo Cumulativo (CFD – *Cumulative Flow Diagram*) | 157 |
| 6.3.3. Ciclo de Tempo | 160 |
| 6.4. Gerenciando e Controlando a Qualidade | 161 |
| 6.4.1. Defeitos | 161 |
| 6.4.2. Gerenciamento da Qualidade | 162 |
| 6.4.3. Fator Humano | 163 |
| 6.4.4. Análise de Variações e Tendências | 164 |
| 6.4.5. Limites de Controle | 165 |
| 6.4.6. Integração Contínua | 166 |
| 6.4.7. Desenvolvimento Orientado a Testes (TDD – *Test-Driven Development*) | 167 |
| 6.4.8. Desenvolvimento Orientado a Testes de Aceitação (ATDD – *Acceptance Test-Driven Development*) | 168 |
| 6.4.9. Verificação e Validação Frequentes | 170 |
| 6.5. Validando o Escopo | 170 |
| 6.5.1. Revisão da Iteração | 171 |

| | |
|---|---|
| 6.6. Revisão | 172 |
| 6.7. Respostas | 175 |
| 6.8. Simuladão | 177 |
| 6.9. Respostas | 189 |

## Capítulo 7. Melhoria Contínua — 198

| | |
|---|---|
| 7.1. Retrospectivas | 198 |
| 7.2. Cinco Porquês (*5 Whys*) | 200 |
| 7.3. Conhecimento Compartilhado | 202 |
| 7.4. Análise de Processos | 202 |
| 7.5. Aplicando Novas Práticas Ágeis | 203 |
| 7.6. Código de Ética do PMI | 203 |
| 7.7. Processos de Melhoria Contínua (*Kaizen*) | 204 |
| 7.8. Autorreconhecimento | 205 |
| 7.9. Revisão | 206 |
| 7.10. Respostas | 209 |
| 7.11. *Big* Simuladão Final | 211 |
| 7.12. Respostas | 237 |

## Considerações Finais — 257

## Referências Bibliográficas — 259

# Introdução

"Vitor, o que significa Gerenciamento Ágil de Projetos?"

Quando se pensa em gerenciamento de projetos, a sigla que logo surge na cabeça é PMI (*Project Management Institute*), instituição que se tornou uma referência no assunto através de seu guia de boas práticas chamado *PMBOK® Guide*.

Ao mesmo tempo, lá pelos anos 1990, surgiram técnicas e metodologias de desenvolvimento chamadas "ágeis". Tempos depois essa tal "agilidade" foi escalada para o gerenciamento de projetos. Pronto! Estava estabelecida a guerra! Defensores fervorosos do *PMBOK® Guide versus* defensores fervorosos da tal "agilidade". Gerentes de projetos "tradicionais" *versus* gerentes de projetos "ágeis".

Mas afinal de contas o que é ser "tradicional"? O que é ser "ágil"? Quando devo ser "tradicional"? Quando devo ser "ágil"?

O *PMBOK® Guide* começou a flertar com o ágil quando abordou o ciclo de vida iterativo de um projeto e o conceito de elaboração progressiva. Definitivamente assumiu o ágil em sua quinta edição, quando reconheceu a existência do ciclo de vida adaptativo. E consolidou o ágil em sua sexta edição, indicando abordagens para ambientes ágeis, iterativos e adaptativos em cada área de conhecimento de gerenciamento de projetos.

"Mas, Vitor, você falou, falou e falou e não explicou o que significa ser ágil!".

Ser ágil é utilizar um conjunto recomendado de processos e ferramentas de gerenciamento de projetos, para aqueles projetos onde reinam riscos, incertezas e altas possibilidades de mudanças, e também focados muito mais no fator humano, na interatividade entre as pessoas do que em processos e ferramentas.

# Capítulo 1
# Detalhes Sobre a Certificação PMI-ACP

O PMI reconheceu o ágil como sendo mais uma técnica que pode ser utilizada para o gerenciamento de projetos e, em 2011, lançou uma certificação específica para o assunto, denominada PMI-ACP (ACP = *Agile Certified Practitioner*).

Diferentemente de outras certificações voltadas para métodos ágeis, que englobam um *framework* ou metodologia específica, a certificação PMI-ACP aborda vários *frameworks*, técnicas e metodologias ágeis.

Trata-se de uma certificação que está em franco crescimento, totalizando aproximadamente 19 mil pessoas certificadas no mundo todo, sendo quase duzentas certificadas no Brasil (até março de 2018).

"Vitor, qualquer um pode fazer o exame?"

Sim, desde que respeitados alguns critérios de elegibilidade.

## 1.1. Elegibilidade para o Exame

Para ser considerado elegível ao exame você deve possuir e comprovar ter:

- ▶▶ Diploma de ensino médio.
- ▶▶ 2.000 horas de experiência em gerenciamento de projetos nos últimos cinco anos ou certificação PMP (*Project Management Professional*) do PMI ativa e regularizada.
- ▶▶ 1.500 horas de experiência em equipes de projetos que utilizaram metodologias ágeis nos últimos três anos.
- ▶▶ 21 horas de treinamento em metodologias ágeis.

# 4 Gerenciamento Ágil de Projetos

> *Atenção!* As horas de gerenciamento de projetos e as horas de utilização de métodos ágeis não podem ser intercaladas. Exemplo: atuei de janeiro a abril de 2014 no Projeto X e em abril de 2014 também atuei no Projeto B. No projeto X atuei no planejamento do projeto, totalizando 560 horas. No projeto B atuei como *coach* da equipe em métodos ágeis, totalizando 80 horas. Ou considero as 560 horas trabalhadas em gerenciamento de projetos e 0 (zero) hora em utilização de métodos ágeis ou considero 480 horas trabalhadas em gerenciamento de projetos e 80 horas em utilização de métodos ágeis.

> *Atenção!* As horas de treinamento aceitas são aquelas referentes a cursos presenciais, cursos via videoconferência ou cursos *on-line*. Horas de autoestudo não devem ser computadas como horas de treinamento.

## 1.2. Como se Inscrever para o Exame

"Ok Vitor, atendo aos critérios de elegibilidade. E agora?"

Agora você deverá seguir o roteiro adiante:

1. Ler o *handbook* da certificação disponível no site **http://www.pmi.org/~/media/PDF/Certifications/PMI-ACP_Handbook.ashx**.

2. Criar login e senha no site do PMI (**www.pmi.org**) e ir até a opção *Apply for PMI-ACP Credential*.

3. Você terá um prazo de 90 dias para o preenchimento do formulário de inscrição.

4. Após submissão do formulário, o PMI revisará a inscrição em até dez dias.

5. Após a liberação do PMI, pagar o valor da inscrição através de cartão de crédito internacional.

6. Após o pagamento, a candidatura pode ser selecionada pelo processo de auditoria e poderão ser solicitados documentos que comprovem as informações preenchidas na inscrição.

7. Se a candidatura não for selecionada pelo processo de auditoria, o PMI enviará a *Elegibility Letter*, e o exame deverá ser agendado em um Centro Prometric (**www.prometric.com**) em um prazo máximo de um ano.

Detalhes Sobre a Certificação PMI-ACP **5**

## 1.3. Conteúdo do Exame

O exame é presencial e contém 120 questões, das quais 20 não são consideradas para a pontuação final. Para o candidato ser aprovado no exame deverá ter aproximadamente entre 70% a 80% de aproveitamento.

A duração do exame é de três horas, ou seja, 1 minuto e 30 segundos por questão. É um tempo relativamente agressivo.

Desde março de 2018, o exame encontra-se traduzido para o português.

## 1.4. Bibliografia Referencial para o Exame

Em setembro de 2017, o PMI, em parceria com a Agile Alliance, lançou o Guia Ágil como sua referência de práticas ágeis a serem utilizadas em projetos e serve como insumo de estudos para a realização do exame.

O PMI também recomenda a leitura de 12 livros considerados base para o exame, são eles:

- *Agile Estimating and Planning*, de Mike Cohn.
- *Agile Project Management: Creating Innovative Products – 2nd Edition*, de Jim Highsmith.
- *Agile Retrospectives: Making Good Teams Great*, de Esther Derby e Diana Larsen.
- *Agile Software Development: The Cooperative Game – 2nd Edition*, de Alistair Cockburn.
- *Coaching Agile Teams: A Companion for Scrum Masters, Agile Coaches, and Project Managers in Transition*, de Lyssa Adkins.
- *Effective Project Management: Traditional, Agile, Extreme*, de Robert K. Wysocki.
- *Exploring Scrum: The Fundamentals*, de Dan Rawsthorne e Doug Shimp.
- *Kanban in Action*, de Marcus Hammarberg e Joakim Sunden.
- *Kanban: Successful Evolutionary Change for Your Technology Business*, de David J. Anderson
- *Lean-Agile Software Development: Achieving Enterprise Agility*, de Alan Shalloway, Guy Beaver e James R. Trott.
- *The Software Project Manager's Bridge to Agility*, de Michele Sliger e Stacia Broderick.
- *User Stories Applied: For Agile Software Development*, de Mike Cohn.

**6 Gerenciamento Ágil de Projetos**

> *Atenção!* O PMI revisa constantemente as informações sobre o conteúdo do exame, então se houver qualquer tipo de divergência entre as informações deste livro (baseado nas informações sobre o exame até março de 2018) e as informações do PMI, considerar as informações do PMI como corretas.

## 1.5. Preparando-se para o Exame

Gostaria de dar algumas dicas para o seu plano de estudo:

- ▶▶ Faça um bom curso preparatório, utilizando este livro como material de apoio e complemento.

- ▶▶ Intercale cada matéria do seu curso revisando a matéria correspondente neste livro e fazendo os respectivos simulados.

- ▶▶ Estude de duas a três horas por dia, todos os dias.

- ▶▶ Leia de dois a três livros considerados bibliografia referencial para o exame.

- ▶▶ Faça os dois simulados de revisão cronometrando o tempo e sempre procurando fazer um tempo menor que 1 minuto e 30 segundos por questão, pois será seu tempo para revisar as questões.

- ▶▶ Ao término do seu curso e da leitura deste livro, faça o simulado final de 120 questões encarando como uma grande final de campeonato. Cronometre seu tempo e busque acertar no mínimo 100 questões.

- ▶▶ Se você acertar 100 ou mais questões, gaste mais uma semana fazendo uma revisão final. Se acertar menos, estude mais um pouco para preencher suas lacunas de conhecimento.

- ▶▶ Preferencialmente, tente marcar o exame em uma segunda-feira, pois seu cérebro estará livre das preocupações do dia a dia e do cansaço acumulado da semana.

- ▶▶ Se você agendou seu exame para uma segunda-feira, estude até o sábado anterior. NÃO estude no domingo e tenha um domingo tranquilo com boa alimentação, bastante repouso e uma noite bem dormida! Adie o churrasco e a cervejada para o domingo seguinte como comemoração da sua certificação!

# 1.6. O Dia do Exame

Chegou o tão aguardado dia! Deixe-me dar algumas dicas para você:

▶▶ Trace uma estratégia de intervalo. Exemplo: a cada 40 questões faça uma pausa para tomar uma água, ir ao banheiro e relaxar um pouco.

▶▶ Ficou na dúvida? Questão complicada? Assinale alguma alternativa e marque a questão para revisar posteriormente. Lembre-se de que você tem 1 minuto e 30 segundos por questão, então não perca tempo!

Bom, agora que falei tudo o que você precisava saber sobre o exame, comece a jornada para que este livro o ajude a se tornar mais um certificado PMI-ACP!

Aos estudos!

# CAPÍTULO 2
## *Framework* Ágil

Neste capítulo falarei sobre os valores e princípios que sustentam as metodologias ágeis. Também mencionarei as principais metodologias e *frameworks* ágeis existentes e o que você precisa saber sobre elas para encarar o exame.

## 2.1. Manifesto Ágil

No ano de 2001, 17 gurus do desenvolvimento de software reuniram-se na cidade de Snowbird para discutirem diversos assuntos e um deles foi: projetos de software sempre fracassam ou atrasam ou são problemáticos sempre pelos mesmos motivos. O que fazer?

Como fruto dessa discussão os 17 membros (Kent Beck, Mike Beedle, Arie van Bennekum, Alistair Cockburn, Ward Cunningham, Martin Fowler, James Grenning, Jim Highsmith, Andrew Hunt, Ron Jeffries, Jon Kern, Brian Marick, Robert C. Martin, Steve Mellor, Ken Schwaber, Jeff Sutherland, Dave Thomas) assinaram o manifesto contendo quatro valores e 12 princípios.

Os valores do Manifesto Ágil são:

## Indivíduos e interações sobre processos e ferramentas

Hoje em dia, no mundo dos projetos, muitas pessoas adotam uma postura defensiva, resguardando-se sempre através de processos e ferramentas. Quem nunca passou por algum momento de tensão ou crise no projeto onde foram usados os termos: "mas já tinha te informado por e-mail" ou "estava escrito na documentação passada"? Minha resposta para esse tipo de questionamento é: "quando falamos pessoalmente sobre isso? Quando nos comunicamos de forma a deixar as expectativas claras?", ou melhor: "quando interagimos enquanto indivíduos que se comunicam de forma verbal quase 90% do tempo?".

Descrevo a seguir três situações curiosas onde a prioridade de processos e ferramentas sobre a comunicação verbal entre os envolvidos levaram projetos a situações de desgastes desnecessários:

- Uma vez voltando de férias, havia acabado de ligar meu equipamento quando fui abordado por um colega a respeito de um problema que dependia de minha atuação. Minha resposta foi: "nossa, não estou sabendo de nada ainda". E a réplica: "mas te mandei um e-mail". De forma muito educada respondi que havia acabado de voltar de férias e mostrei que havia 529 e-mails pendentes na minha caixa postal; logo, não saberia em cinco minutos o que era crítico e o que não era.

- Certo dia precisei ausentar-me e de repente recebo uma série de ligações no meu celular de alguns gerentes preocupados com uma situação crítica que estava acontecendo e que ninguém estava conseguindo me localizar. O argumento: "foram enviadas diversas mensagens e você não respondeu". A réplica: "enviadas para onde?" A tréplica: "para seu WhatsApp". Ou seja, fui acionado por um dispositivo que depende da precária internet 3G do país, sendo que uma simples ligação poderia ter resolvido o problema.

# 10 Gerenciamento Ágil de Projetos

▸▸ Em um dos meus *workshops*, uma analista de negócios me descreveu o fluxo de comunicação de um projeto que estava sendo conduzido. Ela escrevia um longo documento de escopo, que seguia para um líder técnico, que encaminhava para a equipe de desenvolvimento. Se a equipe tivesse dúvidas, elas eram encaminhadas para o líder técnico, que encaminhava para a analista de negócios. A analista de negócios respondia e todo o fluxo começava de novo. Pequeno detalhe: tudo escrito e tudo via e-mail. Ora, por qual razão a analista de negócio e a equipe não podiam interagir juntos? Por que passar sempre por essa figura do líder técnico? Por que comunicação escrita sempre? Qual é o tempo desperdiçado nesse vaivém de informações?

Deus nos deu um dom maravilhoso, que é o dom da fala, o dom das pessoas se comunicarem umas com as outras olhando nos olhos! Pergunto: por que a cada dia não se usa esse dom nos projetos? Por que se defender atrás de ferramentas e processos?

Como sempre digo, o sucesso de um projeto depende de captar as necessidades e expectativas do cliente final. As necessidades, sendo algo objetivo, podem ser captadas em papéis, documentos e e-mails. Mas e as expectativas? Como captar algo subjetivo e pessoal sem fazer bom uso da comunicação, da interatividade, da prática da empatia, da escuta ativa e da inteligência emocional?

Processos e ferramentas são importantes para formalizar ou documentar decisões, mas a primeira forma de comunicação deve ser sempre feita de forma pessoal e interativa.

**Dica para as equipes de projeto:** comuniquem-se mais e melhor, defendam-se menos através de processos e ferramentas e garantam um projeto de parceria e sucesso.

## Software funcional sobre documentação abrangente

Muitas organizações exigem que qualquer processo de desenvolvimento só possa começar após a área de negócios preencher documentos como: Declaração de Escopo, Requisitos de Negócios, Solicitação de Mudanças, Casos de Uso, fora outras documentações de governança exigidas. Até aí, problema algum! A dificuldade surge quando esses documentos se tornam o principal canal de comunicação entre a área de negócios e a equipe de desenvolvimento.

Já presenciei absurdos de algumas equipes de desenvolvimento exigirem que o documento de especificação tenha no mínimo 50 páginas para passar clareza!

Outra situação delicada ocorre com organizações que implementam escritórios de PMO da forma mais "engessada" e burocrática possível (lembrando que não são as boas práticas do *PMBOK® Guide* que "engessam" os processos, e sim as pessoas que aplicam as boas práticas de forma burocrática). Esses escritórios costumam exigir diversas documentações para atender ao processo de governança.

Mas pergunto: e a qualidade do meu software? Qual é a garantia de que todas essas documentações vão gerar um software de qualidade? Já vi casos de documentações tecnicamente perfeitas, atendendo a todos os processos de governança, e o software ser uma bela porcaria. Pergunto: valeu a pena?

Se a interatividade entre as áreas de negócio e desenvolvimento é um dos fatores-chave para o sucesso de um projeto, o canal de comunicação entre eles deve ser "leve".

Aí você pode me dizer: "mas, Vitor, isso soa muito anárquico! E se um diretor da minha organização pedir a documentação do meu projeto?" Minha resposta é: não, você deve continuar gerando a documentação "pesada" do seu projeto se necessário, mas essa documentação não deve ser o canal de comunicação com sua equipe, e sim a formalização do processo para ser arquivado dentro da organização.

Lembre-se sempre de que o projeto deve entregar um produto de qualidade e não somente uma documentação de qualidade. Um exemplo prático: você lê um longo artigo em uma revista sobre um determinado restaurante. O artigo está bem escrito, dá muitos detalhes dos tipos de comidas servidas, carta de vinhos e preços. Você se interessa e vai ao restaurante, mas quando chega lá encontra garçons mal-educados e uma comida não tão boa assim. Você voltaria?

Agora faça esse comparativo com um projeto de software, reflita e tire suas conclusões.

## Colaboração com o cliente sobre negociação de contratos

Imagine o seguinte cenário: um cliente contrata consultoria externa para o desenvolvimento do projeto de um novo software. Estabelecem um contrato de preço fixo, com uma duração determinada, onde o cliente exerce toda sua "capacidade de prever o futuro" e identifica todos os requisitos nos mínimos detalhes no início do projeto. Qualquer mudança no decorrer do projeto, mesmo que seja algo que agregue valor ao cliente ou provocado por mudanças no mercado, torna-se um drama! Surgem discussões sobre cobranças adicionais, responsabilidades, escassez de recursos para atuarem nas mudanças, etc., etc., etc. E o principal, que é o VALOR, fica em segundo plano.

Se a consultoria trabalha como parceira do cliente e entrega valor, com certeza o cliente a contratará para outros projetos. Caso contrário, é só lembrar-se da história do restaurante que mencionei anteriormente.

Você pode me perguntar: "mas, Vitor, as consultorias estão preparadas para trabalhar desse jeito? Alguém já trabalha assim?". Respondo que poucas já trabalham e que, no

## 12 Gerenciamento Ágil de Projetos

geral, a maioria ainda não está preparada, pois se trata de uma quebra de paradigmas dos tradicionais contratos "engessados" com preço fixo. Mas é importante desafiar o *status quo* e provar que esse é um caminho para ajudar a resolver problemas clássicos de projetos regidos por contratos com consultorias externas.

E, como sempre digo, para provar que algo funciona ou não é preciso experimentar e testar!

**Dica:** consultorias: colaborem mais com seus clientes e tornem seus contratos mais flexíveis! Clientes: trabalhem com suas consultorias com o conceito de equipe unida e esqueçam o "nós" e o "eles".

### *Resposta às mudanças sobre seguir um plano*

Todo e qualquer projeto deve começar com alguma documentação como ponto de partida, seja uma declaração de escopo, seja um requisito de negócios. Mas começa com um grande problema quando é exigido do analista de negócios, cliente ou usuário que ele especifique todos os requisitos no maior nível de detalhes possível.

Ora, se boa parte dos projetos lida com incertezas, condições tecnológicas, condições de mercado e riscos, como prever que o documento inicial não será passível de mudança? Como prever que todos os cenários foram contemplados nesse documento inicial? Como prever se o requisito que era imprescindível no início do projeto continuará sendo imprescindível? Como prever se uma mudança que agregue valor ao produto não surgirá no meio do caminho?

Tive a oportunidade de ouvir a história de uma analista de negócios que precisou gerar um documento "pesado" com inúmeras páginas e excesso de detalhamento, pois era o padrão exigido pela área de desenvolvimento do projeto. No decorrer do desenvolvimento, uma condição de mercado mudou e era necessária uma adequação no projeto.

Travou-se o seguinte diálogo:

— Não temos recursos para atuar nisso. Essa mudança terá que ficar de fora.

— Mas se ficar de fora não tenho como lançar o produto. O mercado sofreu mudanças e precisamos adequar o produto para que ele seja lançado com competitividade perante a concorrência.

— Paciência. Temos que fazer o que está escrito.

Na situação real descrita identifica-se que:

➤➤ Os processos e as ferramentas prevaleceram sobre os indivíduos e suas interações.

**Framework** Ágil 13

➤ Ter a documentação detalhada prevaleceu sobre o produto final.

➤ Seguir um contrato à risca prevaleceu sobre a colaboração com o cliente.

➤ Seguir um plano inicial prevaleceu sobre a mudança necessária.

Outra situação que ocorre muito é quando as mudanças necessárias se tornam a temida fase 2 do projeto. Uso o termo "temida", pois muitas vezes o produto gerado na fase 1 do projeto ou não tem o valor esperado pelo cliente ou é ruim mesmo, e a chamada fase 2 torna-se tão ou até mais importante que o projeto original.

No mundo dos projetos criou-se indevidamente uma aversão à palavra "mudança". Entendo que a mudança deva ser controlada, senão o projeto se torna o caos. Mas mudanças necessárias para gerar **valor** ao produto final e ao cliente devem ser analisadas e, na medida do possível, "encaixadas" no desenvolvimento do projeto. Por esse motivo é interessante utilizar um ciclo de vida iterativo e adaptativo em projetos regidos por incertezas e riscos.

Então, gerentes de projetos, desenvolvedores e gestores no geral, lembrem-se sempre de duas coisas:

➤ O incerto não pode ser previsto com antecedência e precisão.

➤ A mudança que gera valor ao produto final e ao cliente deve ser sempre vista com bons olhos e não com restrições.

> *Atenção!* Para o exame é fundamental que você saiba à risca os quatro valores do manifesto ágil. Cuidado com o jogo de palavras: as palavras "equipe", "time" ou "pessoas" são diferentes da palavra "indivíduos". As palavras "iteração" ou "iteratividade" são diferentes da palavra "interação". Software funcionando é diferente de software funcional. Entenda também que a principal diretriz de um projeto ágil é estar alinhado com os valores e princípios do Manifesto Ágil.

Falando agora sobre os 12 princípios do Manifesto Ágil:

1. Nossa maior prioridade é satisfazer o cliente, através da entrega adiantada e contínua de software de valor. Uma vez que as entregas são contínuas, isso permite que o cliente tenha visibilidade e transparência sobre o que está sendo feito, além de se estabelecer uma relação de maior confiança.

2. Aceitar mudanças de requisitos, mesmo no fim do desenvolvimento. Processos ágeis se adequam a mudanças, para que o cliente possa tirar vantagens competitivas. Projetos com riscos e incertezas sempre estão sujeitos a mudanças

# 14 Gerenciamento Ágil de Projetos

ou inclusão de requisitos, mesmo no final do projeto. Exemplo: seu projeto consiste em lançar um sistema de cotação de seguros *on-line*. Está quase tudo pronto quando uma organização concorrente lança o mesmo produto, porém com condições mais atrativas para o cliente. O que você deve fazer? Seguir o projeto sem mudanças até o fim, mesmo sabendo que lançará um produto que sairá perdendo para o produto do concorrente?

3. Entregar o software funcionando com frequência, na escala de semanas até meses, com preferência por períodos mais curtos. Quanto mais curtos os intervalos de entregas, maior a possibilidade de identificar riscos, problemas e mudanças e obter *feedbacks* produtivos do cliente.

4. Pessoas relacionadas a negócios e desenvolvedores devem trabalhar em conjunto e diariamente, durante todo o curso do projeto. Definitivamente acabar com o conceito de "nós" e "eles" dentro de um projeto, ou "área de negócios" e "área de desenvolvimento". Todos fazem parte de um único resultado: o produto do projeto. Tanto o sucesso quanto o fracasso devem ser responsabilidade de todos.

5. Construir projetos ao redor de indivíduos motivados, dando a eles o ambiente e o suporte necessários, e confiar que farão seu trabalho. É fundamental que a motivação seja trabalhada dentro da equipe. Pessoas motivadas trabalham com prazer e com o foco principal do projeto, que é: entregar o produto do projeto. Equipes desmotivadas tendem a trabalhar no que costumo chamar de "operação padrão", ou seja: faz o básico, mas sem aquele comprometimento com o projeto.

6. O método mais eficiente e eficaz de transmitir informações para, e por dentro de, uma equipe de desenvolvimento é através de uma conversa cara a cara. Princípio totalmente interligado com o valor "Indivíduos e interações sobre processos e ferramentas". A comunicação verbal permite que você capture não somente as necessidades (objetivas), mas também as expectativas (subjetivas) do interlocutor. Mais adiante serão abordadas técnicas que trabalham esse aspecto.

7. Software funcional é a medida primária de progresso. Muito mais do que cumprir a tríade santa do gerenciamento de projetos (escopo-tempo-custo), é importante entregar qualidade. Qualidade e valor devem ser as métricas principais do sucesso do projeto.

8. Processos ágeis promovem um ambiente sustentável. Os patrocinadores, desenvolvedores e usuários devem ser capazes de manter um ritmo constante

Framework Ágil  **15**

indefinidamente. Trabalhar em ritmos sustentáveis. Ser ágil não significa que todo mundo vai trabalhar 80 horas na semana para fazer entregas rápidas e contínuas. Além do mais, é cientificamente comprovado que as horas extras podem ser uma boa solução em curto prazo, mas em longo prazo causam desgaste físico e psicológico, fazendo com que o foco e a atenção diminuam e consequentemente impactando na qualidade do que está sendo feito.

9. Contínua atenção à excelência técnica e ao bom design aumenta a agilidade. Também está vinculado com o conceito da qualidade. Ser ágil não significa fazer as coisas correndo e malfeitas.

10. Simplicidade: a arte de maximizar a quantidade de trabalho que não precisou ser feita. Atenção para este princípio! Você verá questões no exame referentes a ele. Associe com a regra 80/20, onde 20% dos esforços geram 80% dos resultados, ou seja, pense de forma simples e objetiva, mas sempre visando ao valor e à qualidade.

11. Os melhores requisitos, arquiteturas e designs emergem de equipes auto-organizadas. Em primeiro lugar, o que são equipes auto-organizadas? São equipes que sabem o que deve ser feito e como deve ser feito sem precisarem de chefes ou líderes que delegam e controlam tarefas. Cuidado que esse termo é constantemente confundido com autogerenciamento, termo no qual particularmente não acredito muito. "Mas Vitor, você não acha difícil ter equipes com esse perfil de auto-organização?". Sim, dificílimo. Porém, falarei mais adiante sobre o que um bom líder pode fazer para ajudar sua equipe a chegar nesse estágio.

12. Em intervalos regulares, a equipe reflete sobre como ficar mais efetiva, então se ajusta e otimiza seu comportamento de acordo. São as chamadas lições aprendidas, mencionadas no *PMBOK® Guide*, ou as retrospectivas, mencionadas no mundo ágil. É a chance que a equipe tem de amadurecer e melhorar seu desempenho e seu processo nas etapas seguintes do projeto.

## 2.2. Conceitos de Agilidade

As perguntas que mais ouço referentes aos métodos ágeis são:

"Quando posso usar métodos ágeis no meu projeto?"

"Sempre posso usar métodos ágeis nos projetos?"

# 16 Gerenciamento Ágil de Projetos

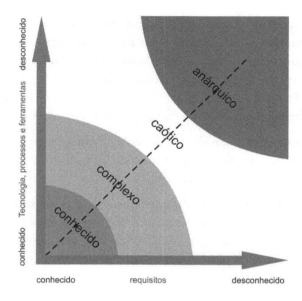

Conforme a figura anterior, percebe-se que a aplicação dos métodos ágeis é recomendada para cenários complexos, onde existem incertezas com relação a requisitos, recursos e/ou tecnologia.

A estratégia de entregas iterativas, curtas e incrementais, combinada com ciclo adaptativo que permite mudanças ao plano original, ajuda a mitigar os riscos derivados do cenário complexo.

Traduzido e adaptado de Mike Griffiths: *www.LeadingAnswers.com*

Para projetos onde os requisitos, recursos e/ou tecnologias são bem conhecidos adota-se uma estratégia tradicional com longas fases de planejamento e execução, chamado também de planejamento "em cascata" ou *waterfall*.

Imagine um projeto de construção de um alto edifício. O planejamento deve ser longo e muito bem realizado antes da execução do projeto, uma vez que o edifício não pode possuir o mínimo risco de cair. Neste caso, o recomendado é utilizar uma abordagem tradicional.

Outro exemplo de abordagem tradicional em projetos seria um projeto para atender a uma norma governamental. O escopo é bem conhecido e as chances de mudanças são mínimas.

Um exemplo de uma boa aplicação de métodos ágeis poderia ser um projeto para o lançamento de um novo e inovador modelo de aparelho celular. Será que é necessário conhecer todos os requisitos detalhadamente no início do projeto? Será que a visão inicial do produto corresponderá às expectativas do cliente ou de mercado, durante a execução do projeto? Vale a pena lançar uma versão inicial do celular no mercado antes do fim do projeto, porém com um mínimo de funcionalidades diferenciais, para obter antecipadamente *feedback* e retorno financeiro?

## Ciclo Waterfall

| Fase de Planejamento | Fase de Design | Fase de Construção | Fase de Q.A. |
|---|---|---|---|
| Planejamento | Design | Construção | Q.A. |

## Ciclo Ágil

| Funcionalidade A | Funcionalidade B | Funcionalidade C | Funcionalidade D |
|---|---|---|---|
| Análise | Análise | Análise | Análise |
| Design | Design | Design | Design |
| Construção | Construção | Construção | Construção |
| Q.A. | Q.A. | Q.A. | Q.A. |

**Linha do Tempo** →

Traduzido e adaptado de BigVisible: *www.bigvisible.com*

## 18    Gerenciamento Ágil de Projetos

"Mas, Vitor, e em cenários onde tudo é desconhecido?"

É o que chamo de anarquia ou caos. Qualquer abordagem empregada dificilmente irá minimizar o grande risco de o projeto ultrapassar o prazo, o orçamento ou mesmo ser inviabilizado. Nessa situação o ideal é conhecer um pouco mais sobre os requisitos, as pessoas e a tecnologia para depois pensar qual a melhor abordagem a utilizar.

*Atenção!* Para extrair o melhor de uma abordagem ágil deve existir um tênue equilíbrio entre flexibilidade e estabilidade.

*Atenção!* Para o exame, entenda que a medida principal de sucesso é entregar *valor* e *qualidade*.

"Mas, Vitor, e a questão escopo-tempo-custo? Como fica?"

O conceito de entregas curtas faz com que seu **escopo torne-se mais flexível**, procurando manter tempo e custo como restrições fixas do seu projeto. Para um maior entendimento veja a seguinte figura:

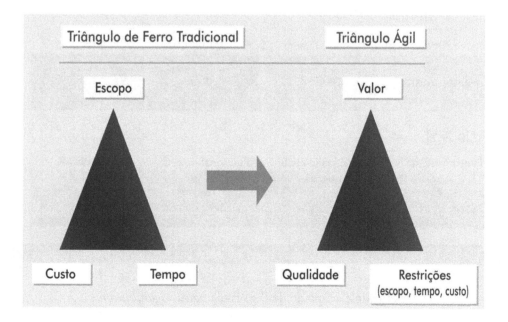

## 2.3. Métodos e *Frameworks* Ágeis

Abordarei os métodos e *frameworks* ágeis mencionados pelo exame e o que você precisa saber sobre cada um deles para responder as questões do exame.

### 2.3.1. *Crystal*

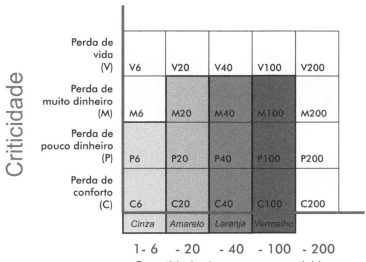

*Crystal* é uma família de metodologias designadas para projetos dirigidos por pequenas equipes desenvolvendo projetos de baixa criticidade ou até mesmo grandes equipes desenvolvendo projetos de alta criticidade.

Não entrarei no detalhe de cada tipo de metodologia. O que você deve saber sobre *Crystal* para o exame é:

- ▶▶ O tipo de metodologia a ser aplicada depende da quantidade de pessoas dentro da equipe *versus* a criticidade, que pode ser definida como: potencial perda de bem-estar, de dinheiro ou mesmo de vida (vide figura anterior).
- ▶▶ Entenda seus cinco princípios:
    - » **Entrega frequente** – Construção de incrementos da solução.
    - » **Melhorias reflexivas** – Regularmente checar por caminhos de melhoria e implementá-los.

# 20 Gerenciamento Ágil de Projetos

» **Comunicação osmótica** – Equipes trabalhando bem próximas compartilhando informação.

» **Segurança pessoal** – Ambiente seguro para as pessoas levantarem problemas ou questões.

» **Foco** – Saber no que e como trabalhar.

## 2.3.2. FDD (*Feature-Driven Development*)

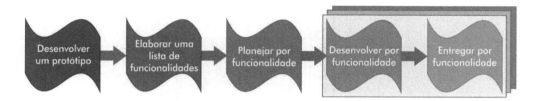

O *Feature-Driven Development* ou Desenvolvimento Orientado a Funcionalidades é uma metodologia ágil que consiste em:

▶▶ Desenhar um protótipo do produto.

▶▶ Montar uma lista de funcionalidades desse produto.

▶▶ Planejar e desenvolver por funcionalidade.

Para o exame é importante entender que o FDD promove o "faseamento" do projeto por funcionalidade.

Importante para o exame é também entender as oito práticas recomendadas pelo FDD:

1. **Equipes exploram o ambiente de negócio do problema a ser solucionado.** Ou seja, quebra aquele paradigma de que equipe de negócios cuida da parte de negócios e equipe de desenvolvimento cuida da parte de desenvolvimento. Toda a equipe explora e entende o produto que será desenvolvido.

2. **Desenvolvimento por funcionalidade (*feature*), com entregas curtas.** Novamente há a questão das entregas com intervalos curtos de tempo, possibilitando a obtenção de *feedback* e identificação de riscos, problemas e mudanças de forma mais rápida.

3. **Propriedade individual de código.** Cada indivíduo da equipe é responsável por seu código de software escrito.

4. **Equipes montadas por funcionalidade.** Cada funcionalidade terá sua equipe especialista para desenvolvê-la.
5. **Inspeções para garantia de qualidade.** Sempre com o objetivo de prevenir problemas e falta de qualidade antes da entrega.
6. **Gerenciamento de configuração.** Uma vez que existem várias equipes envolvidas, é importante criar um sistema de controle de versionamento e rastreamento de mudanças.
7. **Compilação frequente.** Verificar de forma frequente se o novo código desenvolvido se integra com o código já existente.
8. **Visibilidade de progresso e resultado.** Sempre exibir os resultados do projeto de forma transparente.

## 2.3.3. DSDM (*Dynamic Systems Development Method*)

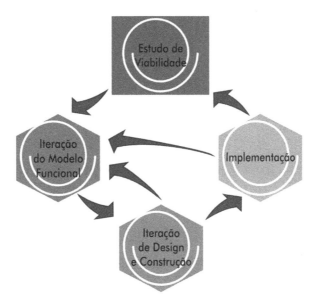

Traduzido e adaptado de Marcel Douwe Dekker. Licenciado por Creative Commons Attribution-ShareAlike 3.0 Unported License (CC BY SA)

# 22  Gerenciamento Ágil de Projetos

Conforme figura anterior, o DSDM considera o ciclo de vida de um projeto com quatro fases:

- Estudo de viabilidade.
- Iteração do modelo funcional.
- Iteração de design e construção.
- Implementação.

Para o exame é importante conhecer seus oito princípios:

- Foco na necessidade de negócio.
- Entrega no prazo.
- Colaboração.
- Nunca comprometer a qualidade.
- Construção incremental.
- Desenvolvimento iterativo.
- Comunicação clara e contínua.
- Demonstrar controle sobre o assunto.

## 2.3.4. *Kanban*

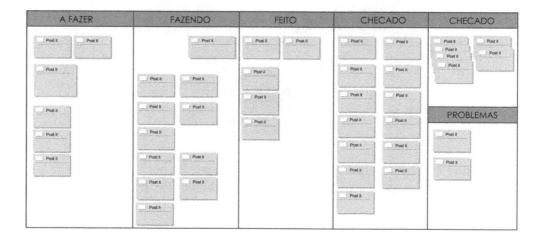

O *Kanban* é uma palavra japonesa que significa "tabuleta" e foi adotado como metodologia de desenvolvimento inspirado no sistema de fábrica da Toyota.

Basicamente, trata-se de um grande quadro branco onde as tarefas são escritas em *post-its* e passam por vários estágios definidos no quadro (vide figura anterior).

Sua principal finalidade é gerenciar um fluxo de trabalho, e não prover estimativas sobre o trabalho que está sendo realizado.

É considerado como um sistema *pull* (puxar), pois as tarefas vão trafegando (puxadas) do estágio mais à esquerda até o estágio final mais à direita.

Para o exame você deve entender os cinco princípios base do *Kanban*:

1. **Fluxo de trabalho deve ser visível.** É importante que o fluxo de trabalho esteja visível para todos, de forma que ele possa ser organizado, otimizado e rastreado.

2. **Limitar WIP (*Work In Progress*).** *Work In Progress*, ou trabalho em andamento, é a quantidade de tarefas existentes nas colunas do *Kanban*. É importantíssimo limitar essa quantidade, pois há riscos da criação de "gargalos" no processo (abordarei mais esses "gargalos" nos capítulos posteriores).

3. **Gerenciar o fluxo, para identificar problemas e melhorias.** O fluxo não se autogerencia, então é importante sempre ficar atento para identificar possíveis problemas, mudanças e chances de melhoria.

4. **Garantir clareza nas políticas do processo.** Isso faz com que toda a equipe conheça as regras do jogo, evitando qualquer tipo de mal-entendido.

5. **Colaboração na melhoria do processo.** Trabalhar em equipe, sempre buscando identificar possíveis pontos de melhoria.

## 2.3.5. Lean

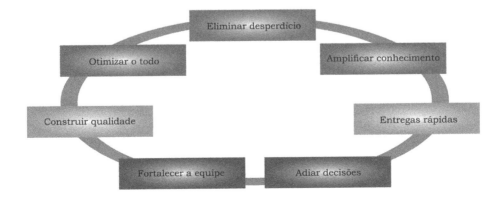

## 24 Gerenciamento Ágil de Projetos

Originalmente, o *Lean* é um conjunto de princípios da manufatura que foca na eliminação de desperdício. Com o passar do tempo, alguns desses princípios começaram a ser introduzidos no processo de desenvolvimento de software.

O *Lean* não é uma metodologia ágil, mas seus sete princípios base estão muito alinhados com os valores ágeis:

1. **Eliminar o desperdício.** São considerados desperdícios:

   - **Trabalho parcialmente feito** – O famoso "está pronto, só falta testar". É fundamental que as equipes criem uma boa definição de pronto (*Done*) para evitar retrabalhos em itens teoricamente finalizados.

   - **Processos extras** – Documentação "pesada" exigida que não agregue valor ao software final (Manifesto Ágil – software funcional sobre documentação abrangente).

   - **Funcionalidades extras** – O famoso *gold plating*, ou seja, desenvolver funcionalidades não requeridas pelo seu cliente/usuário final para agradá-lo. Você pode me perguntar: "mas, Vitor, não tenho que encantar meu cliente e colaborar conforme o Manifesto Ágil?". Minha resposta: encante seu cliente entregando VALOR e QUALIDADE na construção do software baseado nos requisitos que ele pediu.

   - **Alternação de tarefas ou multitarefa** – O famoso "atue 20% do tempo nesse assunto, atue 37,5% do tempo nesse outro assunto, atue 22,4% do tempo nesse outro assunto e o restante do tempo naquele assunto, que é mais prioritário". É cientificamente comprovado que até 40% do esforço é desperdiçado em alternar tarefas, pois o cérebro possui um tempo para se desligar de uma tarefa e se concentrar em outra. Quando se tenta fazer tudo de uma vez, na verdade nada está recebendo o devido foco.

   - **Espera** – A equipe desenvolve, faz os testes unitários, realiza a garantia da qualidade e quando passa o software para homologação o cliente não tem tempo para testar. Essa espera é muito custosa para um projeto de software, pois os recursos de desenvolvimento não podem ser liberados enquanto não finalizar o projeto, ficando ociosos.

   - **Esforços de comunicação** – Equipes grandes ou geograficamente distribuídas requerem uma boa gestão de comunicação e um bom gerenciamento das partes interessadas. A falha nessa gestão pode comprometer o projeto, e o tempo gasto para colocar o projeto de volta aos trilhos pode ser considerado desperdício.

# Framework Ágil   25

- **Defeitos** – Quer pior coisa do que implementar um software cheio de *bugs* para o seu cliente? A credibilidade da equipe vai lá para baixo, além de gerar um custo de qualidade para a correção desses *bugs* e gastar tempo que poderia ser utilizado em outros projetos.

2. **Fortalecer a equipe.** Criar um ambiente onde a equipe trabalhe de forma auto-organizada e autodirigida, evitando microgerenciamento.

3. **Entregas rápidas.** Maximizar o ROI (*Return On Investment*) do projeto, entregando software de valor de forma rápida e contínua.

4. **Otimizar o todo.** Entender que o software concluído é muito mais que a soma das partes entregues e verificar como ele está alinhado com os objetivos da organização.

5. **Construir qualidade.** Garantir qualidade no desenvolvimento do software utilizando técnicas como:

   - **Teste unitário através de desenvolvimento orientado a testes (TDD)** – Escrever o teste/teste falho/escrever o código para passar o teste.

   - **Refatoração** – Melhorar e refinar o código escrito, evitando manter legados de débitos técnicos e fazendo com que o software continue se comportando da mesma maneira.

   - **Integração contínua** – Compilação automática do repositório de código, verificando se o código inserido não prejudicou demais funcionalidades do software.

---

Obs.: as três técnicas citadas fazem parte do ***Extreme Programming***, que abordarei adiante.

---

6. **Adiar decisões.** Deixar decisões e comprometimentos para o último momento (*Last Responsible Moment*), permitindo coletar informações e ter experiências para fortalecer a tomada de decisão.

7. **Amplificar conhecimento.** Priorizar a comunicação e o *feedback* contínuos entre equipes e usuários durante o processo de desenvolvimento de software.

## 2.3.6. XP (*Extreme Programming*)

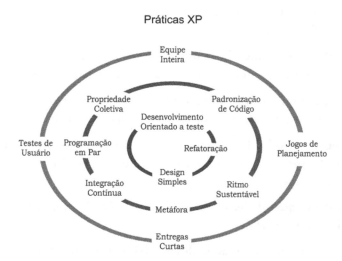

O *Extreme Programming* é uma metodologia de desenvolvimento de software com seus cinco valores e 13 princípios muito alinhados com os valores ágeis.

Seus cinco valores são:

1. **Simplicidade.** Evitar o *gold plating*. Ater-se a um dos princípios do Manifesto Ágil utilizando a regra 80/20, onde 20% dos esforços produzem 80% dos resultados.

2. **Comunicação.** Comunicação entre toda a equipe do projeto é fundamental. Outro valor alinhado com o Manifesto Ágil, onde devem prevalecer "indivíduos e interações sobre processos e ferramentas".

3. ***Feedback.*** Uma das melhores técnicas para o processo de melhoria é o *feedback*. Tanto dar quanto receber *feedback* é uma enorme oportunidade de aprendizado e identificação de melhorias.

4. **Coragem.** A coragem é fator-chave para fazer funcionar o conceito de *whole team* ou equipe unida. Não deve existir medo de expor opinião ou mesmo o resultado do trabalho realizado.

5. **Respeito.** É fundamental existir um ambiente de respeito entre as diversas personalidades existentes dentro da equipe de um projeto.

Seus 13 princípios são:

1. **Equipe inteira ou equipe unida.** Representados pelas figuras do cliente, equipe (desenvolvedores, analistas de negócio, área de QA – *Quality Assurance*) e *coach,* que devem trabalhar sentados próximos, como membros de uma única equipe. Parte também da premissa de que a equipe deve ser formada por generalistas e não por especialistas.

2. **Jogos de planejamento.** Planejamento das iterações (fases) e *releases* (lançamentos para o usuário final). Falarei mais adiante sobre a diferença entre iterações e *releases.*

3. **Entregas curtas.** *Releases* em curtos períodos de tempo para obter *feedback.*

4. **Testes de cliente.** Cliente final descreve os testes necessários para aceitação e a equipe constrói ferramentas para automação de testes.

5. **Propriedade coletiva de código.** O código não possui um "dono". Toda a equipe pode trabalhar nele. Repare que esta prática é diferente do FDD, onde a propriedade de código é individual. Essa prática é uma ótima forma de compartilhar conhecimento, além de mitigar riscos de falta de conhecimento caso membros da equipe saiam do projeto.

6. **Padronização de código.** Criar padronização de código para que todos possam ter o mesmo entendimento. Promove o desacordo construtivo para que a equipe crie o seu padrão de código.

7. **Ritmo sustentável.** Trabalhar em ritmo sustentável, evitando muitas horas extras. Prática alinhada com os princípios do Manifesto Ágil e abordada anteriormente.

8. **Metáfora.** Criar metáforas para compartilhar designs e visão técnica. Exemplo: em vez de se referir ao novo projeto de sistema como Sistema Integrado de Estudo para a Certificação *Project Management Institute Agile Certified Practitioner,* pode ser criada a metáfora SIE-ACP.

9. **Integração contínua.** Efetuar testes automatizados cada vez que um código é atualizado no repositório para verificar se o novo código desenvolvido se integra com o código já existente.

10. **Desenvolvimento Orientado a Teste (TDD).** Esta técnica será abordada em capítulos posteriores. Por ora, saiba que é uma técnica onde primeiramente o teste é escrito e testado para depois ser desenvolvido.

11. **Refatoração.** Melhorar a qualidade do código existente, tornando-o mais elegante e legível, porém sem alterar o comportamento da funcionalidade. Buscar por código duplicado e eliminá-lo seguindo o conceito de DRY (*Don't Repeat Yourself*).

12. **Design simples.** Focar nos conceitos de simplicidade descritos anteriormente.

13. **Programação em par.** Enquanto uma pessoa escreve o código outra pessoa está junto orientando e dando *feedback*. Excelente técnica para compartilhar conhecimento, garantir qualidade, identificar riscos e formar equipes de alto desempenho.

## 2.3.7. Scrum

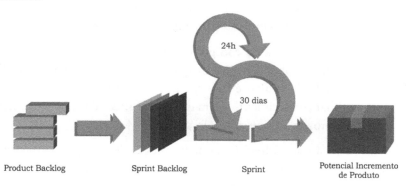

Product Backlog     Sprint Backlog     Sprint     Potencial Incremento de Produto

O *Scrum* é considerado um *framework* ágil baseado em entregas incrementais e processo empírico.

"Vitor, o que é um processo empírico?"

Processo empírico é quando você adquire conhecimento através da experiência. Traduzindo isso para o gerenciamento de projetos, você vai conhecendo mais detalhes sobre seu projeto conforme ele vai sendo executado. É o contrário do processo preditivo, onde você só começa um projeto depois de conhecer todos os detalhes sobre ele.

O *Scrum* é regido sobre três pilares:

▶▶ **Transparência.** Todo e qualquer fator ou acontecimento relacionado ao processo de entrega que possa impactar o resultado final do projeto (produto) deve ser visível e do conhecimento de todos os envolvidos, inclusive o cliente.

▶▶ **Inspeção.** Todos os aspectos do processo de entrega que possam impactar o resultado final do projeto devem ser inspecionados frequentemente, para que qualquer variação prejudicial possa ser identificada e corrigida o mais rápido possível.

**▶▶ Adaptação.** Toda vez que uma variação prejudicial é identificada, o processo deve ser ajustado imediatamente, como forma de evitar outros desvios.

Possui três papéis:

**▶▶ Equipe de desenvolvimento.** Pessoas que trabalham no desenvolvimento dos incrementos do produto. Equipe auto-organizada e multifuncional. Gerenciam o *backlog* de atividades técnicas (*Sprint Backlog*).

**▶▶ Product Owner.** Elabora a visão do produto e gerencia o *backlog* do produto (*Product Backlog*), priorizando-o, ordenando-o e garantindo valor, entendimento e visibilidade.

**▶▶ Scrum Master.** *Coach* da equipe. Líder servidor. Remove impedimentos e é o facilitador dos eventos. É o responsável por garantir que todos os integrantes da equipe *Scrum* compreendam e sigam as regras do *Scrum*.

Possui cinco cerimônias, sendo todas com tempo limitado (*Timeboxed*) que não pode ser ultrapassado de forma alguma:

**▶▶ Sprint.** Iteração de tempo limitado, podendo durar entre duas semanas e um mês, gerando produto potencialmente lançável. Durante sua execução, a *Sprint* não deve sofrer alterações que comprometam a sua meta, diferentemente do *Extreme Programming*, que trata com maior flexibilidade as mudanças no decorrer de uma iteração.

**▶▶ Reunião de planejamento da Sprint.** Reunião realizada no primeiro dia da *Sprint*. O início da reunião representa o início de uma *Sprint* e define o que será feito dentro de uma *Sprint* e como. O *Product Owner* apresenta o *Product Backlog* ordenado e alinha com a equipe de desenvolvimento quais itens poderão ser entregues dentro da capacidade da equipe. Duração: no máximo oito horas (divididas em duas partes de quatro horas).

**▶▶ Daily Scrum.** Reunião diária de 15 minutos onde a equipe de desenvolvimento compartilha conhecimento entre si, respondendo a três questões:

» O que eu fiz ontem?

» O que eu vou fazer hoje?

» Quais são os impedimentos?

O *Scrum Master* garante a execução das reuniões e o *timebox* a ser seguido. Assuntos diferentes das três questões-chave deverão ser tratados em outro momento e não no *Daily Scrum*.

# 30 Gerenciamento Ágil de Projetos

**▸▸ Revisão da *Sprint.*** Reunião realizada ao término da *Sprint* para inspeção do incremento do produto gerado. A equipe de desenvolvimento demonstra o que foi feito e o *Product Owner* aprova ou não a entrega. Duração: no máximo quatro horas.

**▸▸ Retrospectiva da *Sprint.*** Reunião realizada ao término da *Sprint*, para que toda a equipe *Scrum* reflita sobre o andamento da *Sprint* e identifique possíveis melhorias. Três questões-chave devem ser respondidas:

» O que deu certo durante a *Sprint*?

» O que precisa ser melhorado para as próximas *Sprints*?

» Quais ações de melhorias serão incorporadas na próxima *Sprint*?

Duração: no máximo três horas.

E, por fim, três artefatos:

**▸▸ *Product Backlog.*** Lista ordenada de requisitos necessários para o produto. Mantida única e exclusivamente pelo *Product Owner* e constantemente refinado pelo *Product Owner*.

**▸▸ *Sprint Backlog.*** Lista de tarefas técnicas que deverão ser feitas na *Sprint* para atingir sua meta. Mantida única e exclusivamente pela equipe de desenvolvimento.

**▸▸ Definição de pronto *(Done).*** Todos os envolvidos no projeto deverão ter o mesmo entendimento sobre requisito pronto (*Done*). Pronto = Desenvolvido? Testado? Homologado?

---

*Atenção!* O *Scrum* é muito abordado no exame, porém não são utilizados seus termos nativos, então tenha atenção com os seguintes termos:

Líder, *Coach* ou Gerente de Projetos = *Scrum Master.*

Cliente ou usuário = *Product Owner.*

Equipe de desenvolvimento = equipe de desenvolvimento (inalterado).

Iteração ou fase = *Sprint.*

*Daily stand-up* = *Daily Scrum.*

Planejamento da iteração = Reunião de planejamento da *Sprint.*

Demo ou revisão da iteração = Revisão da *Sprint.*

Retrospectiva da iteração = Retrospectiva da *Sprint.*

*Product Backlog* = *Product Backlog* (inalterado).

*Backlog* da iteração ou tarefas da iteração = *Sprint Backlog.*

Definição de pronto = definição de pronto (inalterado).

> **Atenção!** No exame, qualquer método ágil, e não somente o *Scrum*, deve ser considerado empírico.

> **Atenção!** No exame, qualquer método ágil, e não somente o *Scrum*, possui papéis, cerimônias e artefatos.

## 2.4. *Tailoring* e os Modelos Híbridos

A palavra *tailoring* não tem uma tradução literal para o idioma português, mas imagine a seguinte situação: você precisa ir a um casamento e não encontra um terno adequado ao seu porte físico. O que você faz? Procura um alfaiate e faz um terno sob medida. Isso é o *tailoring*.

Trazendo esse conceito para o mundo ágil, *tailoring* significa identificar qual é o melhor método a utilizar ou mesmo como extrair o melhor de cada método de acordo com o projeto que está sendo conduzido.

Vejamos um exemplo.

Em um projeto, vou utilizar os conceitos do *Scrum* para planejamento, XP na execução, tudo isso alinhado aos conceitos do *Lean* e ao Manifesto Ágil. Ou seja, uma seleção das boas práticas. Mas tome cuidado: se vou dizer que vou usar o *Extreme Programming* e não vou utilizar técnicas como a refatoração e a integração contínua, o meu *tailoring* pode dar errado!

O ideal ao fazer um processo de *tailoring* é o conceito *Shu-ha-ri*, de Alistair Cockburn, onde:

- ▶▶ *Shu* – **Obedecer.** Neste primeiro estágio você utiliza a metodologia ou *framework* do jeito original, sem grandes adaptações.

- ▶▶ *Ha* – **Romper.** Você começa a experimentar a combinação com outras metodologias em prol do seu projeto e vê o resultado.

- ▶▶ *Ri* – **Superar.** Você cria o seu *framework* para utilizar no projeto combinando as melhores técnicas, práticas, metodologias e *frameworks*.

Para um melhor entendimento do *tailoring* veja a seguinte figura:

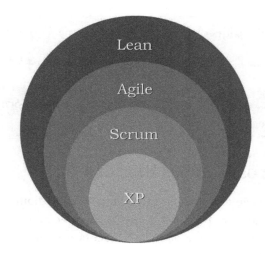

Também podemos levar em consideração o Modelo de Dreyfus (definido por Stuart E. Dreyfus) para o processo de *tailoring*. Este modelo é composto por cinco estágios de aprendizagem:

- **Novato:** segue as regras e toma decisões analíticas.
- **Iniciante avançado:** segue as regras e toma decisões analíticas, mas já conhece algumas situações do mundo real e começa a entender o contexto de aplicação das regras.
- **Competente:** começa a decidir quais regras são adequadas para cada situação.
- **Proficiente:** decide analiticamente, mas começa a pensar mais na melhor estratégia do que na melhor regra.
- **Expert:** decide intuitivamente e não mais analiticamente, avaliando as alternativas e selecionando a melhor abordagem requerida para a situação.

Atualmente a expressão "modelo híbrido" está sendo utilizada para representar situações onde o processo de *tailoring* é aplicado em projetos. Podemos considerar dois tipos de abordagens de modelos híbridos:

- *Tailoring* de métodos ágeis.
- *Tailoring* de métodos ágeis combinados com métodos tradicionais.

Exemplos de modelos híbridos combinando métodos ágeis:

- Projetos de software que utilizam papéis, artefatos e cerimônias do *Scrum* e práticas cruciais do *Extreme Programming* como TDD, refatoração, design simples e programação em par.

**Framework** Ágil    33

- Projetos de software ERP com características modulares que utilizam FDD para *roadmap*, decomposição e planejamento do produto, papéis, cerimônias e artefatos do *Scrum* e práticas do *Extreme Programming* para o desenvolvimento do software.

- Sustentação e atendimento de chamados que utilizam *Kanban* para controle de WIP e ciclo de tempo dos chamados, utilizam papéis do *Scrum* e incorporam reuniões diárias (para inspeção e adaptação) e retrospectivas (para melhoria contínua).

Sobre modelos híbridos de métodos ágeis combinados com métodos tradicionais, temos que levar em consideração os seguintes aspectos:

- Projetos que possuem uma característica preditiva (e não empírica) e exigem um longo planejamento antes do início da execução.

- Durante a execução podemos usar o conceito de iterações curtas direcionadas para metas e não para a entrega de produtos, com reuniões de planejamento, diárias, de revisão e de retrospectiva a cada iteração. Podemos utilizar *Kanban*.

- Utilizar método tradicional não significa utilizar artefatos "pesados", desnecessários e focar somente em processos. Temos que utilizar a filosofia *Lean* (que é válida para qualquer tipo de abordagem/metodologia) e foco em pessoas, produtos e processos (nessa ordem).

- Exemplos: construção civil, usina hidrelétrica, fabricação de hardware, caldeira.

Um cuidado que deve ser tomado na criação de modelos híbridos é combinar o melhor das melhores práticas, evitando criar um modelo "deformado". Exemplos:

- Utilização de *Scrum* sem o papel de *Scrum Master*.

- Substituição de reuniões diárias por reuniões semanais.

- Eliminar as reuniões de retrospectivas.

- Utilização de *Extreme Programming* sem TDD e refatoração.

- Utilização de *Kanban* sem controle de WIP.

- Ignorar a filosofia *Lean*.

- Utilizar artefatos e processos "pesados".

- Focar somente em processos.

- Trabalhar com construções incrementais e iterativas sem foco na colaboração.

# 34 Gerenciamento Ágil de Projetos

Algumas pessoas são céticas com relação a esse assunto, então compartilho algumas experiências com os amigos leitores:

- Caso de modelo híbrido utilizando métodos ágeis: <http://pt.slideshare.net/VitorMassariCSMPSMPM/trend-talk-agile-trends-2015-a-arte-do-tailoring--em-projetos-geis>

- Caso de modelo híbrido combinando métodos ágeis com métodos tradicionais, se você tiver paciência de me escutar durante 1 hora e 30 minutos: <https://www.youtube.com/watch?v=jp25CGXNSeU>

- Caso de modelo híbrido na construção civil: <http://pt.slideshare.net/adrianlsmith/agile-and-lean-for-construction-9384237>

Também faço um convite para a leitura do livro do meu grande amigo e sócio Fábio Cruz, "Scrum e PMBOK Unidos no Gerenciamento de Projetos" (também publicado pela Brasport), que é a primeira obra em português a abordar a questão do modelo híbrido.

> *Atenção!* No exame, salvo se a questão descrever alguma situação específica, você vai seguir a metodologia na risca, sem *tailoring*.

> *Atenção!* No exame, se a equipe for inexperiente na aplicação de métodos ágeis, o ideal é começar a sua utilização em projetos de menor porte.

## 2.5. Revisão

Momento para a revisão do capítulo!

Sua meta nesta revisão deve ser acertar no mínimo 13 questões!

Boa sorte!

1. **Qual das seguintes opções é a incorreta para uma abordagem ágil?**

   A. Data de término fixa.
   B. Custo fixo.
   C. Escopo fixo.
   D. *Benchmarks* de qualidade fixos.

2. **Qual das seguintes opções define corretamente o papel do *Scrum Master*?**

   A. Responsável por manter o *Product Backlog*.
   B. Responsável por gerenciar as alocações de trabalho e garantir que aconteça uma otimização no uso dos recursos disponíveis.
   C. Responsável pelo processo *Scrum*, garantindo que todos os envolvidos no projeto compreendam e sigam as regras e práticas do *Scrum*.
   D. Todas as alternativas anteriores.

3. **Qual das seguintes opções é um princípio do Manifesto Ágil?**

   A. Mudanças de prioridades são bem-vindas no início do desenvolvimento. Processos ágeis se adaptam a mudanças para dar uma vantagem competitiva para o cliente.
   B. Mudanças de prioridades são bem-vindas mesmo no final do desenvolvimento. Processos ágeis se adaptam a mudanças para dar uma vantagem competitiva para o cliente.
   C. Mudanças de prioridades são bem-vindas no início do desenvolvimento. Processos ágeis manipulam as mudanças para dar uma vantagem competitiva para o cliente.
   D. Mudanças de prioridades são bem-vindas mesmo no final do desenvolvimento. Processos ágeis manipulam as mudanças para dar vantagem competitiva para o cliente.

4. **Qual das seguintes opções não é um valor do Manifesto Ágil?**

   A. Responder a mudanças sobre seguir um plano.
   B. Software funcional sobre documentação abrangente.
   C. Colaboração com o cliente sobre negociação de contratos.
   D. Equipes e interações sobre processos e ferramentas.

## 36 Gerenciamento Ágil de Projetos

5. **De acordo com o Manifesto Ágil, o que significa "simplicidade"?**

   A. Maximizar a quantidade de trabalho realizado.
   B. A arte de maximizar a quantidade de trabalho não feito.
   C. A arte de simplificar um projeto complexo.
   D. Produção de código simples e legível.

6. **Se os membros de uma equipe começaram a trabalhar juntos pela primeira vez, em qual estágio a equipe está?**

   A. *Shu.*
   B. *Ha.*
   C. *Ri.*
   D. Todos os três estágios.

7. **Qual das seguintes opções é uma estratégia para criar confiança na equipe XP?**

   A. Empatia cliente-programador.
   B. Empatia programador-testador.
   C. Continuidade da equipe.
   D. Todas as alternativas anteriores.

8. **Os três pilares dos processos empíricos são:**

   A. Transparência, inspeção e adaptação.
   B. Qualidade, risco e valor ao cliente.
   C. Planejar, verificar e adaptar.
   D. Inspeção, análise de causa-raiz e melhoria contínua.

9. **Qual é a melhor definição de sucesso para um projeto ágil?**

   A. Projeto entregue no prazo, dentro do orçamento.
   B. Projeto que entrega o máximo de valor para o cliente.
   C. Projeto que gera um produto de alta qualidade.
   D. Todas as alternativas anteriores.

10. **Qual é a duração máxima da revisão da *Sprint* em uma *Sprint* mensal?**

    A. Um dia.
    B. Quatro horas.
    C. Oito horas, divididas em duas partes de quatro horas cada uma.
    D. Enquanto for preciso.

## Framework Ágil   37

**11. Qual das seguintes opções não é uma responsabilidade do *Product Owner*?**

A. Criar visão inicial do produto.
B. Assegurar a rentabilidade do produto (ROI).
C. Garantir que a reunião diária aconteça.
D. Aceitar ou rejeitar os resultados do trabalho.

**12. Quem cria e mantém o *Sprint Backlog*?**

A. *Product Owner*.
B. *Scrum Master*.
C. Equipe de desenvolvimento.
D. Patrocinador do projeto.

**13. Qual das seguintes opções é a correta sobre *Kanban*?**

A. Ele se concentra em um fluxo contínuo de trabalho, e não com tarefas de tempo limitado (*timebox*).
B. Pode ser utilizado como fila de controle para projetos de desenvolvimento de software.
C. Não é necessário fazer estimativas no *Kanban*.
D. Todas as alternativas anteriores.

**14. Qual das seguintes opções representa uma lista correta de práticas do XP?**

A. Refatoração, integração contínua e programação em par.
B. Programação em duplas, refatoração e integração contínua.
C. Design orientado a teste, refatoração e programação em par.
D. Desenvolvimento orientado a testes, previsão e qualidade contínua.

**15. Qual das seguintes opções permite que os programadores melhorem a qualidade do código sem alterar seu comportamento?**

A. Refatoração.
B. Solução *spike*.
C. TDD.
D. Integração contínua.

---

Todas as questões foram traduzidas e adaptadas de Whizlabs: **www.whizlabs.com**

## 38 Gerenciamento Ágil de Projetos

# 2.6. Respostas

### 1. C

Os projetos ágeis promovem entregas curtas, onde o escopo se torna a variável flexível do projeto.

### 2. C

O *Scrum Master* não tem responsabilidade sobre otimização e gerenciamento de recursos, e muito menos sobre o *Product Backlog*, que é de inteira responsabilidade do *Product Owner*.

Dentre as opções apresentadas a mais correta é que ele garanta que toda a equipe *Scrum* siga as regras e práticas do *Scrum*.

### 3. B

Muito cuidado com o jogo de palavras.

As mudanças que trazem vantagem competitiva para o cliente são bem-vindas no final e não somente no início do desenvolvimento.

E os processos ágeis se <u>adaptam</u> a mudanças, e não as manipulam.

### 4. D

Outra questão onde é preciso tomar muito cuidado com o jogo de palavras.

O valor correto é "Indivíduos e interações sobre processos e ferramentas" e não "Equipes e interações sobre processos e ferramentas".

### 5. B

Lembre-se sempre da regra 80/20, onde 80% dos resultados são entregues com 20% de esforço.

### 6. A

O estágio *Shu*, ou seja, seguir as regras, é sempre recomendado para uma nova equipe onde as pessoas ainda não se conhecem.

### 7. D

Todas as respostas estão alinhadas com o conceito de *whole team*, que significa equipe unida ou equipe inteira.

## 8. A

São os três pilares do *Scrum*, que, assim como todos os *frameworks* e métodos ágeis, é um processo empírico.

## 9. B

"Mas, Vitor, não devo entregar meu projeto com qualidade e dentro do prazo e custo planejados?" Sim, sem dúvida. Mas lembre-se de que o foco dos projetos ágeis é entregar valor e qualidade! Como valor e qualidade estão em respostas separadas, você vai optar pelo critério que está no topo do triângulo ágil, ou seja, VALOR.

## 10. B

Questão de teste de conceito do *Scrum*. Entenda que nos métodos ágeis todos os eventos possuem limite máximo de tempo (*timebox*).

## 11. C

O responsável por garantir que todas as práticas e regras do *Scrum* sejam seguidas é o *Scrum Master* e não o *Product Owner*.

## 12. C

O *Sprint Backlog* é mantido única e exclusivamente pela equipe de desenvolvimento.

## 13. D

O foco do *Kanban* é gerenciar o fluxo de trabalho, e não prover estimativas. É utilizado também como fila de controle não somente para projetos de software, mas para qualquer tipo de projeto.

## 14. A

Mais uma questão onde você deve tomar cuidado com o jogo de palavras. Na alternativa B a opção é programação em dupla, quando o correto é programação em par. Na alternativa C a opção é design orientado a teste, quando o correto é desenvolvimento orientado a teste. E, na alternativa D, a opção é previsão e qualidade contínua como práticas inexistentes no XP.

## 15. A

A refatoração é a técnica do XP que permite refinar o código escrito sem alterar seu comportamento original dentro do software.

# Capítulo 3
# Iniciando Projetos Ágeis

Neste capítulo abordarei as ferramentas e técnicas utilizadas para a iniciação de projetos ágeis.

## 3.1. Avaliando Valor

Hoje em dia a palavra da moda é entregar valor. "Mas Vitor, afinal de contas, o que é valor? Sob qual ótica eu analiso valor? Como eu planejo valor? Como entrego valor?"

O intuito deste tópico é responder essas e outras questões sobre a palavra valor.

### 3.1.1. Retorno sobre o Investimento (ROI – *Return On Investment*)

Umas das principais maneiras de se identificar o valor a ser entregue por um projeto é verificar o quanto ele produz de ROI, ou seja, *Return On Investment* (traduzindo: retorno sobre o investimento).

Nenhum projeto é (ou pelo menos não deveria ser) concebido para dar prejuízo. Nos processos de iniciação e planejamento de um projeto deve ser projetada uma expectativa de qual será o ganho financeiro que o produto final do projeto trará e se esse ganho ultrapassará os custos utilizados, gerando o ROI.

# Iniciando Projetos Ágeis 41

> *Atenção!* Para o exame parte-se da premissa de que o cliente deve planejar, definir e priorizar seus requisitos sempre com o objetivo de maximizar o ROI. Quanto maior o prazo de retorno, maior será o risco do projeto.

## 3.1.2. Valor Presente Líquido (NPV – *Net Present Value*)

Outra maneira de se identificar o valor a ser entregue por um projeto é calcular o valor presente líquido.

Imagine o seguinte cenário: para o projeto A teremos R$ 100.000,00 de custos, porém em quatro anos teremos uma receita prevista de R$ 150.000,00. Para o projeto B temos R$ 125.000,00 de custos e uma receita prevista de R$ 200.000,00 em sete anos.

Você ficaria tentado em escolher o projeto B, pois, comparando o ROI dos projetos:

Projeto A = 150.000 (receita) – 100.000 (custo) = 50.000 (retorno)

Projeto B = 200.000 (receita) – 125.000 (custo) = 75.000 (retorno)

Certo? Não, errado!

Você precisa levar em consideração que 150.000 daqui a quatro anos não equivalem a 150.000 na data corrente. O mesmo se aplica aos 200.000 daqui a sete anos. Converta os valores futuros para valor presente, conforme a seguinte fórmula:

$$PV = \frac{FV}{(1+i)^n}$$

## 42 Gerenciamento Ágil de Projetos

Onde:

PV = Valor Presente (*Present Value*)

FV = Valor Futuro (*Future Value*)

i = Inflação

n = Período

Considerando no exemplo que a inflação está girando em torno de 7% a.a., os valores presentes dos projetos calculados serão:

Projeto A = 150.000 / $(1,07)^4$ = 114.434,28

Projeto B = 200.000 / $(1,07)^7$ = 124.549,95

Após isso, calcule o Valor Presente Líquido de cada projeto:

Projeto A = 114.434,28 – 100.000,00 = 14.434,28

Projeto B = 124.549,95 – 125.000,00 = (450,05)

Com base no cálculo do Valor Presente Líquido de cada projeto, chega-se à conclusão de que o projeto B, embora dê uma sensação de ter um retorno maior, na verdade terá um pequeno prejuízo ao longo de sete anos, enquanto o projeto A terá retorno garantido.

"Mas, Vitor, preciso decorar todos esses cálculos para o exame?"

> ***Atenção!*** Não é necessário decorar a fórmula de cálculo, e no exame você não terá que calcular o Valor Presente Líquido. O que você deve saber é que deve escolher sempre o projeto com o maior Valor Presente Líquido, independentemente do período.

### 3.1.3. Taxa Interna de Retorno (IRR – *Internal Rate of Return*)

A taxa interna de retorno é um percentual que iguala o valor presente das receitas ao valor presente dos custos. Serve para identificar o percentual de retorno que um determinado projeto terá.

Usando o exemplo visto no tópico anterior:

Projeto A

100.000 = 114.434,28 / $(1 + i)^1$

i = Taxa Interna de Retorno = aproximadamente 14,43%

***Atenção!*** No exame você não terá que calcular a Taxa Interna de Retorno, mas deve considerar sempre o projeto com maior Taxa Interna de Retorno. Também assuma que você deve usar o IRR quando o Valor Presente Líquido for igual a zero.

### 3.1.4. Análise de Custo-Benefício

Outra forma de avaliar se o projeto entregará uma solução de valor é fazer a análise de custo-benefício.

Tendo uma estimativa de alto nível dos custos do projeto e o valor do retorno dos benefícios que o projeto trará, aplica-se a seguinte fórmula:

**Índice de Custo-Benefício = Valor dos benefícios / Valor dos custos**

Se o índice for maior que 1 significa que os benefícios são maiores que os custos do projeto, tornando o projeto elegível para execução.

Se o índice for menor que 1 significa que os custos são maiores que os benefícios gerados pelo projeto, tornando o projeto questionável para execução.

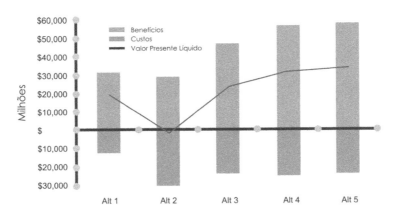

### 3.1.5. *Business Case*

Outra técnica para identificação de valor, principalmente em projetos de maior porte, é a elaboração de um *business case*.

O *business case* é um estudo que deve ser feito no início do projeto, levando em consideração os fatores a seguir:

⏭ Descrição do projeto e objetivos.

## 44 Gerenciamento Ágil de Projetos

- Custos.
- Benefícios.
- ROI, IRR ou NPV.
- Riscos.
- Análise SWOT (Forças, Fraquezas, Oportunidades e Ameaças).
- Análise PEST (Política, Econômica, Social, Tecnológica).
- Prioridade do projeto na visão do patrocinador.

### 3.1.6. Mapeamento de Fluxo de Valor

Para projetos de otimização de processos, o mapeamento de fluxo de valor é uma técnica muito importante.

Repare na seguinte figura:

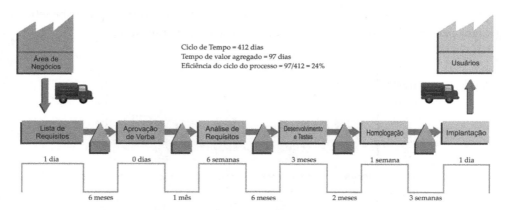

Traduzido e adaptado de Michael Nygard: *www.michaelnygard.com*

Repare que no fluxo atual o tempo entre um pedido da área de negócios e a respectiva implantação é de 412 dias (qualquer semelhança com a realidade é mera coincidência), sendo que, de fato, apenas 97 dias foram gastos com atividades que agregam valor ao processo. Todos os 305 dias restantes foram tempos de espera. Com isso chega-se à seguinte conclusão:

**Ciclo de eficiência do processo = 97 (tempo gasto com atividades que agregam valor) / 412 (tempo total do processo) = 24%**

No exemplo anterior, com certeza o foco do projeto será entender e reduzir esses tempos de espera para otimizar o ciclo de eficiência do processo. Seis passos devem ser seguidos:

- ⏩ Identificar o produto ou serviço a ser analisado.
- ⏩ Fazer o mapeamento de fluxo de valor do processo atual, identificando passos, esperas, atrasos e informações do fluxo.
- ⏩ Revisar o mapeamento para encontrar atrasos, desperdícios e restrições.
- ⏩ Criar um novo mapeamento otimizado, removendo ou reduzindo atrasos, desperdícios e restrições.
- ⏩ Desenvolver um *roadmap* para implementar o novo processo otimizado.
- ⏩ Planejar para revisitar o processo no futuro e continuar a otimizá-lo.

Lembrando o conceito mencionado na filosofia *Lean* abordada no capítulo anterior, considera-se desperdício:

- ⏩ Trabalho parcialmente feito ("está pronto, só falta testar").
- ⏩ Processos extras (documentação desnecessária).
- ⏩ Funcionalidades extras (*gold plating*).
- ⏩ Alternar tarefas (funcionário "mil e uma utilidades").
- ⏩ Espera (vide o exemplo da figura anterior).
- ⏩ Esforços de comunicação (equipes geograficamente distribuídas com poucos recursos de comunicação).
- ⏩ Defeitos (o pior dos desperdícios, qualidade não atingida).

> *Atenção!* No exame, entenda sobre qual ponto de vista está sendo medido o ciclo de eficiência do processo (vide exemplo a seguir).

Imagine o seguinte exemplo:

Vitor e Márcia resolvem fazer uma picanha ao forno para o almoço de domingo. Vitor detesta cozinhar, mas adora comer uma suculenta carne. Márcia, por sua vez, adora cozinhar, mas não gosta muito de carne vermelha. Eles gastaram 120 minutos

# 46 Gerenciamento Ágil de Projetos

no preparo do almoço e almoçaram em 30 minutos. Pergunta: o ciclo de eficiência é o mesmo para Vitor e Márcia?

Tempo total do processo = 120 (preparo) + 30 (refeição) = 150 minutos

Atividade que agrega valor para Vitor (comer carne) = 30 minutos

Atividade que agrega valor para Márcia (cozinhar) = 120 minutos

Ciclo de eficiência do processo na visão de Vitor = 30 / 150 = 20%

Ciclo de eficiência do processo na visão de Márcia = 120 / 150 = 80%

## 3.2. Termo de Abertura do Projeto

De acordo com o *PMBOK® Guide*, todo projeto deve ser iniciado com um termo de abertura do projeto.

Para o exame PMI-ACP, você também parte da premissa de que todo projeto possui seu respectivo termo de abertura, mas ele deve ser o mais objetivo possível e ter foco no acrônimo 5W2H:

▶▶ O que (*What*) – Do que se trata o projeto?

▶▶ Por que (*Why*) – Por que o projeto deve ser desenvolvido?

▶▶ Quem (*Who*) – Quem serão os beneficiados pelo produto do projeto?

▶▶ Quando (*When*) – Quais são os marcos de alto nível do projeto?

▶▶ Onde (*Where*) – Onde ou qual área/ramo de atuação do produto do projeto?

▶▶ Como (*How*) – Como o projeto será planejado/desenvolvido?

▶▶ Quanto custa (*How much*) – Qual o orçamento de alto nível do projeto?

O termo de abertura do projeto deve possuir outras informações relevantes, como: o gerente de projetos e seu nível de autoridade, riscos, premissas e restrições e visão inicial do produto em alto nível, delimitando as fronteiras do projeto.

A seguir abordarei outras técnicas para a elaboração do termo de abertura do projeto:

### Tweet Charter

Seguindo os princípios da rede social Twitter, o *tweet charter* sintetiza o objetivo do projeto em 140 caracteres.

## Elevator Statement

Imagine que você tem uma ideia de projeto sensacional para sua organização e gostaria muito de explicar para o CEO. Só que o CEO é uma pessoa totalmente inacessível e você não tem a oportunidade de expor sua ideia. Um belo dia você entra no elevador da organização e quem está lá? Sim, o CEO em pessoa! O percurso do andar térreo até o andar do CEO dura exatos dois minutos, que é o tempo que você terá para expor sua ideia.

No *elevator statement* o objetivo do projeto deve ser determinado em seis etapas:

▶▶ Para (*For*) – Público-alvo do projeto.

▶▶ Quem (*Who*) – Expectativas do público-alvo do projeto.

▶▶ O/A (*The*) – Produto do projeto.

▶▶ É um/uma (*Is a*) – Descrição breve do produto do projeto.

▶▶ Que (*That*) – Objetivo do projeto.

▶▶ Ao contrário de (*Unlike*) – Produto concorrente ou anterior.

▶▶ Nós (*We*) – Diferencial do produto do projeto.

Veja o seguinte exemplo de *elevator statement* para um curso *on-line* de certificação PMI-ACP:

▶▶ Para (*For*) – Gerentes de projetos.

▶▶ Quem (*Who*) – Aqueles que querem se tornar certificados em metodologias ágeis.

▶▶ O (*The*) – Curso *on-line* ministrado pela Hiflex Consultoria.

▶▶ É um (*Is a*) – Curso de três dias.

▶▶ Que (*That*) – Prepara para a certificação PMI-ACP, além de trazer um conhecimento abrangente das melhores técnicas ágeis do mercado.

▶▶ Ao contrário de (*Unlilke*) – Outros centros de treinamento.

▶▶ Nós (*We*) – Estabelecemos intervalos de uma semana entre as aulas para que o aluno possa absorver o conteúdo da matéria e aprimorar o conhecimento através de exercícios e simulados.

## 3.3. Identificar as Partes Interessadas

Processo executado na fase inicial do projeto e uma das maiores causas de fracasso nos projetos quando não feito corretamente. Deve-se trazer para junto do projeto cada uma das pessoas da seguinte matriz:

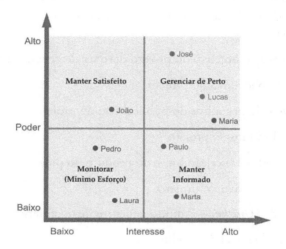

▶▶ **Partes interessadas de alto poder e alto interesse** – Possivelmente o patrocinador do seu projeto. Envolva-o desde o início e o mantenha por perto e muito bem satisfeito durante o projeto.

▶▶ **Partes interessadas de alto poder e baixo interesse** – Aquela famosa pessoa que não se manifesta durante todo o projeto até o momento em que é solicitado o seu OK com relação à implantação do projeto. Geralmente ela diz: "não fui envolvido", "isso envolve minha área e não posso dar o meu aceite". Você já passou por isso em seu projeto? Se sim, na próxima vez identifique logo no começo essa parte interessada e mantenha comunicação constante com ela.

▶▶ **Partes interessadas de baixo poder e alto interesse** – Possivelmente o usuário final do seu projeto! Se for uma pessoa crítica, não parceira ou se simplesmente seu projeto não entregar valor, você perderá de uma só vez a confiança dessa parte interessada e possivelmente de seu superior (alto interesse e alto poder).

▶▶ **Partes interessadas de baixo poder e baixo interesse** – A menor das preocupações. Esforço mínimo de comunicação.

# Capítulo 4
# Planejando Projetos Ágeis

Neste capítulo abordarei as ferramentas e técnicas utilizadas para o planejamento de projetos ágeis.

## 4.1. Conceitos de Planejamento Adaptativo

No capítulo anterior expliquei como definir a visão inicial do produto no termo de abertura do projeto.

Agora falarei sobre como planejar a implementação dessa visão utilizando os conceitos de planejamento adaptativo.

### 4.1.1. *Roadmap* do Produto

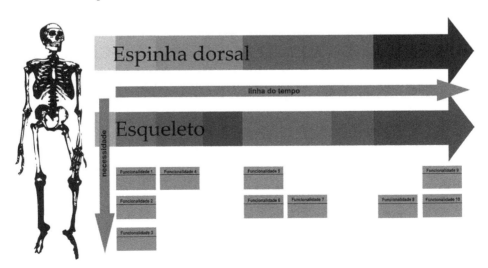

# 50   Gerenciamento Ágil de Projetos

O *roadmap* do produto é um panorama visual dos lançamentos (*releases*) do produto e suas funcionalidades principais na linha do tempo. É uma visão de alto nível do produto criada pelo cliente. O *roadmap* é composto por três categorias de funcionalidades:

- ▶ **Espinha dorsal (*backbone*)** – São as funcionalidades mandatórias para o produto funcionar. Usando um celular como exemplo novamente, sua espinha dorsal são funcionalidades que permitam que o celular ligue e desligue (circuitos, bateria, visor, etc.).

- ▶ **Esqueleto (*walking skeleton*)** – São funcionalidades que tornam o produto minimamente funcional. Seguindo o exemplo do celular, são funcionalidades que permitam fazer e receber ligações, falar e escutar.

- ▶ **Demais** – São as outras funcionalidades listadas no *roadmap* em ordem de prioridade e que ajudam a definir qual estratégia de lançamentos (*releases*) do produto será adotada.

## 4.1.2. MMF/MVP (*Minimally Marketable Feature/Minimum Viable Product*)

MMF ou *Minimally Marketable Feature* significa mínima funcionalidade comercializável, também conhecido como MVP (*Minimum Viable Product* – Mínimo Produto Viável).

Representa o conjunto mínimo de funcionalidades que torna o produto utilizável pelo cliente, embora não represente o produto final a ser gerado pelo projeto.

Exemplos:

- ▶ MVP de um celular – Aparelho que faça e receba chamadas.

- ▶ MVP de uma caneta – Objeto que permita escrever em um pedaço de papel.

Depois de identificado o *Minimum Viable Product* do projeto, fica bem mais fácil traçar a estratégia para identificar e determinar os demais entregáveis do projeto.

## 4.1.3. Elaboração Progressiva

Conforme abordado anteriormente, processos preditivos são aqueles onde são gastos um longo tempo e esforço no entendimento de todos os detalhes do projeto logo no início.

Projetos ágeis primam pelo uso de processos empíricos, aqueles onde o conhecimento é adquirido através da experiência.

Ou seja, conforme os detalhes da visão do produto são conhecidos no decorrer do projeto, maior será a acurácia com relação a estimativas, riscos, critérios de aceitação e principalmente requisitos.

Esta técnica é chamada de elaboração progressiva, ou seja, o processo de adicionar mais detalhes ao projeto conforme a informação emerge.

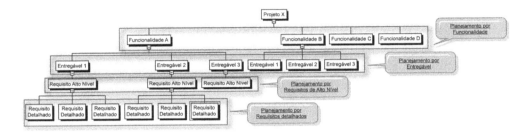

### 4.1.4. Entregas Incrementais

Imagine que você está participando de um projeto de um novo website para comércio eletrônico de livros e possui como principais funcionalidades:

- **Cadastro de estoque e precificação de livros** – Estimativa de um mês para ser desenvolvido.

- **Tela principal de consulta e pesquisa de livros** – Estimativa de um mês para ser desenvolvida.

- **Efetivação da compra com pagamento via boleto bancário** – Estimativa de um mês para ser concluída.

- **Efetivação da compra com pagamento via cartão de crédito bandeira A** – Estimativa de seis meses para ser concluída.

- **Efetivação da compra com pagamento via cartão de crédito demais bandeiras** – Estimativa de seis meses para ser concluída.

Seguindo uma metodologia tradicional, a entrega final contemplando todos os requisitos seria após 15 meses, sujeita a vários riscos, tais como:

- Falta de qualidade.

- Mudanças de requisitos após a entrega final.

- Não atender às expectativas das partes interessadas.

- Atrasos.

- Lançamento do mesmo produto pela concorrência.

## 52   Gerenciamento Ágil de Projetos

E se fosse adotada uma estratégia de entregas incrementais? Assim:

▸▸ Após o primeiro mês, disponibilizar o cadastro de estoque e a precificação de livros para que o cliente solicitante comece a utilizar e efetuar o cadastro.

▸▸ No segundo mês, disponibilizar a tela principal de consulta para que o cliente solicitante analise o layout e a navegação, dê o *feedback* e solicite possíveis mudanças e melhorias.

▸▸ Após uma pesquisa de mercado, identificou-se que 40% das vendas de livros via website são feitas através de boleto bancário como forma de pagamento. Então no terceiro mês, após a conclusão da funcionalidade de compra via boleto bancário, o cliente solicitante decide colocar o website no ar para uso do público em geral, para começar a obter o ROI do projeto de forma antecipada.

▸▸ Do quarto mês em diante, o foco é no desenvolvimento de funcionalidade de pagamento via cartão de crédito demais bandeiras. Ao término do desenvolvimento, uma nova versão do website é colocada no ar, possibilitando compras com cartões de crédito e aumentando mais ainda o ROI do projeto.

▸▸ Antes de iniciar o desenvolvimento da funcionalidade de pagamento via cartão de crédito bandeira A, analisou-se que 1% das vendas do website seriam realizadas por essa forma de pagamento, mas o tempo e o investimento necessários não seriam repostos pelas receitas geradas por tal funcionalidade.

Repare que essa estratégia de entregas incrementais ajudou a:

▸▸ Ter a oportunidade de obter rápido *feedback* do produto e permitir adequações sem que o **custo da mudança** seja alto.

▸▸ Minimizar riscos.

▸▸ Atender às expectativas das partes interessadas.

▸▸ Ter a oportunidade de aproveitar os benefícios do produto cedo e começar a obter o ROI.

Entenda um pouco mais sobre como as entregas incrementais ajudam a mitigar um alto custo da mudança observando as figuras a seguir.

## Planejando Projetos Ágeis    53

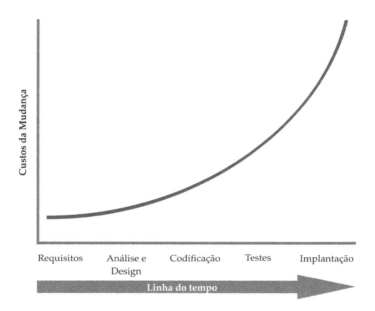

Traduzido e adaptado de Scott Ambler: *www.agilemodeling.com*

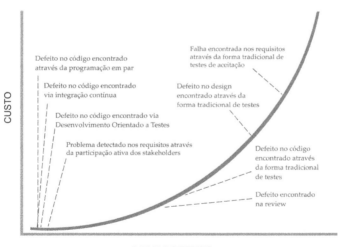

Traduzido e adaptado de Scott Ambler: *www.agilemodeling.com*

### 4.1.5. *Timeboxing*

*Timebox* corresponde a um intervalo curto de tempo e de duração fixa, ou seja, se um determinado evento é *timeboxed*, isso significa que o evento possui uma duração máxima que não pode ser ultrapassada ou estendida.

Em projetos ágeis este é um conceito que deve ser rigorosamente seguido, seja para estabelecer a duração de reuniões, de fases do projeto (iterações) ou quaisquer outros eventos.

Exemplos:

▶▶ Reunião *daily stand-up* tem *timebox* de 15 minutos.

▶▶ As iterações do novo projeto possuem *timebox* de duas semanas.

## 4.2. Coletando Requisitos

De acordo com o *PMBOK® Guide*, todo projeto precisa de um escopo definido e todo escopo é derivado de uma coleta de requisitos.

A partir de agora abordarei algumas ferramentas e técnicas ágeis para a coleta de requisitos de forma colaborativa entre cliente, partes interessadas e equipe do projeto.

### 4.2.1. *Wireframes*

*Wireframe* é uma espécie de rascunho de protótipo, uma rápida representação gráfica do produto. Pode ser construído através de softwares como Microsoft PowerPoint e Visio, entre outros.

Veja o exemplo da figura a seguir, que representa o design de um website:

"Vitor, quando uso e qual a vantagem de usar *wireframes*?"

Você pode usar no início do projeto, para representar o entendimento do *backlog*, ou entender o fluxo de alto nível de um processo, ou mesmo no decorrer do projeto, caso surja alguma mudança ou nova funcionalidade.

A grande vantagem de usar os *wireframes* é ter o rápido *feedback* das partes interessadas com relação ao que será entregue e identificar possíveis riscos, problemas ou mudanças o quanto antes, pois torna o entendimento muito mais fácil.

Essa técnica está fortemente alinhada com dois valores do Manifesto Ágil: "indivíduos e interações mais que processos e ferramentas" e "software funcional mais que documentação abrangente".

Se você fosse a principal parte interessada de um novo projeto de construção de um website, qual seria a melhor maneira para você dar um *feedback*? Lendo um documento de requisitos de 489 páginas ou uma demonstração de como o website será entregue?

## 4.2.2. Personas

Personas são personagens criadas para representar os diferentes tipos de usuários que utilizarão o produto.

Veja o exemplo a seguir que descreve Leo, principal usuário de um determinado projeto:

Traduzido e adaptado de Roman Pichler: *www.romanpichler.com*. Licenciado por Creative Commons Attribution-ShareAlike 3.0 Unported License (CC BY SA)

Veja que foram descritas diversas características de Leo: idade, retrato, perfil profissional, experiência profissional e expectativas.

Essa técnica promove a arte da empatia, ou seja, de se colocar no lugar da personagem, ajudando a capturar suas necessidades e expectativas perante o projeto.

## 56  Gerenciamento Ágil de Projetos

As personas podem representar pessoas que realmente irão utilizar o produto do projeto ou personagens fictícios.

Um jeito interessante de utilizar essa técnica é criar as personagens mais improváveis que poderiam utilizar o produto do projeto. Exemplo: presidente da república ou papa. Esses tipos de personagens são chamados de personas extremas e ajudam a dar uma visão do produto sob uma ótica inesperada, identificando novas funcionalidades ou mesmo simplificando funcionalidades definidas.

### 4.2.3. Jogos Ágeis

Como já mencionado anteriormente, métodos ágeis incentivam o uso de artefatos lúdicos e que promovem a integração entre membros da equipe e partes interessadas do projeto.

Jogos ágeis são maneiras inovadoras e colaborativas para coleta de requisitos, estimativas e planejamentos do projeto.

Talvez o exemplo mais conhecido de jogos ágeis é o *Planning Poker*, que será abordado adiante.

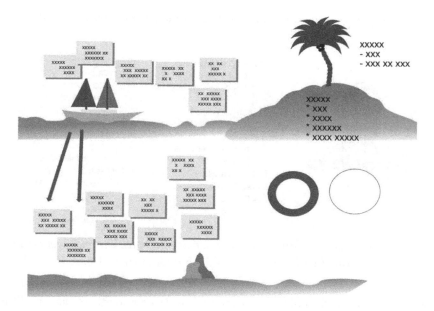

Adaptado de Innovation Games: *www.innovationgames.com*

## Planejando Projetos Ágeis 57

Na figura anterior é demonstrado um outro exemplo de jogo ágil, o *Speedboat*. Nesse jogo o grupo coloca os requisitos ou oportunidades do projeto em cima de um barco desenhado ("Ventos") e os riscos ou ameaças abaixo do barco ("Âncoras").

### 4.2.4. Modelagem Ágil

Assim como os *wireframes*, a modelagem ágil ajuda a deixar alinhado com as partes interessadas o que será feito no projeto, utilizando representações gráficas como:

▶▶ Diagramas de caso de uso.

▶▶ Modelos de dados.

▶▶ Protótipos de baixa fidelidade.

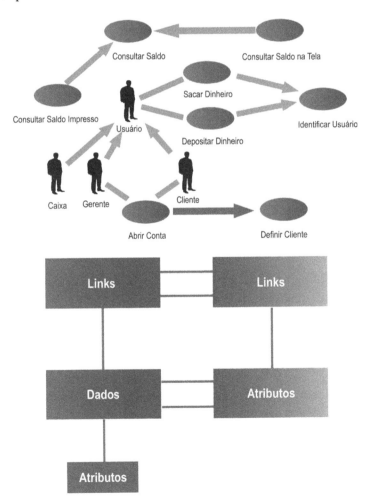

## 58  Gerenciamento Ágil de Projetos

"Mas, Vitor, quais são as vantagens de ficar mostrando representações gráficas e desenhos para as partes interessadas do meu projeto?"

Bom, posso dizer que, além de promover a integração entre partes interessadas e equipe do projeto, estando totalmente alinhado com o valor do Manifesto Ágil: "indivíduos e interações sobre processos e ferramentas", pode-se dizer também que:

▶▶ Ajuda a esclarecer um design ou protótipo.

▶▶ Ajuda a identificar possíveis problemas.

▶▶ Ajuda a identificar possíveis riscos.

▶▶ Ajuda a identificar componentes que necessitam de teste.

▶▶ Investiga problemas e ajuda a encontrar soluções.

### 4.2.5. *User Stories*

Outra técnica ágil muito eficaz para o engajamento das partes interessadas e a coleta de requisitos são as oficinas de escrita de *user stories*.

Nas oficinas de escrita as partes interessadas são reunidas e estimuladas a escrever seus requisitos em formato de *user stories*, como uma espécie de *brainstorming*.

"Vitor, o que são *user stories*?"

*User stories* são textos simples que descrevem uma funcionalidade. Geralmente são escritas em pequenos cartões ou em *post-its*, para que o autor da *user story* seja objetivo.

## Planejando Projetos Ágeis  59

Devem ser escritas de acordo com o ponto de vista do(s) usuário(s) ou cliente(s) final(is) do produto.

Formato:

▶▶ Como <<ator>> (obrigatório)

▶▶ Quero <<ação>> (obrigatório)

▶▶ Então <<resultado ou benefício>> (opcional)

Exemplos de *user stories*:

▶▶ Como vendedor <<ator>>

▶▶ Eu gostaria de verificar se um livro está disponível no estoque para venda <<ação>>

▶▶ Como um cliente da loja *on-line* <<ator>>

▶▶ Eu gostaria de procurar por itens para adicionar ao meu pedido <<ação>>

▶▶ Um administrador <<ator>>

▶▶ Pode cadastrar um jogo <<ação>>

▶▶ Para que os apostadores possam fazer seus palpites de resultado <<resultado>>

Uma boa prática na técnica é escrever a *user story* na parte da frente de um cartão e seus critérios de aceitação no verso.

Outra boa prática é a escrita de *user stories* que estejam de acordo com o acrônimo INVEST:

▶▶ *Independent* (**Independentes**) – *User stories* devem ser preferencialmente independentes umas das outras e também não possuir dependências internas.

▶▶ *Negotiable* (**Negociáveis**) – *User stories* não são contratos, mas lembretes para discussões.

▶▶ *Valuable* (**Valor**) – *User stories* devem agregar valor para o cliente.

▶▶ *Estimable* (**Estimáveis**) – A equipe deve ser capaz de estimar o esforço para concluir as *user stories*.

▶▶ *Small* (**Pequenas**) – *User stories* grandes dificultam as estimativas, assim como *user stories* muito pequenas. Quebre ou agrupe, dependendo do caso, mas sempre tendo em mente que uma *user story* deve ser totalmente concluída dentro de uma iteração. Quando a *user story* fugir desse conceito de *Small*, estamos diante um **épico**.

## 60   Gerenciamento Ágil de Projetos

⏩ *Testable* (**Testáveis**) – *User stories* devem ser possíveis de ser testadas. Para isso é fundamental que os critérios de aceitação do cliente estejam devidamente compreendidos por toda a equipe.

As escritas de *user stories* promovem o chamado 3C (cartões, conversação e confirmação):

### Cartões

Cliente exibe cada *user story* escrita para o restante da equipe. Exemplo:

— Um administrador pode cadastrar um jogo para que os apostadores possam fazer seus palpites de resultado.

### Conversação

O cliente e a equipe discutem cada *user story* e esclarecem toda e qualquer dúvida que surja. Exemplo:

— O administrador pode cadastrar o jogo quando quiser? E se ele cadastrar minutos antes?

— Eu acho que ele tem que cadastrar com no mínimo 48 horas de antecedência.

— Concordo.

### Confirmação

Cliente e equipe ratificam o entendimento de cada *user story* e anotam no verso os critérios de aceitação. Exemplo:

— Um administrador não poderá cadastrar um jogo com menos de 48 horas de antecedência.

— O jogo deve pertencer ao campeonato corrente.

— Um administrador não poderá cadastrar dois jogos envolvendo os mesmos times no mesmo horário.

A seguir veremos um exemplo da utilização do INVEST para a validação de uma *user story*:

"Como autor da Brasport, quero gerenciar as vendas dos meus livros para obter um melhor controle".

**Planejando Projetos Ágeis** 61

▶▶ Independente? A princípio sim. Não temos nenhuma dependência interna.

▶▶ Negociável? Sim, trata-se de um lembrete.

▶▶ Possui valor? A princípio sim, pois irá ajudar o autor a ter um melhor controle.

▶▶ Pequeno? Os termos "gerenciar" e "melhor controle" geram muita subjetividade. Que ações temos por trás do processo "gerenciar"? O que significa "melhor controle" na visão do ator da *user story*?

▶▶ Testável? Como validar esse "melhor controle" esperado pelo ator da *user story*?

Estamos diante de um épico e precisaremos decompô-lo em *user stories* menores. Nesse caso, precisamos entender quais são as ações existentes nesse processo "gerenciar" e detalhar mais o "melhor controle". Por exemplo:

"Como autor da Brasport, quero consultar a quantidade de livros vendidos e livros em estoque para verificar quanto irei receber a mais a cada trimestre e quando devo me programar para escrever a terceira edição do livro Gerenciamento Ágil de Projetos".

▶▶ Independente? Não. Temos duas ações necessárias para concluir a história.

▶▶ Negociável? Sim, trata-se de um lembrete.

▶▶ Possui valor? A princípio sim, pois irá ajudar o autor a verificar seus ganhos financeiros e se programar adequadamente.

▶▶ Pequeno? Não. Temos muitas ações dentro da *user story*, que ficou muito extensa.

▶▶ Testável? Conseguimos medir o recebimento trimestral e traçar uma programação para a escrita da terceira edição? Se sim, a *user story* pode ser considerada testável.

Como podemos melhorar? Que tal dividirmos em duas *user stories*?

"Como autor da Brasport, quero consultar a quantidade de livros vendidos para verificar quanto irei receber a mais em cada trimestre".

"Como autor da Brasport, quero consultar a quantidade de livros em estoque para verificar quando devo me programar para escrever a terceira edição do livro Gerenciamento Ágil de Projetos".

## 4.2.6. Mapas de *User Stories*

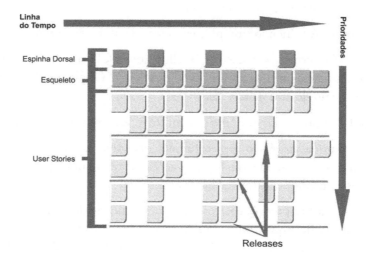

Um mapa de *user stories* é bastante similar ao *roadmap* do produto abordado no capítulo anterior, mas lista as *user stories* na linha do tempo, e não as funcionalidades.

Utiliza os mesmos conceitos do *roadmap* do produto para classificar *user stories* mandatórias para o funcionamento do produto (espinha dorsal) e *user stories* essenciais para tornar o produto operacional (esqueleto).

"Vitor, trabalho em um projeto que exige uma documentação formal e abrangente para atender a normas regulatórias externas. Mapas de *user stories* penduradas na parede não atendem. E agora?".

Simples! O grande segredo da documentação dentro do gerenciamento ágil é que ela passa a ser uma saída do projeto e não mais uma entrada para iniciar os processos de planejamento do projeto. Assim, você pode elaborar essa documentação de duas formas:

- ⏭ Complementando a documentação ao final de cada iteração, mas sempre correndo o risco de ter que revisitar itens de iterações anteriores, caso existam mudanças.
- ⏭ Gerando a documentação ao final do projeto, correndo o risco de esquecer algo relevante na documentação.

## 4.3. Priorizando Requisitos

Uma vez coletados os requisitos, vou explicar ferramentas e técnicas de priorização de requisitos para entregar o máximo de valor antecipadamente.

## 4.3.1. Priorização Orientada a Valor

De acordo com o *PMBOK®Guide*, todo projeto deve passar pelo processo de coletar requisitos, ou seja, de elencar todos os requisitos que as partes interessadas gostariam que fossem atendidos pelo projeto.

Mas como priorizar esses requisitos? Qual critério utilizar? Como garantir que os requisitos solicitados garantam o ROI do projeto?

> ***Atenção!*** Para o exame, a entrega e a priorização de valor devem sempre ser analisadas sob o ponto de vista do cliente.

A seguir serão abordadas algumas técnicas de priorização:

### *Esquemas simples*

Nessa técnica de priorização, são definidas classificações de acordo com a prioridade dos requisitos. Podem ter os seguintes padrões:

- ▶▶ 1 – Prioritário, 2 – Importante, 3 – Secundário.
- ▶▶ Alta – Prioridade alta, Média – Prioridade média, Baixa – Prioridade baixa.
- ▶▶ Essencial – Para requisitos indispensáveis, Desejável – Para requisitos não tão prioritários.

Essa técnica, embora simples, pode não ser tão eficaz, uma vez que existe uma tendência natural das pessoas para definir tudo como "essencial".

Particularmente, gosto de usar essa técnica combinada com o método dos 100 pontos, mencionado a seguir.

### *Método dos 100 pontos*

Imagine que você depara com uma matriz de rastreabilidade de requisitos, sendo todos classificados como "essencial". O que fazer?

Faça a seguinte pergunta: "dentre os essenciais, qual é o mais essencial?". Ao identificá-lo, atribua nota 100 a ele. Isso quer dizer que os demais requisitos do projeto deverão possuir peso entre 0 e 99.

Esse método atribui um peso a cada requisito do projeto, o que ajuda (e muito) no processo de priorização.

## MoSCoW

Outra técnica muito interessante de priorizar requisitos é o acrônimo MoSCoW, representado por:

- ▶▶ *Must Have* – "**Deve ter**". Funcionalidade vital e imprescindível para a operação do produto do projeto.

- ▶▶ *Should Have* – "**Deveria ter**". Funcionalidade que não é vital, porém é importante para tornar operacional o produto do projeto.

- ▶▶ *Could Have* – "**Poderia ter**". Funcionalidades que agregam valor ao produto do projeto e podem trazer algum diferencial, mas não são tão imprescindíveis.

- ▶▶ *Won't Have* – "**Não terá**". Funcionalidades secundárias que podem até agregar valor ao produto, mas não são vitais nem trarão algum diferencial ao produto.

A ideia é atribuir um dos quatro critérios de priorização a cada requisito do projeto.

## *Monopoly money*

Você se lembra de um jogo de tabuleiro chamado Banco Imobiliário (conhecido também como *Monopoly* em outros países), onde você comprava imóveis com uma quantia limitada de dinheiro de brinquedo?

Nessa técnica, imagine que você teria R$ 1.000.000,00 para distribuir entre cinco requisitos. Quanto mais prioritário for o requisito, maior será o valor monetário associado a ele. Veja o seguinte exemplo:

- ▶▶ Requisito 1 – R$ 300.000,00
- ▶▶ Requisito 2 – R$ 50.000,00
- ▶▶ Requisito 3 – R$ 500.000,00
- ▶▶ Requisito 4 – R$ 125.000,00
- ▶▶ Requisito 5 – R$ 25.000,00

Ordenando do maior valor monetário para o menor valor:

- ▶▶ Requisito 3 – R$ 500.000,00
- ▶▶ Requisito 1 – R$ 300.000,00
- ▶▶ Requisito 4 – R$ 125.000,00
- ▶▶ Requisito 2 – R$ 50.000,00
- ▶▶ Requisito 5 – R$ 25.000,00

Uma sugestão interessante ao utilizar essa técnica é distribuir o valor esperado do ROI entre os requisitos, para ajudar a identificar o valor que determinado requisito agregará ao ROI do projeto.

## *Análise de Kano*

Criada por Noriaki Kano, essa técnica consiste em classificar os requisitos em quatro categorias, sob o ponto de vista do cliente final. Mencionarei as características e darei exemplos analisando um novo aparelho celular:

- ▸▸ **Excitantes** – São novidades do produto que fazem a diferença e atrairão mais clientes. Exemplo: um novo celular com tecnologia 5G de internet móvel.

- ▸▸ **Satisfatórias** – São funcionalidades adicionais que, embora não sejam um diferencial do produto, ajudam a atrair mais clientes. Exemplo: o novo aparelho celular, mencionado no exemplo anterior, possui ótimos aplicativos gratuitos já instalados.

- ▸▸ **Insatisfatórias/Padrão** – São funcionalidades que possuem o seguinte dilema: não fazem nenhuma diferença para o produto, mas suas ausências podem deixar os clientes insatisfeitos e prejudicar as vendas do produto. Exemplo: o celular--exemplo não possui dispositivo de segurança. Um celular com dispositivo de segurança já se tornou um padrão no mercado e não faz diferença na venda, mas a falta desse dispositivo pode ser um problema para muitos clientes.

- ▸▸ **Indiferentes** – Funcionalidades adicionais que, no geral, não causam nenhum impacto positivo ou negativo ao produto. Exemplo: o celular-exemplo possui um cronômetro.

> *Atenção!* Os exemplos que mencionei anteriormente estão baseados na tecnologia disponível em maio de 2014. Repare que, daqui a alguns anos, as funcionalidades hoje descritas como "excitantes" ou "satisfatórias" migrarão para "insatisfatórias" ou "indiferentes", ou seja, o que é novidade hoje se torna padrão amanhã.

> *Atenção!* As técnicas de priorização de requisitos orientada a valor não servem apenas para o planejamento inicial do projeto. Em projetos ágeis a mudança que agrega valor ao produto é sempre bem-vinda, e, caso necessário, os requisitos podem ser repriorizados e refinados utilizando as técnicas descritas no capítulo.

# 66    Gerenciamento Ágil de Projetos

## 4.3.2. Priorização Relativa

| | Requisito |
|---|---|
| 1 | IDENTIFICAR NO NÍVEL CERTIFICADOS (ACSEL) CASOS QUE NÃO POSSUEM VALIDAÇÃO DE CARTÃO PROPOSTA |
| 2 | INFORMAR NO CAMPO «MOTIVO LIBERAÇÃO/DECLÍNIO» AS ACEITAÇÕES AUTOMÁTICAS |
| 3 | INFORMAR NO CAMPO «MOTIVO LIBERAÇÃO/DECLÍNIO» AS ACEITAÇÕES POR REATIVAÇÃO TÉCNICA |
| 4 | PERMITIR IMPORTE DE ARQUIVO (FORMATO PDF OU DOC) NA REATIVAÇÃO DE SEGURADO |
| 5 | EXIBIR INDICATIVO DE SEGURADOS ACEITO COM A CONDIÇÃO/CAPITAL ANTERIOR NO RELATÓRIO DE FATURAMENTO |
| 6 | FLAG PARA SELECIONAR MAIS DE UM SEGURADO PARA REATIVAÇÃO |
| 7 | AJUSTAR INFORMAÇÃO DO CAMPO DE COMPETÊNCIA NA TELA DE REATIVAÇÃO |
| 8 | EXIBIR LEGENDA NA TELA DE DECLINADOS PARA ENTENDIMENTO DO PROCESSO DE REATIVAÇÃO |
| 9 | AJUSTAR REGRA PARA ANÁLISE DE IMPORTE DE IMPLANTAÇÃO (CASOS DE ENCAMPAÇÃO) |
| 10 | AJUSTAR VALIDAÇÃO DA CRÍTICA 45 E 46 QUANDO O SEGURADO JÁ POSSUI O CAPITAL MÁXIMO DA APÓLICE |
| 11 | APÓLICES ELEGÍVEIS PARA FOLLOW DE FATURAMENTO |
| 12 | VALIDAÇÃO DE APÓLICES NOVAS OU MIGRADAS DE BOLETO EM BRANCO PARA INFORMAÇÃO |
| 13 | VALIDAÇÃO DE APÓLICES VENCIDAS - PENDENTE DE RENOVAÇÃO |
| 14 | VALIDAÇÃO DE CRONOGRAMA DE FATURAMENTO |
| 15 | ENVIAR E-MAILS AO CORRETOR INFORMANDO SOBRE O PRAZO DE FATURAMENTO |
| 16 | IMPORTAÇÃO DE ARQUIVO ANTES OU DURANTE O FOLLOW |
| 17 | EMISSÃO AUTOMÁTICA COM BASE NO FATURAMENTO ANTERIOR |
| 18 | PERMITIR QUE O CORRETOR AUTORIZE O FATURAMENTO COM BASE NO MOVIMENTO ANTERIOR |
| 19 | STATUS DE FATURAMENTO NO CORPORATE |
| 20 | IMPORTAÇÃO APÓS EMISSÃO AUTOMÁTICA |
| 21 | SOLICITAÇÃO DE CANCELAMENTO |
| 22 | ALTERAÇÃO DO PRAZO DE VALIDAÇÃO DO CARTÃO PROPOSTA PARA 6 MESES |
| 23 | REFATURAMENTO DE PARCELA RENOVADA PELO CORPORATE |
| 24 | LIBERAÇÃO AUTOMÁTICA DA CRÍTICA 84 - SEGURADO PERTENCE A OUTRA APÓLICE |

A priorização relativa é simplesmente uma lista de requisitos ordenada de acordo com uma prioridade que faça sentido para o cliente, conforme a figura anterior.

## 4.3.3. *Backlog* Orientado a Riscos

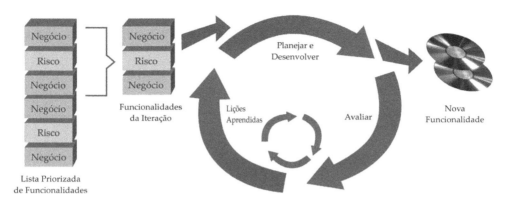

Traduzido e adaptado de Mike Griffiths: *www.LeadingAnswers.com*

Todo projeto possui riscos e, de acordo com as boas práticas do *PMBOK® Guide*, devemos:

- Identificar os riscos.
- Analisar qualitativamente os riscos.
- Analisar quantitativamente os riscos.
- Planejar respostas aos riscos.
- Implementar as respostas aos riscos.

Lembrando que os riscos podem ser tanto negativos (ameaças) e prejudicar a entrega de valor quanto positivos (oportunidades) e aumentar a entrega de valor.

Esses planos de resposta são requisitos que devem ser levados em consideração, em conjunto com os requisitos de negócio, para a elaboração do *backlog* do produto.

Veja o exemplo a seguir:

Imagine a seguinte lista de requisitos de produto priorizada com a técnica de *monopoly money*:

- Requisito 1 – R$ 300.000
- Requisito 2 – R$ 200.000
- Requisito 3 – R$ 150.000
- Requisito 4 – R$ 50.000

## 68 Gerenciamento Ágil de Projetos

Agora imagine que seu projeto possua quatro riscos identificados e com planos de respostas elaborados de acordo com a análise quantitativa, feita através da técnica de Valor Monetário Esperado (EVM – *Expected Monetary Value*):

⏩ Risco 1 – Impacto se o risco ocorrer: R$ 500.000 x Probabilidade de ocorrência do risco: 80% = R$ 400.000

⏩ Risco 2 – Impacto se o risco ocorrer: R$ 500.000 x Probabilidade de ocorrência do risco: 25% = R$ 125.000

⏩ Risco 3 – Impacto se o risco ocorrer: R$ 40.000 x Probabilidade de ocorrência do risco: 10% = R$ 4.000

⏩ Risco 4 – Impacto se o risco ocorrer: R$ 5.000 x Probabilidade de ocorrência do risco: 80% = R$ 4.000

Ao compor o *backlog* final, a ordem de prioridade será a seguinte:

⏩ Risco 1 – R$ 400.000 (alto valor, alto risco).

⏩ Requisito 1 – R$ 300.000.

⏩ Requisito 2 – R$ 200.000.

⏩ Requisito 3 – R$ 150.000.

⏩ Risco 2 – R$ 125.000 (alto valor, baixo risco).

⏩ Requisito 4 – R$ 50.000.

⏩ Risco 3 – R$ 4.000 (baixo valor, baixo risco).

⏩ Risco 4 – R$ 4.000 (baixo valor, alto risco).

"Mas, Vitor, o risco 3 e o risco 4 possuem valores iguais! Por que você ordenou o *backlog* colocando o risco 3 antes do risco 4?"

Repare que, embora o valor do impacto dos dois riscos seja baixo com relação aos demais valores do *backlog*, o impacto da ocorrência do risco 3 (R$ 40.000) é bem maior que o impacto da ocorrência do risco 4 (R$ 5.000).

> *Atenção!* Para o exame, entenda a ordem de priorização de riscos demonstrada no exemplo anterior. Funcionalidades com baixo valor e alto risco devem ser evitadas ou ter baixa prioridade perante os demais itens do *backlog*.

> *Atenção!* Para o exame entenda que identificar os riscos na elaboração do *backlog* inicial ajuda a mitigar os riscos de maior severidade/valor logo no início do projeto.

# 4.4. Estimativas Ágeis

Agora abordarei ferramentas e técnicas para estimar esforço, prazo e custo de projetos ágeis.

Os métodos ágeis incentivam que as estimativas sejam feitas de forma colaborativa, ou seja, com a participação de todos os membros da equipe, evitando estimativas superestimadas ou determinadas apenas por um único membro da equipe.

## 4.4.1. Horas Ideais

É cientificamente comprovado que, das oito horas trabalhadas ao dia, as horas realmente produtivas variam de três a cinco horas, pois as pessoas precisam ler e-mails, atender telefonemas, interagir socialmente com as pessoas, tomar café, entre outras atividades que não fazem parte dos trabalhos do projeto.

Então fuja do mantra de que um projeto de 160 horas dura um mês e estime seu projeto em horas ideais.

Horas ideais representam a quantidade de horas que efetivamente será gasta no projeto, descontando as horas gastas em outros tipos de trabalho ou distrações.

Partindo para um exemplo prático: um projeto estimado em 160 horas ideais, considerando que a equipe gastará quatro horas de fato no projeto, significa que a equipe gastará 40 dias para finalizar o projeto.

## 4.4.2. *Story Points*

Métrica relativa utilizada para estimar o esforço de cada um dos requisitos do projeto, com base em uma sequência matemática chamada sequência de Fibonacci (0, 1, 2, 3, 5, 8, 13, 21, 34, etc.).

Para cada *user story* ou requisito a equipe atribui um número da sequência de Fibonacci com base no seu esforço, complexidade e riscos.

Exemplo: se para cada *user story* de menor esforço for atribuída uma *story point*, isso significa que uma *user story* de duas *story points* equivale ao dobro de esforço da primeira *story point*.

Uma técnica utilizada para estimativa em *story points* é a técnica da triangulação: comparar uma *user story* com a *user story* de menor esforço e a de maior esforço.

"Mas, Vitor, qual é a vantagem de estimar utilizando uma métrica totalmente relativa?"

# 70 Gerenciamento Ágil de Projetos

As estimativas em *story points* ajudam a resolver dois problemas clássicos de estimativas de projeto:

▶▶ Pessoas costumam falhar em predizer o tamanho absoluto dos trabalhos do projeto.

▶▶ Processos de estimativas complexos.

Alguns detalhes muito importantes sobre as estimativas em *story points*:

▶▶ **Cada equipe deve ter seus próprios critérios para a métrica.** Não existe um padrão universal para determinar quando uma *user story* vale 1 *story point* ou quando uma *user story* vale 21 *story points*. Cada equipe determina sua métrica. Caso uma equipe estime uma *user story* com 5 *story points* e outra equipe estime a mesma *user story* com 1 *story point*, a diferença entre os critérios utilizados deve ser respeitada.

▶▶ **Ao decompor *user stories* em *user stories* menores, a soma das estimativas destas não necessariamente deve bater com a estimativa inicial.** Imagine que você estimou uma *user story* como um épico de 21 *story points* e solicitou ao cliente que ele detalhasse um pouco mais. Como frutos desse detalhamento nasceram três *user stories*, que foram estimadas com 3, 5 e 8 *story points*. Repare que a soma das estimativas resultará em 16 *story points*, diferente das 21 *story points* do épico inicial. Perceba que, refinando o entendimento do épico, a estimativa também foi refinada.

A pergunta clássica que escuto em todo treinamento ou *workshop* que ministro é: "como converter essa estimativa relativa em algo tangível como prazo?".

Abordarei o assunto alguns tópicos adiante.

> ***Atenção!*** No exame, métrica relativa também pode ser denominada métrica pura, pois *pure* (pura em inglês) é sinônimo de relativo.

## 4.4.3. Estimativa por Afinidade

Estimativa por afinidade é o processo de agrupar requisitos por características similares.

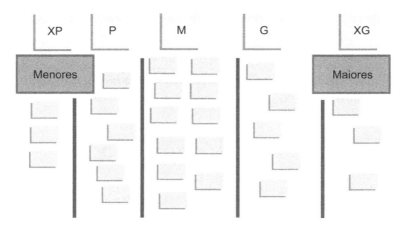

Traduzido e adaptado de Chris Sterling: *www.gettingagile.com*

Repare, na figura anterior, que os requisitos foram classificados de acordo com o tamanho do esforço em categorias.

Podemos utilizar a estimativa por afinidade de três formas:

- Utilizando colunas representando o esforço de acordo com a sequência de Fibonacci (1, 2, 3, 5, 8, 13...), da mesma forma que a pontuação feita através de **story points**.

- Utilizando colunas representando o esforço com categorias como XP (Muito Pequeno), P (Pequeno), M (Médio), G (Grande), XG (Muito Grande). Essa técnica é chamada de ***T-Shirt Sizing***.

- Utilizando colunas representando as funcionalidades e seu respectivo esforço. Exemplo: Funcionalidade Cadastro (Esforço Pequeno), Funcionalidade Carrinho de Compra (Esforço Grande). Essa técnica é chamada de agrupamento por **coleções ou temas**.

É recomendado utilizar essa técnica em projetos grandes com uma grande quantidade de requisitos, tornando a estimativa por *story points* demorada e complexa.

### 4.4.4. Wideband Delphi

*Wideband Delphi* é uma variação da técnica *Delphi*, utilizada para coleta de opiniões sobre um determinado assunto, mantendo o anonimato sobre quem emitiu a opinião.

No *Wideband Delphi* cada membro da equipe coloca sua estimativa das *user stories* ou tarefas (horas/dias/*story points*/valor) em um pedaço de papel, porém não revela sua estimativa aos demais membros da equipe.

Um facilitador coleta as informações e lança os resultados em um quadro. A equipe discute o resultado e repete o procedimento até as estimativas chegarem próximas de um consenso.

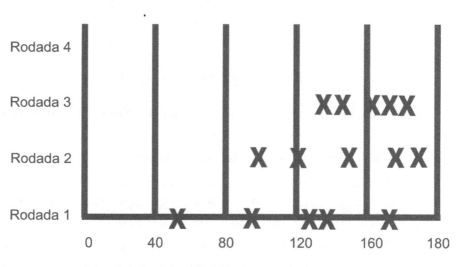

## 4.4.5. Planning Poker

No *planning poker* os membros da equipe estimam o esforço das *user stories* em *story points* através de um jogo de baralho.

Cada membro de equipe deve possuir suas cartas com os números 1, 2, 3, 5, 8 e 13 (seguindo a sequência de Fibonacci) para estimar *user stories* pequenas, e com os números 20, 40 e 100 para estimar épicos.

O cliente faz a leitura de cada *user story* e esta é discutida brevemente. Logo após, cada membro da equipe escolhe sua carta de estimativa e todos mostram suas escolhas simultaneamente. As variações de estimativa são discutidas e novas rodadas de estimativas devem ser realizadas até se chegar a um consenso.

Vantagens dessa técnica de estimativa:

- ▶▶ Estimativa consensual do grupo, evitando estimativas superestimadas.
- ▶▶ Evita coerção nas estimativas, uma vez que todos os membros exibem suas estimativas ao mesmo tempo.
- ▶▶ Discussão entre equipe e cliente sobre cada requisito, gerando entendimento e uma estimativa mais precisa.

## 4.4.6. Velocidade

Velocidade é a quantidade de esforço (horas, dias, pontos) realizado pela equipe por iteração.

## 74 Gerenciamento Ágil de Projetos

Exemplo:

Para a primeira iteração do projeto a equipe selecionou cinco *user stories* cujo esforço foi estimado pela equipe da seguinte forma:

▸▸ *User story* 1 – 13 pontos.

▸▸ *User story* 2 – 8 pontos.

▸▸ *User story* 3 – 2 pontos.

▸▸ *User story* 4 – 5 pontos.

▸▸ *User story* 5 – 3 pontos.

**Ao término da iteração:**

▸▸ *User story* 1 – Concluída.

▸▸ *User story* 2 – Concluída.

▸▸ *User story* 3 – Concluída.

▸▸ *User story* 4 – 50% concluída.

▸▸ *User story* 5 – Não concluída.

Logo:

Velocidade da iteração = 13 (*user story* 1) + 8 (*user story* 2) + 2 (*user story* 3) + 0 (*user story* 4) + 0 (*user story* 5) = 23

"Mas, Vitor, a *user story* 4 não foi 50% concluída? Não devo considerar 2,5 na soma da velocidade?"

Não! Apenas requisitos concluídos devem ser considerados na composição da velocidade.

Supondo que os seguintes membros da equipe atuaram nas *user stories*:

▸▸ *User story* 1 – Vitor.

▸▸ *User story* 2 – Márcia.

▸▸ *User story* 3 – Laura.

Isso significa que a velocidade de Vitor é 13, a velocidade de Márcia é 8 e a velocidade de Laura é 2?

Não! A velocidade jamais deve ser medida por indivíduo da equipe, e sim representar o esforço da equipe toda.

Para equipes cujos membros estão trabalhando juntos pela primeira vez, a velocidade tende a variar nas primeiras iterações (vide figura a seguir), mas, conforme a equipe vai se entrosando e adquirindo conhecimento sobre o projeto, a velocidade tende a se estabilizar.

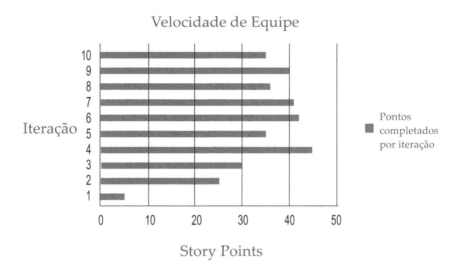

Com a estabilização da velocidade é possível estimar a quantidade de iterações necessárias para a conclusão do projeto ou *release*, disponibilizando essa informação para as partes interessadas.

Exemplo:

⏭ Uma equipe executou cinco iterações com as seguintes velocidades: 38, 42, 40, 37 e 43 *story points*.

⏭ Faltam 520 pontos para serem completados.

⏭ Qual é a expectativa de iterações restantes para completar o projeto?

Resposta:

⏭ Média de velocidade por iteração = (38 + 42 + 40 + 37 + 43) / 5 = 200 / 5 = 40.

⏭ Quantidade de iterações restantes = 520 / 40 = 13 iterações.

"Mas, Vitor, então devo sempre buscar por equipes com alta velocidade, uma vez que são mais eficientes que equipes de menor velocidade?".

Não! Jamais compare velocidades entre equipes diferentes. Cada equipe tem sua métrica de esforço.

# 76  Gerenciamento Ágil de Projetos

> **Atenção!** Reforçando novamente para o exame: não comparar velocidade entre equipes diferentes e não medir velocidade por indivíduo da equipe.

Interessante entender que os trabalhos não planejados interferem diretamente na velocidade da equipe. Exemplos de trabalhos não planejados: reuniões, realizar algum trabalho não relacionado ao projeto para o gerente funcional, incidentes. Quanto maior a incidência desses trabalhos não planejados, menor a quantidade de trabalhos concluídos pela equipe e, consequentemente, menor a métrica de velocidade.

## 4.4.7. Estimativa de Custos

Para determinar a estimativa de custos de projetos ágeis é necessário ter a estimativa de iterações no projeto ou *release* e entender os custos diretos e indiretos do projeto.

Para um maior entendimento veja o exemplo do projeto X:

➤ O custo da equipe de desenvolvimento é de R$ 30.000/mês.

➤ O custo para implantação é de R$ 10.000.

➤ A equipe precisará de 12 iterações para completar o projeto.

➤ Cada iteração dura quatro semanas.

➤ Após a implantação, 20% da equipe será mantida por mais um mês para acompanhamento pós-projeto.

O cálculo realizado:

➤ 12 iterações de 4 semanas = 12 meses.

➤ Custo da equipe de desenvolvimento = R$ 30.000 x 12 meses = R$ 360.000.

➤ Custo de acompanhamento pós-projeto = R$ 30.000 x 20% = R$ 6.000.

➤ Custo total = R$ 360.000 (custos da equipe) + R$ 10.000 (custos de implantação) + R$ 6.000 (custos de acompanhamento pós-projeto) = R$ 376.000.

É importante entender que, seguindo os princípios dos processos empíricos, as estimativas também vão sendo refinadas conforme maiores detalhes do projeto são conhecidos, como se vê na próxima figura (gráfico de convergência de estimativa de Barry Boehm):

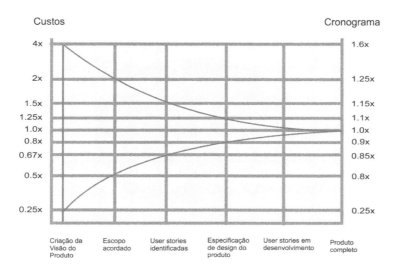

> ***Atenção!*** Para o exame, entenda que as estimativas em projetos ágeis são sempre *top-down*.

## 4.5. Planos Ágeis

Pelas características de entregas curtas e frequentes, os projetos ágeis ajudam a mitigar dois tipos de problemas clássicos existentes nos projetos:

- **Lei de Parkinson.** Trata-se da tendência de utilizar todo o tempo disponível para executar determinado trabalho. Imagine um projeto cujo prazo foi estimado em dez meses, a equipe tem consciência que pode terminar os trabalhos do projeto em sete meses, mas utiliza todos os dez meses.

- **Síndrome de estudante.** Seguindo o exemplo anterior, a equipe só começa a trabalhar com empenho no projeto nos dois meses finais. É o famoso "deixar tudo para a última hora".

## 78   Gerenciamento Ágil de Projetos

A figura anterior mostra um panorama geral sobre agilidade, seus principais valores e princípios e suas camadas de planejamento, que descreverei resumidamente a seguir:

- **Estratégia** – Alinhado com os objetivos estratégicos da organização.
- **Portfólio** – Alinhado com o gerenciamento de portfólio de projetos e programas da organização.
- *Release* – Lançamento/operacionalização do produto após a conclusão da(s) fase(s) do projeto. Exemplo: uma casa só pode ser habitada após a conclusão de suas quatro fases (iterações): fundação, alvenaria, cobertura e acabamento.
- **Iteração** – Fases do projeto que entregam um incremento do produto. Exemplo: fases de um projeto de construção de uma casa: fundação, alvenaria, cobertura e acabamento.
- **Diária** – Planejamento da equipe feito através de rápidas reuniões diárias.
- **Contínuo** – Comunicação contínua da equipe através de técnicas como conhecimento tácito e comunicação osmótica.

> ***Atenção!*** No exame serão abordados conhecimentos sobre as camadas de planejamento de *release*, iteração, diário e contínuo. Não serão abordados conhecimentos sobre planejamento de portfólio e planejamento estratégico, pois estão mais relacionados com gerenciamento de programas e portfólios.

## 4.5.1. Decomposição Orientada a Valor

Como aplicar o conceito da elaboração progressiva em projetos ágeis?

- ▶▶ **Da visão do produto para o *roadmap* do produto** – Partindo da visão inicial do produto, devem ser detectadas as principais funcionalidades do produto e como suas entregas serão planejadas na linha do tempo.

- ▶▶ **Do *roadmap* do produto para o *backlog* do produto** – O *roadmap* do produto detalha as funcionalidades do produto em alto nível, que dará subsídio para a construção do *backlog* do produto, que será composto por requisitos ou *user stories* de alto nível chamados de épicos.

- ▶▶ **Do *backlog* do produto para o plano de *release*** – Quais requisitos do *backlog* do produto serão contemplados em cada *release* (lançamento) do produto.

- ▶▶ **Do plano de *release* para o plano das iterações** – Definir quantas iterações (fases) farão parte de cada *release* e como os requisitos serão distribuídos dentro das iterações. Para isso talvez seja necessário decompor os requisitos ou *user stories* de alto nível (épicos) em *user stories* menores utilizando o conceito de INVEST.

- ▶▶ **Do plano de iteração para as tarefas da iteração e o plano diário** – Uma vez definidos o plano da iteração e os requisitos ou *user stories* que farão parte dele, as *user stories* devem ser decompostas em nível de tarefas. As tarefas são revisitadas diariamente através das reuniões de *stand-up* que abordarei no próximo capítulo.

Resumindo a hierarquia de decomposição:

- ▶▶ Funcionalidades.
- ▶▶ Épicos.
- ▶▶ *User stories*.
- ▶▶ Tarefas.

"Vitor, quando eu faço esta decomposição?"

No último momento responsável, ou seja, no momento onde são conhecidas todas as informações necessárias para uma melhor tomada de decisão e um melhor planejamento. Repare que esse conceito está totalmente alinhado com a definição de processos empíricos e a elaboração.

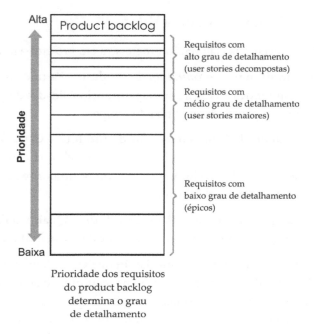

Prioridade dos requisitos
do product backlog
determina o grau
de detalhamento

Traduzido e adaptado de Roman Pichler: *www.romanpichler.com*. Licenciado por Creative Commons Attribution-ShareAlike 3.0 Unported License (CC BY SA).

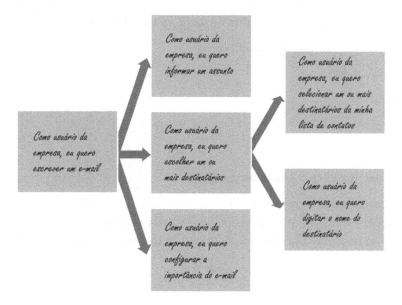

Traduzido e adaptado de Roman Pichler: *www.romanpichler.com*. Licenciado por Creative Commons Attribution-ShareAlike 3.0 Unported License (CC BY SA).

## 4.5.2. Planejamento de *Release*

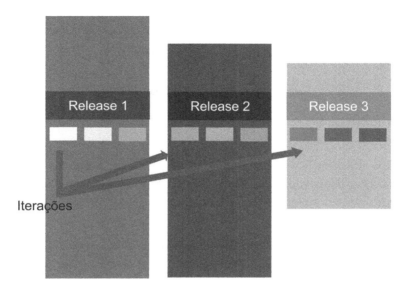

*Release* representa o lançamento do produto para o uso dos clientes finais. Um projeto pode conter um ou mais *releases*.

Exemplo de vários *releases* em um projeto: primeira versão de website para venda de materiais esportivos é disponibilizada para o público somente com forma de pagamento via boleto bancário. Seis meses depois uma nova versão é disponibilizada para o público, agora permitindo também forma de pagamento via cartão de crédito.

Exemplo de um único *release* em um projeto: lançamento de novo aparelho celular.

Cada *release* pode ser composto por uma ou mais iterações. Utilizando o exemplo do website descrito anteriormente:

Projeto website:

▶▶ *Release* 1, composto de:
- » **Iteração 1** – Entrega de funcionalidade de cadastro de produtos e preços.
- » **Iteração 2** – Protótipo do website.
- » **Iteração 3** – Navegação e pesquisa do website.
- » **Iteração 4** – Efetivação de compras no website com forma de pagamento via boleto bancário.

# 82 Gerenciamento Ágil de Projetos

▶▶ *Release* 2, composto de:

» **Iteração 1** – Efetivação de compras no website com forma de pagamento via cartão de crédito.

Existem duas estratégias para o planejamento de *releases*:

## Entregas por datas (date-driven)

"Temos que lançar um *release* até o dia 31/05, pois a concorrência lançará um produto similar no dia 01/06 e perderemos espaço no mercado se lançarmos depois".

Nesse tipo de estratégia, o prazo é a restrição do *release*, e o escopo deve ser mais flexível para caber dentro do prazo. Por essa razão é importantíssimo que o cliente faça uma boa priorização dos requisitos que realmente agregam valor e são os diferenciais do produto.

O risco dessa estratégia é entregar escopo sem valor e/ou sem qualidade.

## Entregas por funcionalidade (feature-driven)

"Temos que lançar o website com as formas de pagamento boleto bancário, cartão de crédito e débito *on-line*, pois será um diferencial com relação à concorrência".

Nesse tipo de estratégia, a maior prioridade é entregar a funcionalidade de valor em vez de atingir um prazo fixo.

O risco dessa estratégia é estourar orçamento e/ou ter uma estimativa de prazo muito variada.

A velocidade da equipe pode ser utilizada para calcular quantas iterações serão necessárias para completar o *release*.

Exemplo: para o *release*, o cliente selecionou *user stories* que, somadas, resultam em 150 *story points*. A equipe tem uma velocidade média de 50 *story points* por iteração. Logo: 150 / 50 = 3 iterações.

> **Atenção!** No exame, o cliente é o responsável por elaborar o planejamento de *releases* de um projeto.

## Planejamento de Release

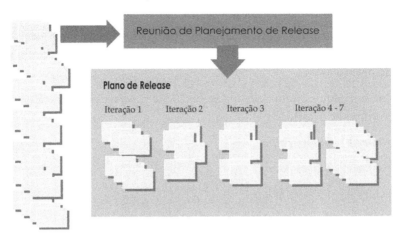

## 4.5.3. Planejamento de Iteração

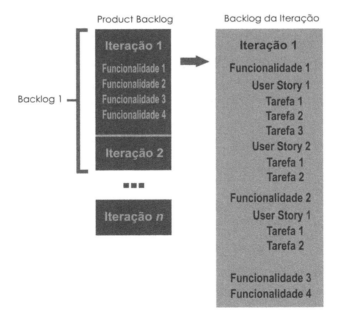

Iteração corresponde a uma fase de um projeto ou *release* cujo resultado é sempre um incremento do produto do projeto.

A iteração é um evento *timeboxed*, ou seja, com duração máxima de tempo. Uma boa prática é determinar que as iterações tenham duração entre uma e quatro semanas,

## 84   Gerenciamento Ágil de Projetos

sempre levando em consideração o tempo adequado para entrega de valor, obtenção de *feedback* e mitigação de riscos.

O cliente lista as *user stories* que deseja que façam parte da iteração e a equipe assume o que pode ou não ser feito dentro de sua capacidade e velocidade, visando a atingir a definição de pronto (*done*).

Exemplo: uma equipe tem velocidade de 20 *story points* por iteração e o seguinte *backlog* em ordem de prioridade:

▶▶ *User story 1 – 5 story points*

▶▶ *User story 2 – 3 story points*

▶▶ *User story 3 – 13 story points*

▶▶ *User story 4 – 8 story points*

▶▶ *User story 5 – 3 story points*

▶▶ *User story 6 – 2 story points*

▶▶ *User story 7 – 1 story point*

▶▶ *User story 8 – 3 story points*

O *backlog* possui um total de 38 *story points*, ou seja, a equipe não conseguirá desenvolver todas as *user stories* dentro de uma iteração. Dessa forma, o cliente deverá selecionar a maior quantidade de *user stories* para atingir a velocidade da equipe de 20 *story points*:

▶▶ *User story 1 – 5 story points*

▶▶ *User story 2 – 3 story points*

▶▶ *User story 4 – 8 story points*

▶▶ *User story 5 – 3 story points*

▶▶ *User story 7 – 1 story point*

A equipe define quais tarefas são necessárias para cumprir a meta da iteração e se auto-organiza para realizá-las, evitando nomear responsáveis individuais para cada tarefa.

"Mas, Vitor, e se a equipe errou na estimativa de alguma *user story*, causando adiantamento ou atraso da iteração? A equipe deve reestimar?"

Não. Uma vez identificado o erro na estimativa, a equipe deverá refletir sobre o ocorrido na reunião de retrospectiva e melhorar a estimativa nas iterações seguintes.

"Mas, Vitor, a equipe vai melhorar a estimativa na próxima iteração, porém nessa iteração a equipe não vai conseguir entregar todas as *user stories* combinadas com o cliente. E agora?"

Nesse caso a equipe deve comunicar o ocorrido ao cliente e solicitar que ele remova algumas *user stories* da iteração e priorize-as na iteração seguinte. Caso a equipe termine todas as *user stories* antes do prazo da iteração, deverá avisar o cliente e solicitar a inclusão de novas *user stories* no prazo restante da iteração.

O cliente tem autonomia para cancelar uma iteração, caso sua meta seja alterada drasticamente ou não faça mais sentido de negócio.

> *Atenção!* Decisões de mudança de prioridade, inclusão ou exclusão de requisitos ou mesmo cancelamento da iteração são de única e exclusiva responsabilidade do cliente.

> Decisões do *backlog* de tarefas da iteração são de única e exclusiva responsabilidade da equipe.

> *JAMAIS* estenda a duração de uma iteração. Lembre-se de que se trata de um evento *timeboxed*.

# 4.6. Gerenciamento das Aquisições

"Vitor, como funcionam os projetos regidos por contratos em relações entre cliente e fornecedor?"

## 4.6.1. Contratos Ágeis

No mundo real dos projetos este é um assunto ainda não muito bem resolvido. Pedem-se uma quebra de paradigma e uma mudança comportamental e cultural das organizações, tanto na visão cliente quanto na visão fornecedor. Mas, independentemente das questões do mundo real, para o exame você precisa conhecer as formas de contratos a seguir:

➤➤ **Contrato por iteração ou pacote de trabalho** – Ao estabelecer o plano de *release* e determinar a quantidade de iterações, poderá ser estabelecido um contrato a preço fixo no início de cada iteração, mediante a entrega de uma declaração de

# 86    Gerenciamento Ágil de Projetos

trabalho (*SOW – Statement Of Work*) para cada iteração. O compromisso entre cliente e fornecedor é por apenas uma iteração, podendo ao término ser renovado por mais um ciclo de entrega. Na visão do cliente, esse tipo de contrato permite trocar de fornecedor caso o serviço entregue não esteja correspondendo às expectativas e qualidades desejadas, ou mesmo finalizar o projeto antecipadamente se não for necessário seguir com todas as iterações, ou caso o ROI previsto já tenha sido atingido. Na visão do fornecedor, ele sempre procurará entregar um trabalho de valor e qualidade, com o objetivo de conquistar a confiança do cliente e estabelecer uma parceria para as iterações futuras.

▶▶ **Contrato T&M (Tempo & Material)** – De acordo com o plano de *release* e quantidade de iterações, estabelece-se um contrato por tempo determinado; porém, com faturamento mensal Tempo & Material (exemplo: valor/hora da equipe). Se a meta de uma iteração não for cumprida por deficiência técnica do fornecedor, no próximo faturamento mensal o fornecedor arcará com o prejuízo. Se a meta de uma iteração não for cumprida por falta de colaboração do cliente ou mesmo por impor trabalho dentro de uma iteração, no próximo faturamento mensal o cliente arcará com o prejuízo. Esse tipo de contrato provoca um trabalho mais colaborativo entre cliente e fornecedor.

▶▶ *Money for nothing, changes for free* – Introduzido por Jeff Sutherland, propõe um contrato de preço fixo e tempo determinado, incluindo T&M para trabalho adicional. Se o cliente trabalhar junto com a equipe em cada iteração, toda e qualquer alteração não será cobrada (*changes for free*). Caso contrário, a cobrança do trabalho adicional será feita por T&M. Esse tipo de contrato permite também que o cliente interrompa o trabalho antes do fim previsto, caso o ROI desejado já tenha sido atingido (*money for nothing*). Outro exemplo onde a colaboração entre cliente e fornecedor acaba sendo um bom negócio para ambos!

Em resumo, os três tipos de contratos possuem suas particularidades, mas todos possuem uma coisa em comum: a colaboração com o cliente e o foco na entrega de valor. Eles estão totalmente alinhados com o Manifesto Ágil: "colaboração com o cliente sobre negociar contratos" e devem estar aptos para atender a outro valor do Manifesto Ágil: "responder às mudanças sobre seguir um plano".

# 4.7. Revisão

Momento para a revisão dos capítulos 3 e 4!

Sua meta aqui deve ser acertar no mínimo 28 questões!

Boa sorte!

1. **Quanto mais tarde um defeito é encontrado...**

    A. Mais importante é para o produto.
    B. Mais rápido é o reparo.
    C. É mais fácil de encontrá-lo.
    D. Mais caro é o reparo.

2. **Ao priorizar com base no valor do negócio e nos riscos envolvidos que tipo de requisitos a equipe precisa evitar?**

    A. Alto valor e alto risco.
    B. Alto valor e baixo risco.
    C. Baixo valor e baixo risco.
    D. Baixo valor e alto risco.

3. **Qual é a diferença entre o Valor Presente Líquido (VPL) e a Taxa Interna de Retorno (TIR)?**

    A. TIR representa o valor de retorno previsto para um projeto em valor monetário atual. VPL representa o quão rapidamente o dinheiro investido no projeto vai ter retorno.
    B. VPL representa o valor de retorno previsto para um projeto em valor monetário atual. TIR representa o quão rapidamente o dinheiro investido no projeto vai ter retorno.
    C. VPL representa o valor de retorno previsto para um projeto em valor monetário futuro. TIR representa o quão rapidamente o dinheiro investido no projeto vai ter retorno.
    D. Não há diferença.

4. **O projeto A tem TIR de 9% e o projeto B tem TIR de 6%. Qual projeto dá melhor taxa de retorno?**

    A. Projeto A.
    B. Projeto B.
    C. Depende do VPL.
    D. Depende de vários fatores, como a inflação, por exemplo.

## 88 Gerenciamento Ágil de Projetos

5. **Leo está se planejando para uma importante reunião de duas horas. Ele levou 12 minutos para agendar a reunião. Qual é o ciclo de eficiência do processo de Leo?**

A. 90%.

B. 91%.

C. 100%.

D. 10%.

6. **No método de priorização MoSCoW, qual é o significado de 'C'?**

A. *Could*

B. *Can't*

C. *Can*

D. *Cancel*

7. **Qual das seguintes opções não é um método de priorização reconhecido?**

A. Com base no valor de negócio.

B. Com base na redução do risco.

C. Com base na velocidade da iteração.

D. Com base no valor de negócio e risco.

8. **Qual das seguintes opções é a correta sobre contratos ágeis?**

A. Eles só funcionam quando as especificações são totalmente definidas.

B. Eles só funcionam para contratos de tempo e material.

C. Eles podem acomodar mudanças.

D. Eles não podem facilmente acomodar mudanças.

9. **Riscos no *backlog* são colocados para:**

A. Evitar manter listas separadas.

B. Manter a equipe focada em riscos.

C. Certificar-se de que eles serão trabalhados nas primeiras iterações.

D. Impedir a equipe de esquecer os riscos.

10. **Sua equipe espera, em média, três dias úteis (24 horas) para obter a aprovação de mudanças no ambiente de aceitação do usuário. Fazer as mudanças geralmente leva cerca de uma hora. Qual das respostas a seguir representa ciclo de eficiência do processo atual, arredondado para uma casa decimal?**

A. 4,0%.

B. 4,1%.

C. 4,2%.

D. 4,3%.

## Planejando Projetos Ágeis 89

11. **Sua nova equipe passa dez minutos esperando as pessoas chegarem para a reunião *stand-up* diária que tem a duração de 15 minutos. A reunião *stand-up* é seguida por mais cinco minutos de discussão do jogo de futebol da noite passada e mais cinco minutos de debate sobre questões a resolver. Calcule o tempo total do ciclo do processo:**

   A. 15 minutos.
   B. 20 minutos.
   C. 25 minutos.
   D. 35 minutos.

12. **Qual das seguintes opções é uma boa métrica que pode ser padronizada em toda a organização?**

   A. ROI.
   B. Ciclo de tempo.
   C. Satisfação do cliente.
   D. Todas as alternativas anteriores.

13. **Em contexto de história de usuário, qual é o significado de 'S' no acrônimo INVEST?**

   A. *Small.*
   B. *Simple.*
   C. *Sizable.*
   D. *Sophisticated.*

14. **O *product backlog* contém 21 *user stories*: dez *user stories* de três *story points* cada, cinco *user stories* de quatro *story points* cada e seis *user stories* de cinco *story points* cada. A velocidade da equipe é de oito *story points* por iteração. Quantas iterações são necessárias para concluir o trabalho?**

   A. 21 iterações.
   B. 18 iterações.
   C. 10 iterações.
   D. 8 iterações.

15. **Uma das principais partes interessadas está à procura de um relatório para saber quais funcionalidades de alto nível serão liberadas e quando. Sobre o que ela está se referindo?**

   A. Documento de visão.
   B. *Product backlog.*
   C. Plano de iteração.
   D. *Roadmap* do produto.

## 90   Gerenciamento Ágil de Projetos

**16. Equipe A tem velocidade 20. Equipe B tem velocidade 40. O que isso significa?**

A. Equipe B é mais produtiva.

B. Necessidade de adicionar alguns membros seniores na equipe A para aumentar a velocidade.

C. A equipe A possui a metade de integrantes da equipe B.

D. Não significa nada, pois as velocidades das duas equipes diferentes não podem ser comparadas.

**17. Qual das seguintes opções está incorreta sobre o papel do patrocinador de um projeto ágil de migração?**

A. Ajuda na comunicação com a equipe executiva e também ajuda a remover obstáculos durante a sua migração.

B. Assegura que a migração esteja alinhada com os objetivos e as estratégias da organização.

C. Fornece liderança para a mudança organizacional.

D. Facilita a reunião *stand-up* diária e é responsável pelo plano de *release*.

**18. Qual das seguintes afirmações é verdadeira sobre o último momento responsável em um projeto ágil?**

A. É um momento em que uma decisão deve ser tomada sobre uma questão, de modo a não perder alternativas importantes ou não permitir que uma decisão padrão ocorra.

B. É um momento onde a equipe pode discutir uma decisão sobre uma questão, até o *Product Owner* ou o gerente de projetos assumir o controle e tomar as decisões.

C. É aconselhável tomar a decisão o mais cedo possível, em vez de deixá-la para o último momento responsável.

D. Nenhuma das alternativas anteriores.

**19. O que significa dizer que uma atividade é *timeboxed*?**

A. A atividade deve ser concluída até um determinado momento.

B. A atividade não pode durar mais que uma quantidade máxima de tempo.

C. A atividade deve acontecer em um horário definido.

D. Nenhuma das alternativas anteriores.

**20. No contexto da visão do produto, o que significa o *elevator statement*?**

A. Declaração destacando todos os benefícios possíveis do projeto.

B. Declaração explicando altos (oportunidades) e baixos (problemas) do projeto.

C. Declaração projetada para transmitir a intenção do projeto em dois minutos.

D. Justificação detalhada do motivo da realização do projeto.

**Planejando Projetos Ágeis** 91

**21. Qual das seguintes opções é um fator para determinar a duração da iteração?**

A. A facilidade de obter *feedback*.

B. Depende da quantidade de *user stories*.

C. Depende do método ágil utilizado.

D. Cada iteração deve ser sempre um ciclo de 30 dias.

**22. Qual das seguintes opções não é uma saída do planejamento de *release*?**

A. Plano de *release*.

B. Visão do produto.

C. *Backlog* do *release*.

D. Riscos.

**23. Uma equipe tem velocidade igual a 8 e um *backlog* de *user stories* priorizadas da seguinte forma:**

*User story* **1: 4 *story points*.**

*User story* **2: 6 *story points*.**

*User story* **3: 3 *story points*.**

*User story* **4: 2 *story points*.**

*User story* **5: 1 *story points*.**

**Quais *user stories* devem ser selecionadas para a iteração?**

A. 1 e 2.

B. 2 e 4.

C. 1, 3 e 4.

D. 1, 3 e 5.

**24. Dentro da equipe existem várias funções diferentes, como desenvolvedor, programador, especialista em interface do usuário, banco de dados, entre outros. A equipe está estimando em horas ideais. Como eles devem fornecer estimativa para uma determinada *user story*?**

A. Cada função deve fornecer uma estimativa separada para a sua parte.

B. Fornecer uma única estimativa para a *user story*.

C. O gerente de projetos deve fazer a estimativa coletando informações de cada função.

D. Estimativa em horas ideais não é viável neste caso.

# 92 Gerenciamento Ágil de Projetos

**25. A abordagem para estimativas ágeis é:**

A. *Top-down.*
B. *Bottom-up.*
C. Por pontos de função.
D. Paramétrica.

**26. O *planning poker* é uma técnica de estimativa utilizada por equipes ágeis. Qual das seguintes opções não é verdadeira sobre *planning poker*?**

A. A estimativa é feita por toda a equipe.
B. Ele combina a opinião de especialistas, a analogia e o entendimento do requisito em uma abordagem colaborativa para se estimar.
C. A estimativa mais elevada é considerada a estimativa final.
D. A equipe de *planning poker* não deve exceder mais de 12 participantes.

**27. Qual das seguintes afirmações é verdadeira sobre a estimativa em *story points*?**

1. *Story point* é uma métrica relativa de esforço.

2. Uma estimativa expressa em *story points* tem uma vida útil mais curta do que uma estimativa em horas ideais.

3. Estimativa em *story points* estimula um comportamento multifuncional.

4. Estimativas em *story points* são mais rápidas que estimativas feitas por processos tradicionais.

A. 1 e 3.
B. 2 e 4.
C. 1, 3 e 4.
D. Todas as opções anteriores.

**28. Qual das seguintes opções não faz parte do termo de abertura do projeto?**

A. Necessidade de negócios do projeto.
B. Gerente de projetos e nível de autoridade.
C. Riscos de alto nível.
D. Descrições dos pacotes de trabalho.

**29. Durante o planejamento da iteração, o cliente escolheu três *user stories*:**

*User story* 1 – 3 *story points.*

*User story* 2 – 4 *story points.*

*User story* 3 – 2 *story points*.

No final da iteração a equipe entrega as *user stories* 1 e 3, que são aceitas pelo cliente. A equipe quase concluiu a *user story* 2, porém alguns erros foram

**Planejando Projetos Ágeis  93**

identificados nos testes de aceitação. Quantas *story points* devem ser considera-das no cálculo da velocidade?

A. 5.
B. 7.
C. 9.
D. Informação insuficiente. Depende do % de conclusão da *user story* 2.

30. **Sua equipe estava comprometida em entregar dez *story points* nessa iteração, mas parece que apenas oito serão completadas. O cliente já foi notificado sobre a situação. Você deveria:**

A. Estender a iteração.
B. Adicionar mais recursos para a equipe.
C. Completar oito *story points* e colocar dois de volta ao *backlog*.
D. Ajustar o plano de iteração de dez *story points* para oito *story points*.

31. **Você está liderando uma equipe com uma velocidade média de 50 *story points* por iteração. Outra equipe do mesmo tamanho em sua organização está tra-balhando em um projeto com complexidade similar. A outra equipe tem uma velocidade média de 75 *story points* por iteração. Sua equipe deve:**

A. Fazer uma estimativa por afinidade.
B. Trabalhar mais horas.
C. Ignorar a diferença.
D. Adquirir recursos adicionais.

32. **Qual das seguintes opções é incorreta sobre a seleção de um bom projeto-piloto de transição para ágil?**

A. Selecionar um projeto crítico para que o alto valor possa ser demonstrado utili-zando métodos ágeis.
B. Projeto de curta duração.
C. Projeto que pode ser realizado por uma única equipe.
D. Todas as alternativas anteriores.

33. **Qual das opções a seguir não é um bom cenário para utilizar uma abordagem ágil?**

A. Projetos simples com poucas incertezas.
B. Projeto com alto risco de mudanças de requisitos.
C. Projetos de desenvolvimento de produtos inovadores.
D. Projetos com risco de mudança de mercado/condições econômicas.

---

Todas as questões foram traduzidas e adaptadas de Whizlabs: **www.whizlabs.com**

## 94 Gerenciamento Ágil de Projetos

# 4.8. Respostas

**1. D**

Questão relacionada com o custo da mudança. Quanto mais tarde é identificada uma mudança, maior é o seu custo.

**2. D**

Funcionalidades que possuem alto risco, porém com pouco valor de negócio atrelado, devem ser evitadas. Se não puderem ser evitadas, deverão possuir prioridade baixa no *backlog*.

**3. B**

O Valor Presente Líquido representa um valor projetado no futuro atualizado em valor monetário atual.

A Taxa Interna de Retorno representa qual o percentual de retorno que um projeto terá. Quanto maior a taxa, mais rápido será o retorno.

**4. A**

Para escolher um projeto levando em consideração a Taxa Interna de Retorno, simplesmente deve-se optar por aquele que tem a maior taxa. Nenhum outro fator deve ser levado em consideração.

**5. B**

Calculando o ciclo de eficiência do processo, levando em consideração:

Ciclo de tempo = 12 minutos (tempo gasto com o agendamento da reunião) + 120 minutos (duração da reunião) = 132 minutos.

Ciclo de eficiência do processo = 120 minutos (duração da reunião) / 132 (ciclo de tempo) = 90,9% = 91% após arredondamento.

**6. A**

*Could.* Funcionalidades que o produto poderia ter, mas não são tão essenciais.

**7. C**

Velocidade da iteração não é uma técnica de priorização, e sim uma métrica de esforço da equipe, que será vista em detalhes no próximo capítulo.

# Planejando Projetos Ágeis  95

**8. C**

Os contratos ágeis permitem acomodar as mudanças e tornam mais flexível a relação cliente-fornecedor.

**9. C**

Aposto que esta questão fez você pensar bastante, pois simplesmente todas as alternativas estão corretas. Contudo, o objetivo **principal** de colocar os riscos no *backlog* é garantir que os requisitos com riscos de alto valor e alto risco sejam priorizados e desenvolvidos no início do projeto.

**10. A**

Qualquer semelhança com o mundo real é mera coincidência! Medindo o ciclo de eficiência do processo:

Ciclo de tempo = 24 horas (espera da mudança) + 1 hora (execução da mudança) = 25 horas.

Ciclo de eficiência do processo = 1 hora (execução da mudança) / 25 (ciclo de tempo) = 4%.

**11. D**

Repare que a questão simplesmente quer saber o ciclo de tempo do processo, então basta somar o tempo gasto com todas as etapas do processo:

Ciclo de tempo = 10 minutos (espera para a reunião) + 15 minutos (reunião) + 5 minutos (discussão sobre o jogo da noite anterior) + 5 minutos (discussão sobre outras questões) = 35 minutos.

**12. D**

Todas as opções são boas métricas a serem padronizadas nas organizações. O ROI (retorno sobre o investimento), o ciclo de tempo e, consequentemente, o ciclo de eficiência do processo e a satisfação do cliente estão totalmente alinhados com o conceito de entrega de valor.

**13. A**

*Small. User stories* grandes dificultam as estimativas, bem como *user stories* muito pequenas.

## 96 Gerenciamento Ágil de Projetos

**14. C**

Esforço total = (10 x 3) + (5 x 4) + (6 x 5) = 80

Iterações restantes = 80 (esforço total) / 8 (velocidade por iteração) = 10

**15. D**

O trecho-chave da questão é "funcionalidades de alto nível", que são documentadas no *roadmap* do produto.

**16. D**

Não caia na tentação de comparar a velocidade das equipes. Cada equipe possui suas métricas.

**17. D**

Uma vez que o planejamento de *release* é de responsabilidade do cliente e a questão não informa se o patrocinador é o cliente do projeto, logo se torna a alternativa incorreta.

**18. A**

O último momento responsável é o momento onde o máximo de detalhe é conhecido e o máximo de experiência foi adquirida para que uma determinada decisão ou ação seja tomada.

**19. B**

Atividade *timeboxed* significa que ela possui um prazo máximo de tempo que não poderá ser prorrogado em hipótese alguma.

A alternativa A até pode confundir, mas a opção B deixa claro que a atividade não pode ultrapassar o tempo determinado.

**20. C**

Lembre-se sempre da história do projeto que você quer vender para o CEO e você só tem o tempo do trajeto do elevador para explicar.

**21. A**

Os fatores que devem ser levados em consideração são: entrega de valor, obtenção de *feedback* e mitigação de riscos.

**Planejando Projetos Ágeis 97**

## 22. B

Seguindo a ordem de decomposição: visão do produto – *roadmap* do produto – *backlog* do produto e por fim plano de *release*.

Logo, a visão do produto NÃO é uma saída do planejamento de um *release*.

## 23. D

Dá uma vontade danada de responder a B, não é?

Mas repare que na alternativa D serão entregues mais *user stories*, incluindo a mais prioritária na visão do cliente (*user story* 1).

## 24. B

Os métodos ágeis incentivam que as estimativas sejam feitas de forma colaborativa, ou seja, com a participação de todos os membros da equipe, evitando estimativas superestimadas ou determinadas apenas por um membro da equipe.

## 25. A

Seguindo os processos empíricos, onde as estimativas são refinadas conforme mais detalhes sobre o projeto vão sendo conhecidos, pode-se afirmar que os métodos ágeis possuem uma abordagem *top-down* para estimativas.

## 26. C

O *planning poker*, assim como as demais técnicas de estimativas ágeis, busca o consenso entre os membros da equipe e não considera a maior estimativa.

## 27. C

Não existe nenhum conceito de vida útil de uma estimativa, o que elimina por completo a afirmação 2.

Todas as demais afirmações são características de uma estimativa em *story points*.

## 28. D

O termo de abertura do projeto deve possuir outras informações relevantes, como o gerente de projetos e seu nível de autoridade, riscos, premissas e restrições e visão inicial do produto em alto nível.

Descrição de pacotes de trabalho não faz parte do termo de abertura do projeto.

## 98 Gerenciamento Ágil de Projetos

### 29. A

Para cálculo de velocidade só são consideradas *user stories* concluídas e que atendam à definição de pronto.

Nesse caso foram concluídas as *user stories* 1 (três *story points*) e 3 (duas *story points*), totalizando cinco *story points*.

### 30. C

Repare em uma informação muito importante da questão: "o cliente já foi notificado sobre a situação". Isso quer dizer que o cliente está ciente que oito *story points* serão entregues, logo as duas *story points* que não serão concluídas deverão voltar para o *backlog*.

Lembre-se, **JAMAIS** estenda um evento *timeboxed*.

### 31. C

Velocidade não deve ser comparada entre equipes.

### 32. A

Utilizar uma abordagem ágil na organização começando por um projeto crítico é um risco muito alto. Requer que a equipe já tenha uma experiência em métodos ágeis, o que não é descrito na questão.

### 33. A

Aplicação dos métodos ágeis é recomendada para cenários complexos onde existem incertezas com relação aos requisitos, recursos e/ou tecnologia. Para projetos com poucas incertezas, a melhor opção é uma abordagem preditiva.

Planejando Projetos Ágeis **99**

# 4.9. Simuladinho

Que tal um simuladinho de aquecimento para revisar os capítulos anteriores?

Sua meta nesta revisão deve ser acertar no mínimo 28 questões em 33 minutos!

Cronometre seu tempo e evite consultar! Encare como sua primeira prévia para o exame!

Boa sorte!

1.  **Quem tem autoridade para mudar o *sprint backlog*?**

    A. Gerente sênior.
    B. *Product Owner.*
    C. *Scrum Master.*
    D. Equipe.

2.  **Velocidade pode ser definida como:**

    A. O status de um projeto em um determinado momento.
    B. A quantidade de trabalho que pode ser concluída em uma determinada iteração.
    C. A velocidade na qual um objeto se move de um local para outro.
    D. A taxa de eficiência com que a equipe progride em uma iteração.

3.  **Qual das opções a seguir não faz parte dos princípios ágeis?**

    A. Manter ritmos sustentáveis e equipes auto-organizadas.
    B. Mudanças e entregas antecipadas são bem-vindas.
    C. Software funcional representa progresso e simplicidade.
    D. Planejar todos os detalhes do projeto antecipadamente.

4.  **Um *framework* ágil geralmente consiste de:**

    A. Papéis, sessões de planejamento, artefatos.
    B. Pessoas, cerimônias, documentos.
    C. Papéis, cerimônias e artefatos.
    D. Pessoas, planos, recursos.

5.  **O *Product Owner* é responsável por:**

    A. Trabalho colaborativo entre os membros da equipe.
    B. Garantir que o código funcione em todos os testes de aceitação.
    C. Garantir que os membros da equipe executem as tarefas comprometidas.
    D. Decidir o que será construído e em qual ordem.

## 100   Gerenciamento Ágil de Projetos

6.  **A importância da utilização da técnica MoSCoW é reconhecer que:**

    A. Um conjunto de diretrizes ajuda a criar *user stories* melhores.
    B. Todas as funcionalidades não podem ser implementadas em qualquer projeto.
    C. A maior parte do valor pode ser obtida através da implementação de um pequeno conjunto de funcionalidades.
    D. A maioria das *user stories* fornece pouco valor para o usuário final.

7.  **Qual deve ser a principal diretriz em projetos ágeis?**

    A. Valor entregue ao cliente.
    B. Valores alinhados ao Manifesto Ágil.
    C. Valor criado pelos desenvolvedores.
    D. Complexidade técnica dos recursos.

8.  **Todas as opções a seguir são as vantagens da programação em par, exceto:**

    A. Ajuda a aumentar a inteligência aplicada em cada tarefa e garante que os pares tenham uma visão local e global.
    B. Ajuda a aumentar a ineficiência, já que todos os programadores estão ocupados com codificação, resultando em menor velocidade e menor qualidade.
    C. Ajuda um membro a trabalhar em nível estratégico, enquanto o outro trabalha em um nível tático.
    D. Ajuda a difundir o conhecimento entre os programadores e, portanto, reduz o risco de concentração do conhecimento.

9.  **Qual das seguintes opções é uma justificativa fraca para trabalhar em vários projetos ao mesmo tempo?**

    A. Foco em uma tarefa de cada vez ajuda a reduzir distrações e, consequentemente, acelera o trabalho.
    B. Existe uma penalidade associada à alternância de tarefas que resulta em perda de produtividade.
    C. Aumento nos níveis de estresse devido a constantemente trabalhar em coisas diferentes ao mesmo tempo.
    D. Ajuda a finalizar vários projetos de forma mais produtiva devido ao conhecimento adquirido de trabalhar com equipes diferentes.

10. **Em um projeto ágil quem compartilha a visão do projeto com quem?**

    A. O *Product Owner* compartilha com a equipe.
    B. O gerente de projetos compartilha com a organização.
    C. A equipe compartilha com o cliente.
    D. A equipe compartilha com o *Product Owner.*

**11. Quando o controle de processos preditivos não pode ser alcançado por causa da complexidade de atividades intermediárias, quais mecanismos são utilizados para obter resultados?**

A. Controle de processos empíricos.
B. Controle de processos preditivos.
C. Controle de processos ágeis.
D. Controle de processos tradicionais.

**12. Qual das opções a seguir pode ser considerada um ponto forte do XP?**

A. Melhor qualidade através de TDD.
B. Falta de escalabilidade em projetos maiores.
C. Necessidade de uma equipe madura.
D. Codificação contínua antes do teste.

**13. Visão do produto descreve o objetivo do projeto em alto nível. O cliente decompõe essa visão para o próximo estágio de detalhamento, onde serão definidos os lançamentos do produto. Essa visão é designada como o:**

A. *Roadmap* do produto.
B. Plano de *release*.
C. Plano de iteração.
D. Lista de tarefas.

**14. Os métodos tradicionais de gerenciamento de projetos enfatizam o planejamento antecipado e intensivo, quando no gerenciamento ágil de projetos o foco está em:**

A. Obter um documento com um plano determinado no início do projeto.
B. Planejamento sustentável através do projeto.
C. Planejamento antecipado e detalhado para o projeto.
D. O gerente de projetos executar todos os aspectos de planejamento de um projeto.

**15. A filosofia *Lean*, que se concentra em fornecer as funcionalidades mais importantes de um produto, maximiza:**

A. A eficiência (eliminando a alternância de tarefas e tempos de espera) e eficácia da equipe (trabalhando em MMF).
B. ROI do projeto e a moral da equipe (por motivá-la a trabalhar mais rápido e mais horas ao dia).
C. Eficiência (aumentando os limites de WIP) e eficácia da equipe (permitindo mais trabalhos multitarefa).
D. A satisfação do cliente (através da produção de todas as funcionalidades definidas por ele) e colaboração da equipe.

## 102  Gerenciamento Ágil de Projetos

**16. Quem cria o *roadmap* do produto?**

A. Partes interessadas.

B. Cliente.

C. Equipe.

D. Gerente de projetos.

**17. Uma das práticas de XP que mitiga o risco de perder conhecimento quando um dos membros da equipe deixa um projeto é:**

A. Propriedade coletiva de código.

B. Simplicidade.

C. Integração contínua.

D. Programação em par.

**18. MoSCoW significa:**

A. *Mostly have, Should have, Cannot have, Won't have.*

B. *Must have, Shall have, Cannot have, Won't have.*

C. *Mandatory have, Specially have, Could have, Will have.*

D. *Must have, Should have, Could have, Won't have.*

**19. Um projeto ágil deve produzir valor para:**

A. Cliente, usuário final, equipe do projeto, patrocinador, organização.

B. Concorrente, equipe do projeto, gerente sênior da organização.

C. Mercado, negócios, cliente.

D. Usuário final, cliente, gerente de projetos, equipe do projeto.

**20. Qual das opções a seguir não é um critério para o cálculo da velocidade?**

A. Com base em valores históricos.

B. Usando os padrões da indústria.

C. Fazendo uma previsão.

D. Executando algumas iterações.

**21. Uma prática de desenvolvimento onde os membros da equipe integram todo o seu trabalho com frequência é chamada de:**

A. Fusão.

B. Fusão constante.

C. Integração contínua.

D. Mistura frequente.

# Planejando Projetos Ágeis    103

**22. O que é um fluxo de valor?**

A. Fluxo de trabalho onde valor é entregue.

B. Uma corrente contínua de valor.

C. Um lugar onde os clientes podem obter valor.

D. Um lugar onde os clientes podem documentar suas necessidades.

**23. No planejamento do gerenciamento ágil de projetos, qual é a ordem correta para o planejamento de alto nível para o nível mais baixo?**

A. Visão, plano do projeto, *roadmap* do produto, plano de iteração, plano diário.

B. Visão, plano de *release*, *roadmap* do produto, plano diário, plano de iteração.

C. Visão, *roadmap* do produto, plano de *release*, plano de iteração, plano diário.

D. Visão, *roadmap* do produto, plano de *release*, plano de iteração, plano do projeto.

**24. Velocidade pode ser definida como:**

A. A quantidade de trabalho executada por uma equipe durante um período de tempo.

B. A quantidade de tempo gasto por uma equipe na criação de um produto.

C. A velocidade com que uma equipe viaja.

D. A velocidade de desenvolvimento de um código e testes.

**25. Na iteração atual a equipe descobriu o trabalho adicional que precisa ser feito para concluir as *user stories*. Dado que o trabalho parcial não conta, o que a equipe deve fazer para seguir com o trabalho adicional que não se encaixa nessa iteração?**

A. Alocar todo o trabalho adicional para a iteração subsequente.

B. Estender a duração da iteração com permissão da gerência.

C. Retirar a funcionalidade que a equipe considera de baixa prioridade.

D. Falar com o *Product Owner* para voltar a priorizar as *user stories.*

**26. O cliente insiste em trabalhar com todas as partes interessadas e coordenou uma grande sessão de *brainstorming* para coletar requisitos. No final da sessão foi criado um grande número de *user stories*. Qual seria o método ideal para estimar essas *user stories*?**

A. Estimativa por afinidade.

B. Julgamento de especialistas.

C. *Planning poker.*

D. Analogia.

# 104 Gerenciamento Ágil de Projetos

**27. Horas ideais incluem:**

A. Trabalho administrativo.

B. Atender telefones.

C. Participação em reuniões.

D. Conclusão de tarefas.

**28. Estimativas por *story points* são utilizadas como:**

A. Medida relativa de esforço.

B. Unidades absolutas de estimativa.

C. Ponto de referência.

D. Medida direta de esforço.

**29. Complexidade em um projeto pode ser atribuída a três aspectos significativos. São eles:**

A. Necessidades das partes interessadas, tecnologia e pessoas.

B. Pessoas, processos e mecanismos.

C. Requisitos, design e desenvolvimento.

D. Escopo, tempo e requisitos.

**30. Uma *user story* tem como base o conceito dos 3Cs. Qual das seguintes opções não faz parte dos 3Cs?**

A. Conversação.

B. Confirmação.

C. Cartões.

D. Comunicação.

**31. *User stories* podem ser estimadas em horas ideais. Horas ideais diferem de horas decorridas. Dada a velocidade da equipe do projeto, qual das seguintes opções pode ser derivada das horas ideais?**

A. Cronograma.

B. Escopo.

C. Custo.

D. Percentual de conclusão do escopo.

**32. Em qual dos seguintes casos a abordagem ágil pode ser mais bem utilizada?**

A. Projetos com requisitos de regulamentação ou *compliance*.

B. Projetos simples e com baixa quantidade de incertezas.

C. Projetos com alto risco de mudanças de requisitos.

D. Projetos que envolvem muitas mudanças no final.

## Planejando Projetos Ágeis    105

**33. Quais são as camadas de planejamento nas quais as equipes estão diretamente envolvidas em um projeto ágil?**

    A. *Release*, iteração, diário.
    B. Produtos, *release*, iteração.
    C. Portfólio, *release*, iteração.
    D. Estratégico, portfólio, produto.

---

Todas as questões foram traduzidas e adaptadas de Whizlabs: **www.whizlabs.com**

## 106 Gerenciamento Ágil de Projetos

# 4.10. Respostas

### 1. D

No *framework Scrum* toda e qualquer decisão sobre o *backlog* de tarefas de uma *sprint* (*sprint backlog)* é de única e exclusiva responsabilidade da equipe de desenvolvimento.

### 2. B

Velocidade é a quantidade de trabalho que pode ser concluída em uma determinada iteração. Não representa status de projeto e nem taxa de eficiência de uma equipe.

### 3. D

Planejar todos os detalhes do projeto antecipadamente é uma característica dos processos preditivos. Métodos ágeis são regidos por processos empíricos.

### 4. C

Um *framework* ágil geralmente é composto por papéis (cliente, líder e equipe), cerimônias (reuniões de planejamento, revisão, retrospectiva e diária) e artefatos (*backlog* do produto, *backlog* da iteração).

### 5. D

O *Product Owner* é única e exclusivamente responsável por toda e qualquer decisão referente ao produto e não deve interferir na forma de trabalho da equipe de desenvolvimento.

### 6. C

O foco no desenvolvimento de funcionalidades *must have* ou *should have* garante a entrega de funcionalidades de valor, mesmo que elas não componham o escopo total do produto.

### 7. B

Dá uma vontade danada de responder A, não é?

E seria a resposta correta se a pergunta fosse: "qual deve ser o principal objetivo dos projetos ágeis?".

Os projetos ágeis devem ser guiados conforme os valores e princípios do Manifesto Ágil.

### 8. B

Programação em par não aumenta a ineficiência. Muito pelo contrário, ajuda a compartilhar conhecimento e a mitigar riscos de defeitos.

## 9. D

Multitarefa é algo que vai totalmente contra a filosofia *Lean*. É cientificamente comprovado que até 40% do esforço é desperdiçado em alternar tarefas, pois o cérebro possui um tempo para se desligar de uma tarefa e se concentrar em outra. Quando se tenta fazer tudo de uma vez, na verdade nada está recebendo foco.

## 10. A

Visão do produto é criada sempre pelo *Product Owner* ou pelo cliente.

## 11. A

Processos empíricos são utilizados em cenários complexos, nos quais os processos preditivos não respondem tão bem.

## 12. A

É a única alternativa que descreve uma característica do *Extreme Programming*.

## 13. A

O próximo estágio de decomposição orientada a valor, após a visão do produto, é o *roadmap* do produto.

## 14. B

Seguindo o conceito dos processos empíricos, onde o planejamento é refinado conforme mais detalhes do projeto vão sendo conhecidos.

## 15. A

Repare que as demais alternativas estão corretas, porém com a justificativa incorreta.

Sobre a alternativa B, é correto afirmar que a filosofia *Lean* aumenta o ROI do projeto e a moral da equipe, mas não por trabalhar em maior quantidade de horas. Lembre-se de que um dos princípios do Manifesto Ágil é o trabalho em ritmos sustentáveis.

Sobre a alternativa C, é correto afirmar que a filosofia *Lean* aumenta a eficácia e a eficiência da equipe, mas não alternando tarefas, algo que fere totalmente a filosofia *Lean*.

Sobre a alternativa D, é correto afirmar que a filosofia *Lean* aumenta a satisfação do cliente e a colaboração da equipe, mas não através da produção de todas as funcionalidades definidas, algo que quebra o conceito de entregas rápidas descrito na filosofia *Lean*.

## 108  Gerenciamento Ágil de Projetos

### 16. B

Toda e qualquer informação sobre o produto é de responsabilidade única e exclusiva do cliente.

### 17. A

A alternativa D, programação em par, também é uma prática que mitiga risco de perda de conhecimento, mas a propriedade coletiva de código é mais efetiva, uma vez que todos os membros acessam os códigos uns dos outros.

### 18. D

*Must have, should have, could have* e *won't have*.

### 19. A

Questão difícil.

Exceto a alternativa B, onde é incorreto informar que um projeto ágil deve entregar valor para a concorrência, todas as demais opções estão corretas.

Porém, a alternativa A está mais completa que as demais, pois foca em todos as partes interessadas do projeto.

### 20. B

Não existe padrão de indústria para cálculo de velocidade.

### 21. C

Integração contínua. Prática consagrada do *Extreme Programming*.

### 22. A

Um fluxo de valor é aquele que possui um alto ciclo de eficiência, consequentemente entregando maior valor ao cliente.

### 23. C

Seguindo a decomposição orientada a valor: visão, *roadmap* do produto, plano de *release*, plano de iteração e plano diário.

### 24. A

Velocidade sempre representa quantidade de esforço em um determinado período de tempo.

## Planejando Projetos Ágeis    109

### 25. D

Decisões de produto são de única e exclusiva responsabilidade do *Product Owner*/cliente.

### 26. A

Estimativa por afinidade é a técnica de estimativa recomendada quando existe um grande número de *user stories* para ser estimado.

### 27. D

Horas ideais são horas gastas apenas com os trabalhos necessários para a conclusão das tarefas do projeto.

### 28. A

*Story point* é uma métrica relativa de esforço.

### 29. A

Complexidade em projeto pode ser atribuída a requisitos (necessidades das partes interessadas), tecnologia e recursos (pessoas).

### 30. D

O significado de 3Cs é cartões, conversação e confirmação.

### 31. A

A estimativa em horas ideais possibilita a elaboração do cronograma do projeto.

### 32. C

A aplicação dos métodos ágeis é recomendada para cenários complexos onde existem incertezas com relação a requisitos, recursos e/ou tecnologia.

### 33. A

Planejamento estratégico e portfólio estão voltados mais para o gerenciamento de programas e portfólios, onde a equipe não está diretamente envolvida. Não existe camada de planejamento de produto; portanto, resta somente a alternativa A: *release* (estimando as *user stories* selecionadas para o *release*), iteração (estimando as *user stories* selecionadas para a iteração e elaborando o *backlog* da iteração) e diário (compartilhando conhecimento e gerenciando riscos na *daily stand-up*).

# Capítulo 5
# Executando Projetos Ágeis

Neste capítulo abordarei as entregas de valor do projeto e refinamento do escopo, além de técnicas para manter equipe e partes interessadas engajadas e motivadas durante o projeto.

## 5.1. Entregando Valor

O resultado de uma iteração deve ser uma entrega de valor e que atenda à definição de pronto (*Done*) acordada entre todos os envolvidos do projeto.

A seguir abordarei ferramentas e técnicas para atestar a entrega de valor.

### 5.1.1. *Kanban*/Quadro de Tarefas

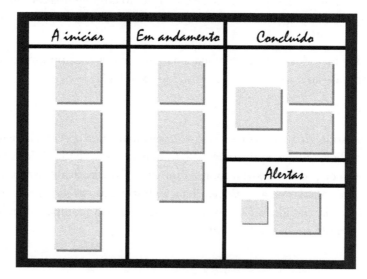

O *Kanban* pode ser utilizado como um quadro de requisitos ordenados por prioridade que permite:

▶▶ Ter visibilidade do progresso da entrega de valor.

▶▶ Detectar possíveis problemas e impedimentos.

▶▶ Promover a interatividade da equipe através do gerenciamento do fluxo.

▶▶ Atuar como um radiador de informação, ou seja, tornar as informações do projeto visíveis tanto para os mais envolvidos no dia a dia do projeto (equipe, cliente) quanto para os menos envolvidos (patrocinador, diretoria).

## 5.1.2. Limites de WIP (*Work In Progress*)

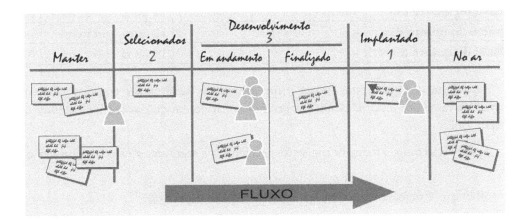

Repare nos números que aparecem ao lado de cada coluna do *Kanban* retratado na figura anterior. Eles representam qual é a quantidade máxima permitida de tarefas para cada etapa do fluxo, conhecida como WIP (*Work In Progress* – em português, trabalho em andamento).

É necessário encontrar o número ideal de WIP máximo para cada etapa, visando otimizar o rendimento do trabalho e propiciar uma melhor entrega de valor.

Imagine a seguinte situação: você gerencia um projeto de software com dois desenvolvedores, um testador e o cliente final, que dará o aceite a cada requisito entregue, e o seguinte cenário:

▶▶ Quadro *Kanban* possui vinte requisitos na etapa "A fazer".

▶▶ Cada desenvolvedor normalmente leva um dia para finalizar o desenvolvimento de dois requisitos e enviá-los para a etapa "Testar".

## 112 Gerenciamento Ágil de Projetos

➤➤ O testador normalmente leva dois dias para testar dois requisitos.

O cenário do seu projeto está descrito no fluxo a seguir:

| | A fazer | Em andamento | Testar | Concluído |
|---|---|---|---|---|
| **Início do primeiro dia** | 16 itens | 4 itens | - | - |
| **Final do primeiro dia** | 16 itens | - | 4 itens | - |
| **Início do segundo dia** | 12 itens | 4 itens | 4 itens | - |
| **Final do segundo dia** | 12 itens | - | 8 itens | - |
| **Início do terceiro dia** | 8 itens | 4 itens | 8 itens | - |
| **Final do terceiro dia** | 8 itens | - | 10 itens | 2 itens |
| **Início do quarto dia** | 4 itens | 4 itens | 10 itens | 2 itens |
| **Final do quarto dia** | 4 itens | - | 12 itens | 4 itens |
| **Início do quinto dia** | - | 4 itens | 12 itens | 4 itens |
| **Final do quinto dia** | - | - | 14 itens | 6 itens |

Repare que a etapa "Testar" torna-se um gargalo no fluxo, pois o testador não consegue dar vazão aos itens demandados no mesmo ritmo em que os desenvolvedores os disponibilizam.

Agora veja como o fluxo ficaria se fossem feitos os seguintes ajustes nos limites de WIP:

➤➤ Etapa "Em andamento" limitada a dois requisitos por vez.

➤➤ Etapa "Testar" limitada a dois requisitos por vez.

➤➤ Criação da etapa "Aguardando testes".

| | A fazer | Em andamento (2) | Aguardando testes | Testar (2) | Concluído |
|---|---|---|---|---|---|
| **Início do primeiro dia** | 18 itens | 2 itens | - | - | - |
| **Final do primeiro dia** | 18 itens | - | - | 2 itens | - |
| **Início do segundo dia** | 16 itens | 2 itens | - | 2 itens | - |
| **Final do segundo dia** | 16 itens | - | 2 itens | 2 itens | - |

## Executando Projetos Ágeis

|  | A fazer | Em andamento (2) | Aguardando testes | Testar (2) | Concluído |
|---|---|---|---|---|---|
| **Início do terceiro dia** | 14 itens | 2 itens | 2 itens | 2 itens | - |
| **Final do terceiro dia** | 14 itens | - | 4 itens | - | 2 itens |
| **Início do quarto dia** | 12 itens | 2 itens | 2 itens | 2 itens | 2 itens |
| **Final do quarto dia** | 12 itens | - | 4 itens | - | 4 itens |
| **Início do quinto dia** | 10 itens | 2 itens | 2 itens | 2 itens | 4 itens |
| **Final do quinto dia** | 10 itens | - | 4 itens | - | 6 itens |

Repare como o fluxo se tornou mais eficiente, eliminado gargalos e equilibrando as etapas de desenvolvimento e testes.

*Atenção!* Embora limitar o WIP ajude na otimização da utilização dos recursos, seu foco principal é otimizar o rendimento do trabalho.

### 5.1.3. Protótipos

Revisitando o exemplo do website de venda de livros abordado no tópico 4.1.4 (Entregas Incrementais), e se antes de pensar no desenvolvimento de qualquer funcionalidade nossa primeira entrega fosse um protótipo do website, com algumas simulações das principais funcionalidades?

Quais seriam os ganhos?

Minimizaria o risco de acontecer algo como o descrito na figura a seguir?

A estratégia de utilizar protótipos serve para dar uma visibilidade de como o produto será entregue ao cliente e evitar o chamado golfo de avaliação, onde existe um grande

# 114    Gerenciamento Ágil de Projetos

intervalo de tempo entre o momento que o usuário solicita algo e o momento onde o produto final é entregue.

O princípio de entregas de protótipos está totalmente alinhado com o Manifesto Ágil: "software funcional sobre documentação abrangente".

## 5.2. Engajamento das Partes Interessadas

Começo pela definição do termo. Partes interessadas = pessoas e/ou organizações que serão impactadas pelo resultado de um projeto e poderão ter influência tanto positiva quanto negativa.

Exemplos de partes interessadas de um projeto:

▶▶ Patrocinador do projeto.

▶▶ Cliente.

▶▶ Fornecedor.

▶▶ Usuário final do produto do projeto.

Então entenda que tudo o que foi abordado até momento, sobre adotar um método ágil e elaborar um planejamento de valor, deve ser focado em atender às necessidades e expectativas das partes interessadas do projeto. Mas acredite: isso não é fácil – e, em minha opinião, este é o grande desafio do gerenciamento de projetos.

Também é importante manter as partes interessadas engajadas e alinhadas durante todo o projeto. Para isso, abordarei algumas técnicas e habilidades a partir de agora.

### 5.2.1. Incorporando Valores das Partes Interessadas

Um dos equívocos que costumo ver no mundo dos projetos é quando um projeto é priorizado ou conduzido de acordo com as necessidades e expectativas do gerente de projetos e/ou da equipe.

Lembre-se sempre de que são as partes interessadas que utilizarão ou usufruirão os benefícios do produto do projeto, logo, é vital que as prioridades do projeto estejam em alinhamento com as prioridades das partes interessadas.

Não planeje ou inicie trabalho que não suporte ou agregue valor às partes interessadas no momento. Evite o preciosismo indesejado (*gold plating*).

Trabalhe de forma constante convidando as partes interessadas para as reuniões de planejamento e retrospectivas, buscando obter *feedback*.

Outro ponto importante é o entendimento da definição de pronto (*Done*), definição esta que deve ser de comum acordo entre a equipe e todas as partes interessadas do projeto.

## 5.2.2. Gerenciamento das Partes Interessadas

Gerenciar as necessidades e expectativas das partes interessadas do projeto é um tema tão delicado que o próprio PMI criou uma nova área de conhecimento, na quinta edição do *PMBOK® Guide*, focada somente nisso.

Falarei um pouco sobre os processos de planejamento, execução, monitoramento e controle definidos na sexta edição do *PMBOK® Guide*.

### *Planejar o gerenciamento das partes interessadas*

Uma vez identificadas as partes interessadas e sua posição dentro da matriz de poder *versus* interesse, elaborar uma estratégia de abordagem contendo:

- **Tipo de perfil da parte interessada** – Se a parte interessada se enquadra como desinformada, resistente, neutra, apoiadora ou líder.

- **Forma e periodicidade de comunicação** – Entender que tipo de informação cada parte interessada quer receber, em que formato e com qual periodicidade.

### *Gerenciar o engajamento das partes interessadas*

A grande arte neste processo é entender as expectativas das partes interessadas, algo subjetivo e que varia de pessoa para pessoa. Para auxiliar nessa arte existem duas técnicas importantes:

- **Comunicação transparente** – Sempre passar clareza e transparência às partes interessadas sobre o que está sendo feito, como está sendo feito e qual a definição de pronto (*Done*) que está utilizada.

- **Escuta ativa** – Ouvir as partes interessadas usando empatia, captando olhares, tom de voz, postura, expressão. Capture a mensagem e a expectativa por trás dela. Lembre-se de que na maior parte do tempo a comunicação é feita de forma gestual.

### *Monitorar o engajamento das partes interessadas*

Processo de melhoria contínua. A estratégia correta está sendo usada com as partes interessadas? Surgiram novas partes interessadas? Houve mudanças do tipo de perfil de alguma parte interessada? E na grade de poder *versus* interesse?

# 116 Gerenciamento Ágil de Projetos

Convide as partes interessadas para as reuniões de revisão da iteração para obter *feedback* e revise constantemente o entendimento de todos sobre a definição de pronto (*Done*).

## 5.2.3. Gerenciamento das Comunicações

A seguir descrevo resumidamente os processos referentes à área de conhecimento das comunicações presentes na sexta edição do *PMBOK® Guide*:

>> **Planejar o gerenciamento das comunicações** – Quais serão os meios de comunicação utilizados, quais informações serão divulgadas e em qual momento.

>> **Gerenciar as comunicações** – Distribuir as informações do projeto para as partes interessadas.

>> **Monitorar as comunicações** – Monitorar a eficiência das comunicações distribuídas. Estão chegando ao público correto, no tempo correto e da maneira correta?

Para projetos ágeis é importantíssimo estar em alinhamento com o seguinte valor do Manifesto Ágil: "indivíduos e interações sobre processos e ferramentas"; logo, deve-se priorizar a comunicação face a face para buscar o máximo de alinhamento entre equipe do projeto e demais partes interessadas.

Outro detalhe importante é priorizar a comunicação com "via de mão dupla" (*Two-Way*, em inglês), ou seja, eliminando "barreiras" ou interlocutores na comunicação. Exemplo de comunicação com "via de mão dupla": acesso direto entre cliente e equipe de desenvolvimento, sem ser obrigatório contatar primeiramente o gerente de projetos. Exemplo de comunicação com barreiras: cliente faz uma solicitação de mudança ao gerente de projetos, que explica a mudança para o líder técnico, que explica a mudança para a equipe de desenvolvimento, que avalia o impacto e fornece o resultado para o líder técnico, que repassa a informação para o gerente de projetos, que repassa a informação para o cliente, que questiona a avaliação e pede para o gerente de projetos reconsiderar, que pede para o líder técnico reconsiderar, etc. etc. Cansou só ao ler? Imagine isso sendo uma grande realidade nas grandes empresas do mundo! Veja o desperdício gerado por esperas e um esforço de comunicação totalmente desnecessário que poderia ter sido resolvido com uma simples comunicação com "via de mão dupla".

> *Atenção!* Para o exame existe uma ordem de eficiência dos meios de comunicação que podem ser utilizados em um projeto, conforme figura a seguir.

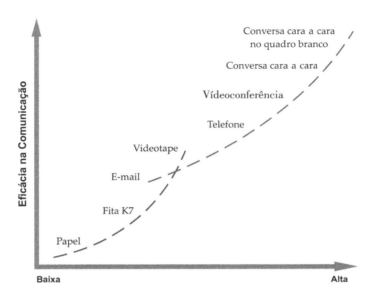

Traduzido e adaptado de Scott Ambler: *www.agilemodeling.com*

## 5.2.4. Gerenciamento dos Fornecedores

Em caso de projetos com fornecedores, eles devem ser considerados como partes interessadas externas à organização, pois estão envolvidos no projeto por prestarem algum produto ou serviço.

Caso o cliente queira que o fornecedor adote uma abordagem ágil no projeto, isso deve estar explícito na solicitação de proposta (RFP – *Request For Proposal*).

Lembrando que, em casos de projetos ágeis, deve-se buscar negociar contratos nos formatos abordados no tópico 4.6.1 (Contratos Ágeis).

Lembrando também que a definição de pronto (*Done*) deve ser acordada entre cliente e fornecedor.

## 5.2.5. Radiadores de Informação

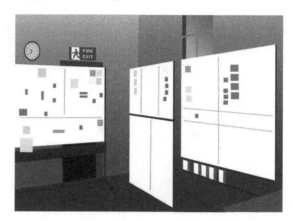

Tornar visíveis as informações do projeto em áreas de circulação como "sala de guerra" (*war room*), espaço do café e corredores de circulação faz com que as informações se propaguem rapidamente, gerando entendimento entre as partes interessadas do projeto. Por essa razão a técnica é chamada de radiadores de informação.

Informações que podem ser disponibilizadas: quadro *Kanban*, *roadmap* do produto ou de *user stories*, métricas de velocidade, métricas de defeitos, registros de riscos, gráficos *burnup* e *burndown*, etc.

# 5.3. Usando *Soft Skills*

Muito mais que ter um alto conhecimento de gerenciamento de projetos, ferramentas e técnicas, o líder deve possuir uma série de habilidades para manter cliente, partes interessadas e equipe do projeto alinhados e engajados no projeto.

A seguir abordarei algumas habilidades que o líder deve exercitar durante a execução do projeto.

### 5.3.1. Negociação

Quanto maior a quantidade de partes interessadas em um projeto, maior o conflito de interesses e de personalidade.

Podem surgir conflitos sobre o conteúdo dos requisitos, prioridades dos requisitos ou sobre o consenso da definição de pronto (*Done*).

Nesse momento o cliente e/ou o facilitador do projeto devem usar e abusar das técnicas de negociação para garantir o alinhamento e o engajamento das partes interessadas do projeto.

Durante uma negociação é importante promover uma análise de cada ponto de vista, extraindo seus prós e contras e buscando uma solução que evite o chamado "soma zero", a negociação onde só um lado ganha e o outro lado perde ("ganha-perde").

> ***Atenção!*** Para o exame, o melhor resultado de uma negociação é aquele que gera uma solução onde todos os lados do debate saem satisfeitos ("ganha-ganha") e que é em prol do projeto e não de interesses pessoais.

## 5.3.2. Escuta Ativa

Eis uma técnica que aparenta ser simples, mas que muitos não praticam ou praticam de maneira indevida.

Alguns líderes, gerentes e facilitadores simplesmente não conseguem capturar a mensagem do interlocutor, seja por estarem atarefados ou por não darem importância. Logo depois tomam atitudes equivocadas com base na mensagem que eles entenderam. Isso já aconteceu com você?

Para evitar essa situação, entenda quais são os níveis da escuta ativa e descubra em qual nível você está atualmente:

- ▶▶ **Nível 1** – Escuta interna. É o nível em que a maioria das pessoas está atualmente. Enquanto você escuta as palavras que o interlocutor diz, você pensa: "o que isso irá me afetar?" e perde o conteúdo da mensagem.

- ▶▶ **Nível 2** – Escuta focada. Neste nível torna-se forte a prática da empatia. Ao ouvir a mensagem, você se coloca na mente do interlocutor e começa a capturar a mensagem que está sendo passada.

- ▶▶ **Nível 3** – Escuta global. Neste nível ocorre a prática da empatia realizada da maneira ideal. Além de ouvir a mensagem, você está captando movimentos, posturas, tom de voz, expressão e maneirismos do interlocutor. A mensagem está sendo captada de forma integral, incluindo os sentimentos do interlocutor.

## 5.3.3. Métodos de Facilitação

O facilitador da equipe deve ajudar a estabelecer quatro passos para que uma reunião ou encontro com as partes interessadas e a equipe do projeto seja produtivo:

- ▶▶ **Estabelecer um objetivo para reunião.** Toda reunião deve ter uma pauta e sua realização deve buscar um objetivo, seja uma definição sobre algum assunto, algum curso de ação a ser tomado ou alinhamento da equipe. Cuidado com a mania que muitas pessoas têm de fazer reunião toda hora e por qualquer motivo.

# 120    Gerenciamento Ágil de Projetos

▶▶**Regras básicas.** Garantir que as pessoas se respeitem durante a reunião, evitem trazer assuntos que não fazem parte da pauta, que uma pessoa fale por vez, celulares desligados, etc.

▶▶**Tempo determinado.** Reuniões longas ou intermináveis tendem a ser totalmente improdutivas. Estabeleça um tempo ideal onde a pauta da reunião seja discutida de forma objetiva e todos tenham a oportunidade de falar.

▶▶**Garantir que a reunião seja produtiva e que todos tenham a chance de contribuir.** O facilitador sempre deve observar se a reunião está fugindo da pauta original ou se nem todas as pessoas estão tendo oportunidade de falar e intervir.

## 5.3.4. Diversidades Culturais da Equipe

Pessoas são diferentes. Cada indivíduo possui personalidade e características distintas. Então, como fazer com que a soma desses indivíduos que formam a equipe e as partes interessadas do projeto esteja em constante alinhamento?

Devem ser levados em consideração fatores como diferenças de personalidade, culturais e de idioma.

Para diferenças de personalidade, a prática de programação em par do *Extreme Programming* é um ótimo caminho para que pessoas com personalidades diferentes trabalhem em parceria e aprendam a entender e respeitar essas diferenças.

Para equipes com diferenças de culturas regionais ou geograficamente distribuídas pelo país, uma boa técnica é realizar uma reunião de *kick-off* presencial com todos os membros da equipe para que todos se conheçam pessoalmente e entendam um pouco mais sobre suas diferenças culturais.

Para equipes geograficamente distribuídas pelo mundo e com idiomas diferentes, é uma boa técnica trazer todos para trabalhar fisicamente juntos nas primeiras iterações, ajudando a quebrar barreiras culturais e falta de entendimento dos idiomas.

## 5.3.5. Resolução de Conflitos

O conflito pode ser uma valiosíssima fonte de desacordo construtivo, onde as diferenças de opinião e personalidades entre as pessoas podem (e devem) ser usadas pelo líder a favor de seus projetos. Mas, para que isso ocorra, o líder deve saber lidar com o conflito e entender que tipo de abordagem ele pode utilizar.

▶▶**Força** – É o famoso "é assim e ponto final, quem decide aqui sou eu". Costuma ser a pior forma de se lidar com o conflito e só deve ser utilizada quando o conflito já ultrapassou a esfera profissional e foi para a pessoal. Costuma ser uma solução ganha-perde.

» **Retirada** – Esta abordagem acontece com mais frequência do que se imagina. Trata-se daquele gestor que acha que o conflito se "resolve automaticamente" e sempre sai com algo como: "hoje estou com dor de cabeça, amanhã falamos sobre isso". O problema é que a tal "dor de cabeça" costuma se estender por algumas semanas.

» **Conciliação** – Neste caso o líder tenta fazer com que os lados cedam um pouco e pode ser até efetivo em curto prazo, mas, por se tratar de uma solução perde-perde, o conflito pode voltar à tona e em nível maior do que a situação anterior.

» **Acomodação** – Conhecida popularmente como "panos quentes". É aquele caso em que o líder fala exatamente o que cada parte quer ouvir e enfatiza mais os pontos de acordo do que os pontos de desacordo. Novamente, pode ser uma solução de curto prazo.

» **Colaboração** – É a busca por consenso. Pode ser efetiva dependendo do nível em que o conflito se encontra.

» **Confronto** – Costuma ser a melhor forma de resolução de conflitos. É sentar com as partes e tentar entender a causa-raiz do conflito e propor alternativas para uma solução ganha-ganha.

"Mas, Vitor, como sei qual é o estágio de conflito existente na minha equipe?"

Identifique um dos cenários a seguir:

## *Nível 1 – Problema a resolver*

» **Característica:** informação compartilhada e colaboração.

» **Ambiente:** pessoas possuem diferentes opiniões e utilizam fatos para justificar seus pontos de vista.

» **Exemplo:** "entendo sua posição, mas prefiro outra abordagem, pois tivemos experiências anteriores de retrabalho com essa técnica".

## *Nível 2 – Desacordo*

» **Característica:** proteção pessoal.

» **Ambiente:** autoproteção torna-se importante. Distanciamento dos membros da equipe.

» **Exemplo:** "sei que minha ideia não funcionará tão bem, mas a sua também não".

## 122 Gerenciamento Ágil de Projetos

### Nível 3 – Contestação

▶▶ **Característica:** buscar a vitória.

▶▶ **Ambiente:** pessoas assumem lados. Conflito começa a ser acusatório.

▶▶ **Exemplo:** "ele sempre atrasa a entrega do demo".

### Nível 4 – Cruzada

▶▶ **Característica:** proteger o próprio grupo.

▶▶ **Ambiente:** equipe segregada. Um lado acredita que o outro deve ser removido.

▶▶ **Exemplo:** "eles fazem tudo errado. Inviável trabalhar com eles".

### Nível 5 – Guerra mundial

▶▶ **Característica:** destruir o outro.

▶▶ **Ambiente:** combativo. Pessoas não se falam mais.

▶▶ **Exemplo:** "ou ele ou eu".

"Vitor, quem é o responsável e qual técnica deve ser utilizada para resolver esses conflitos?"

Como líder, priorize sempre que as decisões e conflitos da equipe sejam resolvidos pela própria equipe, mas para o exame entenda o nível de conflito existente e atue de acordo com a tabela a seguir:

| Nível do conflito | Quem resolve | Técnica |
|---|---|---|
| 1 | Equipe | Colaboração/Confronto |
| 2 | Equipe | Colaboração/Confronto com ajuda dos membros mais importantes ou experientes da equipe. |
| 3 | Equipe | Conciliação/Confronto |
| 4 | Equipe com intervenção do líder ou facilitador neutro | Conciliação/Confronto |
| 5 | Líder | Confronto/Força |

*Atenção!* No exame, entenda o nível de conflito para saber se a atuação deve ser do líder ou da equipe.

Não caia na tentação de achar que o líder deve resolver sempre todo e qualquer conflito, pois esse tipo de atitude não contribuirá para a formação de uma equipe auto-organizada.

### 5.3.6. Equipes Distribuídas

"Vitor, em equipes que estão distribuídas fisicamente em locais diferentes não posso usar métodos ágeis em projetos. Certo?"

Errado! Contudo, para atender ao valor do Manifesto Ágil: "indivíduos e interações sobre processos e ferramentas", é necessário fazer um investimento para tornar eficiente a comunicação entre os membros da equipe do projeto e as partes interessadas, utilizando tecnologias como videoconferência, chat, Hangouts, quadro de tarefas eletrônico, entre outros.

### 5.3.7. Modelos Participativos de Tomada de Decisão

Neste tópico abordarei algumas técnicas de tomadas de decisão em grupo que visam sempre manter o alinhamento entre a equipe e as partes interessadas do projeto.

#### *Votação simples*

Nesta técnica cada participante simplesmente se posiciona se é a favor ou contra a decisão que está sendo discutida.

#### *Thumbs up/down/sideways*

Nesta técnica cada participante se posiciona a favor (sinal de positivo – *thumbs up*), contra (sinal de negativo – *thumbs down*) ou neutro (sinal de carona – *sideways*) com relação à decisão que está sendo discutida.

## Espectro de decisão

Adaptado de Jim Highsmith: Gerenciamento Ágil de Projeto

Técnica criada por Jim Highsmith onde cada participante se posiciona se:

▶▶ É a favor da decisão.

▶▶ É a favor da decisão, porém com algumas ressalvas.

▶▶ Neutro.

▶▶ Não é a favor da decisão, mas respeitará o que for decidido.

▶▶ Totalmente contrário à decisão.

## Fist-of-five

Técnica onde cada participante levanta de um a cinco dedos para se posicionar perante a decisão que está sendo discutida:

▶▶ 1 dedo: Apoio à decisão.

▶▶ 2 dedos: Apoio com ressalvas.

▶▶ 3 dedos: Preocupações a serem discutidas.

▶▶ 4 dedos: Objeções a serem discutidas.

▶▶ 5 dedos: Contrário à decisão.

## 5.4. Práticas de Aumento de Desempenho da Equipe

Abordarei práticas utilizadas para manter o engajamento e a motivação da equipe do projeto.

É muito importante entender a evolução dos estilos de gerenciamento, detalhados na tabela a seguir:

## Executando Projetos Ágeis 125

|  | *Management 1.0* | *Management 2.0* | *Management 3.0* |
|---|---|---|---|
| **Foco** | Através de **processos** rígidos e definidos serão construídos **produtos/serviços** por **pessoas**, que devem apenas seguir o que está definido | Através de **processos** rígidos e definidos serão construídos **produtos/serviços** por **pessoas**, que devem apenas seguir o que está definido | Através de **pessoas** motivadas e engajadas serão construídos **produtos/serviços** guiados por **processos** enxutos que privilegiam a simplicidade e a criatividade |
| **Práticas** | Nenhuma | *PMBOK® Guide, Six-Sigma, Lean* | *Lean, Kanban, Scrum, XP, PMBOK® Guide, Lean Six-Sigma, PRINCE2 Agile* |
| **Estilo** | Fortemente baseado no Taylorismo | Baseado no Taylorismo, mas com boas práticas ajudando a estruturar o processo | Fortemente baseado nos valores e princípios do Manifesto Ágil |
| **Exemplo** | Filme Tempos Modernos com Charles Chaplin | Empresas que começaram a estruturar áreas de gerenciamento de projetos ou PMOs | Spotify, Google, empresas digitais, *startups* |

Analisando a tabela anterior, repare que uma equipe ágil deve estar fortemente alinhada com o foco e práticas do *Management 3.0*. As organizações precisam cada vez mais focar em pessoas, tornando o processo apenas um direcionador sempre sujeito à melhoria contínua.

## 5.4.1. Ferramentas e Técnicas de Liderança

O perfil do gerente de projetos ou líder deve tender mais para um perfil de liderança do que para um perfil de gerenciamento.

"Mas, Vitor, qual é a diferença entre liderança e gerenciamento?"

Veja um pouco mais no seguinte quadro:

| Gerenciamento | Liderança |
|---|---|
| Foco em tarefas | Foco em pessoas |
| Controle da equipe | Fortalecimento da equipe |
| Foco em eficiência | Foco em efetividade |
| Fazer certo as coisas | Fazer as coisas certas |
| Foco em execução | Foco em direcionamento |
| Foco em práticas | Foco em princípios |
| Prioriza o comando | Prioriza a comunicação |

## 126 Gerenciamento Ágil de Projetos

O gerente de projetos deve ter um perfil de líder servidor, ou seja, "serve" a equipe do projeto.

A seguir algumas características de um grande líder servidor:

▶▶ Servir como figura central para a equipe.

▶▶ Entender as necessidades da equipe.

▶▶ Blindar a equipe do projeto contra interrupções.

▶▶ Remover impedimentos da equipe e do projeto.

▶▶ Permitir a ação da equipe, formando um ambiente colaborativo.

▶▶ Criar um ambiente de responsabilidade para a equipe.

▶▶ Conhecer bem os requisitos e a visão do projeto.

▶▶ Compartilhar a visão do projeto entre toda a equipe e as partes interessadas do projeto.

▶▶ Atuar pelo bem-estar da equipe e das partes interessadas do projeto.

▶▶ Reconhecer o conflito como algo positivo.

▶▶ Ser ético e honesto.

▶▶ Constantemente refletir sobre o projeto.

▶▶ Desafiar o *status quo*.

*Atenção!* No exame, entenda que o foco do grande líder é sempre em pessoas.

## 5.4.2. Liderança Situacional

Primeiramente vou explicar um pouco os estágios de formação de uma equipe, seguindo o modelo de escada de Tuckman, conforme figura a seguir:

# Executando Projetos Ágeis

- **Formação.** Momento onde os membros da equipe começam a trabalhar juntos, o conhecimento ainda não está sendo compartilhado e a relação de confiança ainda não foi estabelecida.

- **Conflito.** Momento onde os membros da equipe começam a se conhecer e surgem os conflitos de personalidades e opiniões técnicas. Nesta fase surge(m) a(s) famosa(s) "pessoa(s) difícil(eis)" da equipe. Nesse caso, existe retenção de conhecimento entre membros específicos da equipe, pouca colaboração e desconfiança.

- **Acordo.** Momento onde os membros da equipe começam a entender o *modus operandi* uns dos outros, começam a respeitar suas diferenças e a atuar como uma verdadeira equipe, trabalhando em prol do objetivo do projeto, compartilhando conhecimento e criando um ambiente colaborativo.

- **Desempenho.** Momento onde os membros da equipe atingem o grau máximo de produtividade, sinergia e colaboração. São equipes criativas que já não mais compartilham o conhecimento, e sim o criam.

"Mas, Vitor, é muito difícil chegar nesse estágio de desempenho, não acha? Qual é o papel do líder ou gestor para ajudar a equipe a chegar nesse estágio?"

Farei um comparativo desses estágios na visão do líder.

# 128 Gerenciamento Ágil de Projetos

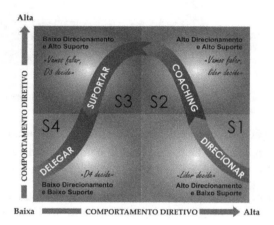

- **Direcionar.** Quando a equipe se encontra no estágio de formação (*forming*), o comprometimento é alto, porém a equipe ainda está tentando entender o que se espera dela. Nesse caso o líder deve direcionar cada membro da equipe, dar uma diretriz clara do que deve ser feito e alinhar as expectativas de cada membro com as expectativas do projeto.

- *Coaching.* Quando a equipe se encontra no estágio de conflito (*storming*), as preocupações são maiores com os conflitos do que com os objetivos do projeto. Se o conflito atingir um estágio irreversível existe um risco alto de o projeto fracassar. Nesse estágio o líder deve ter um perfil forte de *coaching*, pois terá que direcionar os trabalhos dos membros e trabalhar o fator humano, ajudando a resolver conflitos, criando meios e atividades de construção de equipe e buscando ter uma equipe nas mãos, e não um conjunto de talentos individuais.

- **Suportar.** Quando a equipe se encontra no estágio de acordo (*norming*), a tendência é a equipe começar a atuar de forma auto-organizada (equipes que sabem o que tem que ser feito, como deve ser feito e como se organizar para atingir o objetivo), tendo o líder como uma figura de suporte e de líder servidor, muito mais que um direcionador de tarefas.

- **Delegar.** A equipe está no auge da auto-organização, no estágio de desempenho (*performing*), altamente comprometida com os objetivos do projeto, e vê em seu líder o grande capitão, inspirador, *coach* e conselheiro. O líder pode delegar responsabilidades e fazer um acompanhamento macro, pois sabe que tem uma equipe de altíssimo nível nas mãos.

## 5.4.3. Inteligência Emocional

Atualmente fala-se muito sobre o uso da inteligência emocional no gerenciamento de projetos. Mas afinal de contas do que se trata a inteligência emocional e a quem se aplica?

A inteligência emocional trabalha com duas ações:

▶▶ Reconhecer.

▶▶ Regular.

"Mas, Vitor, reconhecer e regular o quê?"

▶▶ A si próprio.

▶▶ O ambiente social.

O quadrante a seguir demonstra a combinação dessas duas ações:

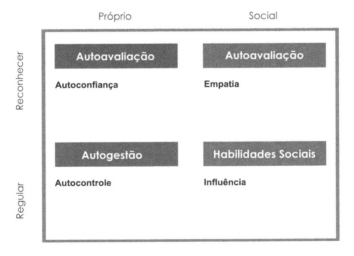

Detalhando um pouco mais os quatro estágios da inteligência emocional:

▶▶ **Reconhecer a si próprio.** Significa reconhecer os próprios sentimentos, identificar o que o agrada, o que não o agrada, o que o faz perder a paciência rapidamente, em quais situações você se destaca, como você lida com o estresse e a pressão. Resumindo, quais são seus pontos fracos e fortes.

## 130 Gerenciamento Ágil de Projetos

▶▶ **Regular a si próprio.** Significa gerenciar os próprios sentimentos. Uma vez que você reconhece seus pontos fracos e fortes, você deve trabalhá-los para extrair o melhor de si próprio. Trabalhar os pontos fracos, como falta de paciência, estresse, má escuta ativa, entre outros, e valorizar os pontos fortes, como uma boa escuta ativa, senso de liderança, conhecimento do negócio, entre outros.

▶▶ **Reconhecer o ambiente social.** É a prática da empatia. Entender o ambiente que o cerca, entender o que sentem, o que pensam, o que esperam e os pontos fracos e fortes das pessoas que estão a sua volta e da organização como um todo.

▶▶ **Regular o ambiente social.** Ter habilidade social. Com seus próprios sentimentos reconhecidos e gerenciados e um profundo entendimento do ambiente que o cerca, é hora de colocar seus pontos fortes em prática para extrair os pontos fortes das pessoas e da organização que o cercam. É o momento onde um grande líder aparece, motivando, inspirando e guiando todos para um único objetivo.

No caso do gerenciamento de projetos, perceba que um bom gerente de projetos ou líder deve trabalhar intensamente a questão da inteligência emocional, visando engajar equipe e partes interessadas para que atinjam um único objetivo: a entrega do produto do projeto com valor e qualidade.

### 5.4.4. Formando Equipes Fortalecidas

O líder deve incentivar ao máximo a formação de equipes fortalecidas e com autonomia perante os trabalhos realizados do projeto e as decisões necessárias.

As equipes fortalecidas possuem duas características:

▶▶ **Auto-organizadas.** Equipes auto-organizadas sabem quais tarefas devem ser feitas, como serão feitas e se organizam para determinar como serão distribuídas. O líder não delega atividades, e sim permite e orienta a equipe em busca da auto-organização.

▶▶ **Autodirigidas.** Equipes autodirigidas criam suas próprias normas e tomam suas decisões locais.

"Mas, Vitor, não é muita autonomia para uma equipe só? E se eles tomarem decisões erradas para o projeto?"

No mundo real o líder sempre deve estar atento para esse tipo de situação, mas para o exame veja o quadro a seguir.

> *Atenção!* Para o exame, caso a equipe adote decisões que não foram as ideais para o projeto, elas serão detectadas e discutidas na retrospectiva de iteração. O líder não deve intervir.

### 5.4.5. Formando Equipes de Alto Desempenho

Para o exame, você precisa saber quais são as práticas para ajudar na formação de equipes de alto desempenho, tanto na visão do líder quanto na visão da própria equipe.

Na visão do líder deve-se:

- ►► **Criar uma visão compartilhada para a equipe.** A equipe deve saber qual é o objetivo do projeto e quais serão os benefícios gerados pela entrega do produto do projeto.

- ►► **Deixar as expectativas claras.** O líder deve deixar claro o que ele espera da equipe perante o projeto.

- ►► **Ter metas realísticas.** Evitar prazos absurdos que ou não serão cumpridos ou comprometerão a qualidade.

- ►► **Limitar a equipe a no máximo 12 membros.** É o número considerado ideal para obter o melhor desempenho de equipes auto-organizadas. "Vitor, então quer dizer que não posso usar métodos ágeis em projetos com mais de 12 integrantes?". Pode, mas divida em equipes pequenas, atribuindo a cada uma a responsabilidade por uma determinada funcionalidade. Para saber mais detalhes sobre métodos ágeis com equipes com mais de 12 integrantes, sugiro a leitura de meu livro "Agile Scrum Master no Gerenciamento Avançado de Projetos", também publicado pela Brasport.

- ►► **Construir uma identidade da equipe.** Incentivar a formação de uma equipe auto-organizada e autodirigida, capaz de ter uma identidade única.

- ►► **Prover uma forte liderança.** Trabalhar fortemente habilidades interpessoais para ser um motivador, inspirador, incentivador e facilitador da equipe.

Na visão da equipe deve-se:

- ►► **Buscar a auto-organização.** Buscar trabalhar de forma auto-organizada sem depender da figura do líder para delegar ou controlar tarefas. Devem visar a construção de uma equipe multifuncional e composta por generalistas.

- ►► **Ser fortalecida para tomar decisões.** Equipes autodirigidas que possuem autonomia e confiança para tomadas de decisão tendem a apresentar melhor desempenho.

- ►► **Acreditar que podem resolver qualquer problema.** Equipes autoconfiantes, engajadas e unidas enfrentam todo e qualquer obstáculo.

## 132 Gerenciamento Ágil de Projetos

▶▶ **Comprometer-se com o sucesso da equipe.** Não há espaço para acomodações ou ritmo cadenciado. Os membros devem sempre se cobrar uns aos outros visando o sucesso do projeto.

▶▶ **Assumir decisões e compromissos.** Esta é uma característica das equipes auto--organizadas a autodirigidas. Caso tais decisões ou compromissos não tenham sido os ideais para o projeto, as retrospectivas servirão para a equipe refletir e melhorar.

▶▶ **Motivar por confiança.** Na escada de Tuckman, descrita no tópico 5.4.2 (Liderança Situacional), deve-se buscar pelo estágio de desempenho (*performing*), onde a equipe cria conhecimento e estabelece uma relação de total confiança.

▶▶ **Ser dirigida a consenso.** Buscar sempre o consenso através das técnicas de modelos participativos de decisão.

▶▶ **Viver em um mundo de constante desacordo construtivo.** O conflito construtivo é sempre positivo para a evolução e o amadurecimento da equipe.

O que deve ser evitado:

▶▶ Falta de confiança.

▶▶ Medo do conflito.

▶▶ Falta de comprometimento.

▶▶ Evitar responsabilidade.

▶▶ Desatenção aos resultados.

> *Atenção!* Para o exame, exceto se for mencionado na questão, sempre partir do princípio de que toda equipe possui no máximo 12 integrantes. Caso a questão fale sobre equipes maiores, a resposta correta será sempre aquela que mencionar a divisão da equipe em equipes menores.

## 5.4.6. Motivações da Equipe

O líder deve buscar alinhar as metas pessoais dos membros da equipe com as metas do projeto.

Deve entender as motivações pessoais de cada indivíduo e os fatores motivacionais da equipe como um grupo.

O líder deve entender onde cada membro da equipe se enquadra na escala de contribuição a seguir:

Traduzido e adaptado de Mike Griffiths: *www.LeadingAnswers.com*

- **Resistência.** Membros da equipe que são contrários aos objetivos do projeto. É importante que o líder entenda a razão dessa resistência e entenda como motivar tais membros, buscando maior colaboração no projeto.
- **Participação passiva.** Membros da equipe que se limitam a fazer as tarefas delegadas, dentro de seu tempo, sem preocupação com os objetivos do projeto e sem comprometimento perante os demais membros da equipe. O líder deve entender a razão da passividade – se é uma questão de perfil, algum problema pessoal, financeiro ou motivacional.
- **Participação ativa.** Membros da equipe que, embora engajados e comprometidos com relação às suas tarefas individuais, deixam a desejar com relação ao comprometimento perante os demais membros da equipe. O líder deve entender se essa falta de comprometimento ocorre por algum problema de relacionamento com os demais membros ou se por conta de alguma outra questão pessoal ou de perfil.
- **Comprometimento.** Membros que "vestem a camisa" do projeto, comprometidos e sempre buscando atingir os objetivos do projeto.
- **Inovação.** Membros que, além de "vestirem a camisa" do projeto, acabam dando aquele "algo mais", buscando sempre ideias que melhorem a qualidade do projeto e do trabalho em equipe.

O líder deve promover conversas individuais com cada membro da equipe para entender sua motivação e como usá-la ou incentivá-la, buscando o melhor para o projeto.

## 134 Gerenciamento Ágil de Projetos

### 5.4.7. *Daily Stand-Ups*

As *daily stand-ups* são reuniões diárias realizadas visando o alinhamento da equipe e a identificação de possíveis riscos.

Algumas regras devem ser estritamente seguidas na reunião diária:

▶▶ **Reunião para a equipe, executada pela equipe.** A equipe deve fazer a reunião olhando nos olhos uns dos outros, visando compartilhar conhecimento.

▶▶ **Não é uma reunião para reportar a situação do projeto ao líder ou ao gerente de projetos.** O foco da reunião é a equipe, não o líder. A participação do líder ou do gerente de projetos na reunião é opcional. Caso participe, sua função deve ser anotar possíveis impedimentos e riscos apontados pela equipe para atuação posterior.

▶▶ **Duração máxima de 15 minutos.** Mandatório. Essa duração busca objetividade e que todos os integrantes tenham a oportunidade de falar. A equipe auto-organizada deve buscar cumprir o *timebox* estabelecido; caso tenha dificuldades, o líder deve intervir para garantir o respeito ao *timebox*.

▶▶ **Deve ser realizada preferencialmente no mesmo local e horário.** Fazendo a reunião no mesmo local e horário, cria-se um padrão e elimina-se a complexidade de ter que lembrar onde e em qual horário será a reunião.

▶▶ **Cada membro deve responder a três perguntas-chave:**

» O que eu fiz ontem?

» O que eu vou fazer hoje?

» Quais são os impedimentos?

Qualquer assunto diferente dessas três perguntas deve ser tratado em outra reunião. A equipe auto-organizada deve garantir que assuntos fora das três perguntas não sejam tratados durante a reunião diária; caso tenha dificuldades, o líder deve intervir para que não se perca o foco.

### 5.4.8. Treinamento, *Coaching* e Mentoria

Primeiramente vamos entender a diferença entre fornecer treinamento, *coaching* e mentoria:

▶▶ **Treinamento**: ensinar as habilidades e técnicas, intercalando teoria e prática, através de uma agenda definida, estruturada e com *timeboxes* estabelecidos. Exemplo: treinamento em práticas ágeis de 16 horas em dois dias.

**Executando Projetos Ágeis** 135

▸ *Coaching*: processo de facilitação que ajuda a pessoa que está recebendo o *coaching* a identificar, desenvolver e melhorar o seu desempenho.

▸ **Mentoria**: fornecer conselhos, orientações e direcionamento sobre um assunto onde o mentor é um especialista técnico.

Incorporando esses conceitos no gerenciamento ágil, podemos afirmar que um bom líder deve ser também um treinador, *coach* e um mentor de sua equipe, utilizando algumas boas práticas, tais como:

▸ **Não explicar o que deve ser feito, e sim orientar.** Pode parecer simplesmente tentador o líder chegar e resolver alguma questão ou dúvida do membro da equipe. Mas evite ao máximo: apenas dê as diretrizes básicas e permita que o membro da equipe se desenvolva através do aprendizado. Além disso, quanto mais o líder orientar em vez de direcionar, maiores as chances de formação de uma equipe auto-organizada.

▸ **Garantir confidencialidade das conversas realizadas no *coaching*.** O membro da equipe que está recebendo o *coaching* pode perder a relação de confiança com o líder se suas conversas individuais forem expostas perante o resto da equipe.

▸ **Construir uma parceria com gerentes funcionais.** Em caso de projetos com estruturas matriciais, obtenha um *feedback* dos gerentes funcionais dos membros da equipe sobre o que os motiva e estabeleça uma parceria para eventuais recompensas durante o projeto.

▸ **Manter sentimentos pessoais fora do *coaching*.** Se o líder tiver alguma restrição pessoal ou mesmo uma relação de maior amizade com algum membro da equipe, tais sentimentos devem ficar completamente de fora no momento do *coaching*. O objetivo do *coaching* é ajudar a desenvolver e motivar o membro da equipe para alcançar os objetivos do projeto juntamente com suas metas pessoais.

Para o exame é necessário entender o ciclo de *coaching* durante uma iteração conforme a seguir:

▸ **Início da iteração.** *Coaching* para toda a equipe durante o planejamento da iteração, para alinhar e motivar o grupo para o alcance da meta da iteração.

▸ **Durante a iteração.** *Coaching* individual durante a execução da iteração, ajudando a:

» Desenvolver habilidades.

» Resolver problemas.

# 136    Gerenciamento Ágil de Projetos

▸▸ **Final da iteração.** Novamente *coaching* para todo o grupo, principalmente na retrospectiva da iteração, onde as lições aprendidas são coletadas e discutidas.

## 5.4.9. Técnicas de *Brainstorming*

*Brainstorming* é uma técnica onde ideias são lançadas para uma discussão futura. O que importa no momento do *brainstorming* é a quantidade de ideias, e não a qualidade. O importante é exercitar a maior gama de opções possíveis para um tema em discussão.

As equipes devem usar técnicas de *brainstorming* para ajudar a identificar opções, resolver problemas e encontrar caminhos para melhorar seus processos.

Para o exame você precisa conhecer os tipos de *brainstorming* que podem ser utilizados:

▸▸ ***Quiet writing.*** Cada membro da equipe escreve uma longa lista de ideias de forma silenciosa. Ao término da escrita, as listas são compartilhadas e discutidas. A vantagem desse tipo de *brainstorming* é o silêncio e a concentração.

▸▸ ***Round-Robin.*** Cada membro da equipe deverá falar sobre suas ideias, um de cada vez e sem interrupções. A vantagem desse tipo de *brainstorming* é estabelecer uma ordem na exposição das ideias e dar a oportunidade para todos os membros da equipe falarem.

▸▸ ***Free-for-all.*** Aqui vale tudo! Os membros da equipe lançam ideias de forma espontânea e colaborativa, sem questão de ordem. A vantagem desse tipo de *brainstorming* é promover debates e discussão de ideias. Como desvantagem, talvez os membros mais tímidos da equipe tenham pouca chance de falar e os mais extrovertidos podem dominar o *brainstorming*. Nesse caso cabe ao líder atuar como um facilitador do *brainstorming* e garantir que todos falem e contribuam.

> *Atenção!* Para o exame, o foco do *brainstorming* não é gerar qualidade, e sim ***quantidade*** de ideias. A análise, ordenação, priorização e viabilização das ideias geradas pelo *brainstorming* serão feitas em momento posterior.

## 5.4.10. Espaço da Equipe

Espaço da equipe (*team space*) é o ambiente designado onde os membros da equipe irão conduzir os trabalhos do projeto.

Esse ambiente deve favorecer a comunicação face a face e permitir que os membros da equipe se sentem bem próximos uns aos outros (equipes coalocadas), visando uma maior colaboração e compartilhamento de conhecimento através de:

**Conhecimento tácito.** Informação que não é escrita, e sim absorvida, conforme os membros observam uns aos outros.

**Comunicação osmótica.** Informação que flui "por osmose" através de conversas e questões do dia a dia.

Embora seja importante a proximidade entre os membros da equipe (*common*), deve existir uma área onde os membros possam ter alguns momentos de silêncio e privacidade (*caves*).

O espaço da equipe propicia identificar o que está funcionando bem e o que não está através de constante comunicação e compartilhamento de conhecimento da equipe.

## 5.4.11. Equipes Distribuídas

Para casos de equipes distribuídas, já foi mencionado anteriormente que é muito importante o investimento em ferramentas de comunicação, mas algumas habilidades adicionais também são necessárias para o gerenciamento de equipes distribuídas:

**Manter uma metáfora.** Utilizar termos fáceis e de entendimento único entre todos os membros da equipe.

**Manter a comunicação frequente.** Incentivar o uso constante das ferramentas de comunicação visando entendimento e *feedback* contínuo.

**Intensificar a facilitação da informação.** Garantir que as ferramentas de comunicação sejam de fácil uso e acesso a todos os membros da equipe.

**Manter as reuniões virtuais produtivas.** Se já é difícil manter uma reunião produtiva quando realizada no formato presencial, imagine quando ela é realizada via videoconferência ou *conference call*? O líder deve usar os mesmos métodos de facilitação vistos anteriormente.

**Usar e abusar das redes sociais.** Muitas equipes utilizam grupos de WhatsApp, grupos no Facebook e mensagens no Twitter e Instagram para manter a comunicação frequente e eficaz.

## 5.4.12. Artefatos Ágeis

Projetos ágeis incentivam o uso de artefatos lúdicos para promover a interação e o alinhamento entre partes interessadas e equipe do projeto. Citando alguns exemplos:

Quadro de tarefas (*Kanban*).

Quadro de tarefas virtual.

# 138 Gerenciamento Ágil de Projetos

▶▶ Cartões ou *post-its* para a escrita de *user stories*.

▶▶ Baralho para jogar *planning poker*.

> **Atenção!** Para o exame, os artefatos ágeis possuem utilidade apenas até o final do propósito para o qual foram criados.

> Exemplos: tarefas retiradas do quadro *Kanban* após o término da iteração. *Post-its* utilizados para *user stories* podem ser descartados após a sua conclusão.

## 5.4.13. O *Framework* de uma Equipe Ágil

Tanto para o exame quanto na aplicação real de gerenciamento ágil é fundamental entender as camadas de gerenciamento e a responsabilidade de cada papel dentro dessas camadas, conforme figura a seguir:

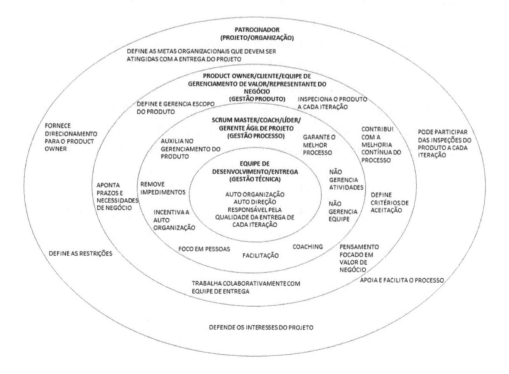

# 5.5. Refinando o Escopo

Uma vez que estamos elaborando progressivamente e trabalhando de forma incremental e iterativa, temos que revisar o escopo (definido no *backlog* do produto) frequentemente.

## 5.5.1. Refinamento do *Backlog* do Produto

Avaliar de uma a três iterações à frente costuma ser uma boa prática para monitoramento e refinamento do *backlog* do produto. Essa técnica também é chamada de *grooming*.

Para refinar o *backlog* do produto, algumas perguntas-chave deverão ser feitas para cada requisito analisado:

- ⤃ O requisito ainda possui o valor de negócio identificado?
- ⤃ O requisito ainda é relevante para o produto?
- ⤃ O requisito ainda é prioritário perante os requisitos seguintes?
- ⤃ O requisito é um épico? Precisa ser decomposto em requisitos com maiores detalhes?

Uma outra pergunta-chave geral, que deve ser feita observando o produto:

***São necessários novos requisitos para que o produto atenda ao objetivo de negócio pelo qual ele está sendo criado?***

As respostas para cada uma dessas perguntas-chave podem gerar repriorizações, exclusões, inclusões e reestimativas de requisitos, ou seja, podemos gerar mudanças na linha de base do escopo do projeto.

E o que fazemos antes de gerarmos mudanças na linha de base do escopo do projeto? Avaliamos as mudanças perante as restrições do projeto (escopo, tempo e custo).

# 140 Gerenciamento Ágil de Projetos

## 5.6. Revisão

Momento para mais uma revisão!

Sua meta aqui deve ser acertar no mínimo 21 questões!

Boa sorte!

1. **Quando você pratica a escuta ativa, em quais níveis você pode estar?**

   A. Escuta interna, escuta focada, escuta global.
   B. Escuta consciente, escuta subconsciente, escuta focada.
   C. Escuta interessada, escuta focada, escuta global.
   D. Escuta global, escuta focada, escuta intuitiva.

2. **Qual opção lista modelos de comunicação em ordem crescente de eficácia da comunicação?**

   A. E-mail < conversa telefônica < videoconferência.
   B. Videoconferência < conversa telefônica < conversa face a face.
   C. Conversa telefônica < conversa face a face no quadro branco < conversa face a face.
   D. Nenhuma das alternativas anteriores.

3. **Existem dois grupos formados na equipe. Cada grupo reclama de problemas de atitude do outro. Qual é o nível de conflito existente no momento?**

   A. Nível 1 – Problema a resolver.
   B. Nível 2 – Desacordo.
   C. Nível 3 – Contestação.
   D. Nível 4 – Cruzada.

4. **O conceito básico do gerenciamento das comunicações é:**

   A. Certificar-se de que os membros da equipe estão se falando quando necessário.
   B. Manter as partes interessadas bem informadas.
   C. Coletar e disseminar informações do projeto em tempo adequado.
   D. Fornecer um *framework* consistente para a elaboração de relatórios e reuniões.

5. **Na reunião diária do projeto há um membro da equipe que está perturbando. O que o líder deve fazer?**

   A. Avisar o membro da equipe que o comportamento não é aceitável.
   B. Conversar com o membro da equipe em particular e discutir a questão com ele.
   C. Não fazer nada, pois a equipe auto-organizada irá resolver automaticamente tais questões.
   D. Remover a pessoa da equipe.

# Executando Projetos Ágeis    141

6. **Ao trabalhar com equipes distribuídas em locais diferentes, qual das seguintes opções seria mais útil para a formação de uma boa equipe?**

   A. Realizar um treinamento sobre o uso de várias ferramentas de comunicação, como conferência de vídeo, etc.
   B. Realizar treinamento multicultural.
   C. Ter as equipes trabalhando coalocadas na primeira iteração.
   D. Conduzir uma sessão de um dia para formação de equipe um dia antes do início do *release.*

7. **Qual das seguintes opções ajuda na negociação?**

   A. Separar o lado pessoal do problema.
   B. Concentrar em interesses do projeto e não em posições.
   C. Buscar opções para ganho mútuo.
   D. Todas as alternativas anteriores.

8. **Os líderes eficazes de projetos ágeis focam em pessoas, produtos e processos em qual ordem de prioridade?**

   A. Pessoas, produto e processos.
   B. Produto, pessoas, processo.
   C. Produto, processo, pessoas.
   D. Processo, pessoas, produtos.

9. **Uma equipe ágil está trabalhando em um projeto de um ano. Apesar de a equipe estar ganhando produtividade a cada iteração, o gerente está intrigado ao perceber que a velocidade da equipe é quase constante. Qual poderia ser a razão?**

   A. Velocidade em projetos ágeis permanece constante em todas as iterações.
   B. A equipe está desenvolvendo grandes *user stories* e, apesar do trabalho feito, histórias inacabadas não são computadas no cálculo da velocidade.
   C. Há uma margem adicional acrescentada em cada iteração.
   D. A equipe estimou em dias ideais e, conforme foi ganhando produtividade, ela já está estimando menos para a mesma quantidade de trabalho.

10. **Você se juntou à equipe como consultor externo para ser um *coaching* ágil. Na reunião diária você reparou que cada membro da equipe está de pé e de frente para o líder, reportando o que eles fizeram ontem, o que eles pretendem fazer hoje e os impedimentos. Qual o problema que você deveria ter reparado?**

   A. Membros da equipe devem se reportar ao *Product Owner*, uma vez que ele dá a palavra final sobre o negócio.
   B. Membros da equipe devem fornecer mais detalhes.

**142** Gerenciamento Ágil de Projetos

C. Membros da equipe devem fornecer informações para os demais membros, uma vez que a reunião diária serve para a colaboração da equipe.

D. Membros da equipe devem estar sentados e não de pé durante a reunião.

11. **O conceito que permite a toda a equipe ter a oportunidade de perceber o que está funcionando bem e o que não está chama-se:**

A. Programação em par.

B. Retrospectiva.

C. Relatório de status.

D. Espaço da equipe.

12. **Em uma *daily stand-up*, um membro da equipe destaca uma questão importante e todo mundo começa a discutir sobre isso. O que você deve fazer como líder?**

A. Fazer anotações e garantir ações adequadas para a questão identificada.

B. Garantir que a discussão continuará até os membros da equipe decidirem por alguma abordagem lógica.

C. Usar sua experiência e dar sugestões para ajudar a equipe.

D. Limitar o tempo da discussão e dizer para a equipe discutir a questão após a reunião de *stand-up*.

13. **Durante a execução da iteração, que tipo de *coaching* é mais impactante e produtivo?**

A. *Coaching* individual.

B. *Coaching* com toda a equipe.

C. *Coaching* individual e com toda a equipe.

D. Não deve haver *coaching* durante a execução da iteração.

14. **John está gerenciando uma equipe com oito membros distribuídos em dois locais diferentes (quatro em cada local). Ele está considerando o uso de métodos ágeis, mas está confuso porque os métodos ágeis enfatizam equipes coalocadas. Qual é o seu conselho para ele?**

A. Não usar métodos ágeis, pois não irão funcionar bem com equipes distribuídas.

B. Criar duas equipes ágeis, uma em cada local.

C. Uma vez que se dê ênfase suficiente à colaboração em equipe, métodos ágeis podem ser usados com equipes distribuídas.

D. Tentar usar métodos ágeis com a equipe localizada onde John está situado. A outra equipe deve continuar com métodos não ágeis.

Executando Projetos Ágeis  143

**15. Qual das seguintes opções é a verdadeira sobre equipes de alto desempenho?**

A. Os princípios gerenciam as equipes e os líderes.

B. Os líderes gerenciam as equipes e as equipes gerenciam os princípios.

C. Os líderes gerenciam os princípios e os princípios gerenciam as equipes.

D. As equipes gerenciam os princípios e os princípios gerenciam os líderes.

**16. Qual é o propósito de realizar uma sessão de *brainstorming*?**

A. Gerar um grande volume de ideias.

B. Discutir várias ideias e chegar a um consenso.

C. Gerar uma lista de ideias viáveis.

D. Gerar ideias de alta qualidade.

**17. Qual das seguintes opções é a verdadeira sobre comunicação osmótica?**

A. Refere-se à comunicação entre o cliente e a equipe.

B. Trata-se de informação que flui através da comunicação entre os membros da equipe.

C. Comunicação osmótica funciona particularmente bem em equipes distribuídas.

D. Trata-se de relatórios para a gerência sênior.

**18. Qual das seguintes opções não é uma característica necessária de uma equipe de alto desempenho?**

A. Constante desacordo construtivo.

B. Fortalecida para tomar decisões.

C. Pessoas altamente qualificadas tecnicamente.

D. Possuir metas claras.

**19. Uma boa equipe ágil experimenta:**

A. Pressão do cliente interno.

B. Pressão dos pares.

C. Pressão do gerente de projetos.

D. Pressão do cliente externo.

**20. Até qual momento os cartões de *user stories* são considerados relevantes ou úteis para o projeto?**

A. Até o fim do projeto.

B. Até o fim do *release*.

C. Até o fim da iteração.

D. Até os trabalhos relacionados com as *user stories* serem concluídos.

## 144 Gerenciamento Ágil de Projetos

**21. Os estágios de formação de equipe, em sequência:**

A. Acordo, conflito, desempenho, formação.
B. Acordo, conflito, formação, desempenho.
C. Formação, conflito, desempenho, acordo.
D. Formação, conflito, acordo, desempenho.

**22. As fases da liderança situacional em sequência:**

A. Suportar, direcionar, *coaching*, delegar.
B. Suportar, *coaching*, direcionar, delegar.
C. Delegar, *coaching*, suportar, direcionar.
D. Direcionar, *coaching*, suportar, delegar.

**23. _____ é o nome dado à informação obtida através das comunicações da equipe.**

A. Conhecimento informal.
B. Conhecimento tribal.
C. Conhecimento tácito.
D. Conhecimento comum.

**24. Equipes de alto desempenho possuem quais características?**

A. Dirigidas a consenso, fortalecidas, baixa confiança.
B. Auto-organizadas, orientadas a plano, fortalecidas.
C. Dirigidas a consenso, fortalecidas, orientadas a plano.
D. Desacordo construtivo, fortalecidas, auto-organizadas.

**25. Você foi designado como gerente de projetos de uma equipe seguindo o modelo *waterfall* por um longo tempo. Foi solicitado que você implementasse uma metodologia ágil. O que você deve fazer primeiro para atingir esse objetivo e aumentar a colaboração da equipe?**

A. Fornecer uma cópia de um bom livro sobre métodos ágeis para todos os membros da equipe.
B. Conduzir oficina de escrita de *user stories.*
C. Conduzir reuniões de *stand-up* diárias.
D. Conduzir uma reunião de planejamento da iteração.

Todas as questões foram traduzidas e adaptadas de Whizlabs: **www.whizlabs.com**

## 5.7. Respostas

### 1. A

Os três níveis da escuta ativa são: interna, focada e global.

### 2. A

A videoconferência é um meio de comunicação mais eficaz que a conversa telefônica, que por sua vez é mais eficaz que o e-mail.

Na alternativa B, a conversa telefônica é mais eficaz que a videoconferência, o que torna a opção incorreta.

Na alternativa C, a conversa face a face é mais eficaz que a conversa face a face no quadro branco, o que também torna a opção incorreta.

### 3. C

Quando o conflito começa a se tornar acusatório significa que ele chegou ao nível 3 – contestação.

### 4. C

O conceito básico do gerenciamento das comunicações tem a ver com disseminar as informações do projeto para as pessoas certas, no tempo certo e da maneira certa.

A alternativa B, manter as partes interessadas bem informadas, está relacionada com o gerenciamento das partes interessadas.

### 5. C

Questão que remete a conceitos de resolução de conflitos e liderança. Se o membro da equipe está perturbando a reunião, existe um "problema a resolver", ou seja, nível 1: a equipe é responsável por resolver o conflito.

Lembrar também que o bom líder servidor deve permitir a ação da equipe, formando um ambiente colaborativo.

### 6. C

Colocar as equipes trabalhando juntas na primeira iteração é uma boa maneira de contribuir para a quebra de barreiras culturais e comportamentais.

## 146 Gerenciamento Ágil de Projetos

### 7. D

Um bom negociador deve separar questões pessoais e buscar a melhor solução "ganha-ganha" para o projeto.

### 8. A

O foco principal de um grande líder são as pessoas, o que elimina as demais alternativas.

Foco em processos é uma característica gerencial e não de liderança.

### 9. D

Se a velocidade se mantém constante e a produtividade é cada vez maior, isso significa que a equipe está estimando menos esforço para atividades similares. É a chamada curva de conhecimento.

"Mas, Vitor, e a questão de dias ideais?". É uma distração apenas, em nada agrega à pergunta. Prepare-se, pois o exame possui diversas questões assim.

### 10. C

*Daily stand-up* é reunião para compartilhar conhecimento e não para reportar o andamento dos trabalhos ao líder.

### 11. D

Perceba que a questão está colocando a situação no presente ("está funcionando") e não no passado ("funcionou").

Nesse caso é o espaço da equipe, que favorece a comunicação face a face e permite que os membros da equipe se sentem bem próximos uns aos outros (equipes coalocadas), visando maior colaboração e compartilhamento de conhecimento e assim identificando o que está funcionando e o que não está.

### 12. D

O ideal seria que a equipe auto-organizada limitasse a discussão, mas como essa ação não está entre as alternativas, é papel do líder limitar a discussão e manter o foco da reunião nas três perguntas-chave.

### 13. A

O *coaching* individual é recomendado durante a execução da iteração, pois trabalha alguma questão ou problema específico e não tira o foco dos demais membros da equipe.

# 14. C

Não existe nenhuma restrição de aplicação de métodos ágeis em equipes distribuídas.

# 15. C

Os líderes são responsáveis pelos princípios que ajudam na formação de equipes fortalecidas. E as equipes tornam-se fortalecidas seguindo esses princípios.

# 16. A

O foco do *brainstorming* deve ser quantidade de ideais e não qualidade.

# 17. B

Comunicação "por osmose", aquela que flui naturalmente através da comunicação entre os membros da equipe.

# 18. C

Equipes de alto desempenho devem ser compostas preferencialmente por generalistas e não por especialistas.

# 19. B

O conceito de equipe auto-organizada, onde todos sabem o que tem que ser feito e como deve ser feito, promove a pressão entre os pares.

# 20. D

Artefatos ágeis possuem utilidade apenas até o final do propósito para o qual foram criados.

# 21. D

De acordo com a escada de Tuckman: formação, conflito, acordo e desempenho.

# 22. D

Direcionar, *coaching*, suportar e delegar.

# 23. C

Conhecimento tácito é a informação que não é escrita, e sim absorvida, conforme os membros observam uns aos outros.

## 148 Gerenciamento Ágil de Projetos

### 24. D

Equipes de alto desempenho não possuem baixa confiança, muito pelo contrário. Também não são orientadas a plano, e sim preparadas para responder às mudanças.

O desacordo construtivo não é um problema, pois o conflito de ideias é uma excelente maneira de compartilhar conhecimento.

### 25. C

Todas as alternativas contribuem para o aumento da colaboração da equipe, mas as reuniões diárias são mais efetivas porque promovem o conhecimento compartilhado, incentiva o gerenciamento diário dos riscos e introduz fortemente o conceito do *timebox*, respeitando os 15 minutos da reunião.

# Capítulo 6
# Monitorando e Controlando Projetos Ágeis

Neste capítulo abordarei as ferramentas e técnicas para o monitoramento do projeto, identificando possíveis desvios e tomando os cursos de ação necessários para garantir o sucesso do projeto.

## 6.1. Controlando Cronograma, Escopo e Custos

Falarei sobre como verificar se o prazo, o escopo e os custos do projeto estão seguindo conforme o planejado e quais as tendências do projeto.

### 6.1.1. Gerenciamento Ágil de Valor Agregado

O gerenciamento de valor agregado (EVM – *Earned Value Management*) é uma técnica muito utilizada para monitorar custos e prazos de projetos.

Em projetos ágeis, o EVM pode ser utilizado de acordo com os seguintes conceitos e fórmulas:

▶▶ **Orçamento (BAC – *Budget at Completion*)**. É o orçamento total previsto para o projeto.

▶▶ **Valor Planejado (PV – *Planned Value*)**. É o valor do orçamento que estava planejado ser gasto até o momento da análise do EVM.

**Fórmula: PV = BAC x Quantidade de iterações completas / Total de iterações**

▶▶ **Custo atual (AC – *Actual Cost*)**. É o valor do orçamento que efetivamente foi gasto até o momento da análise do EVM.

▶▶ **Valor agregado (EV – *Earned Value*)**. É o valor efetivo do que foi gasto até o momento da análise do EVM.

## 150   Gerenciamento Ágil de Projetos

**Fórmula: EV = BAC x *story points* completadas / Total de *story points***

⏩ **Variação do desempenho do cronograma (SPV – *Schedule Performance Variance*)**. Representa em valor monetário se o cronograma está atrasado ou adiantado.

**Fórmula: SPV = EV – PV**

⏩ **Variação do desempenho dos custos (CPV – *Cost Performance Variance*)**. Representa em valor monetário o valor de estouro ou a economia dos custos do projeto.

**Fórmula: CPV = EV – AC**

⏩ **Índice de desempenho do cronograma (SPI – *Schedule Performance Index*)**. Aponta o percentual de atraso ou adiantamento do cronograma.

**Fórmula: SPI = EV / PV**

⏩ **Índice do desempenho dos custos (CPI – *Cost Performance Index*)**. Representa o valor real de cada R$ 1,00 gasto no projeto.

**Fórmula: CPI = EV / AC**

Entenda um pouco mais os conceitos no exemplo a seguir:

⏩ Quantidade de iterações = 4

⏩ Iterações completadas = 1

⏩ Quantidade total de *story points* = 200

⏩ *Story points* completadas = 40

⏩ Orçamento previsto = 175.000

⏩ Custos até o momento = 65.000

Definir BAC, AC, PV, EV, CPI, SPI, CPV, SPV:

⏩ BAC = 175.000 (orçamento previsto).

⏩ AC = 65.000 (custos até o momento).

⏩ PV = 175.000 * 1 / 4 = 43.750 (custo previsto até o momento).

⏩ EV = 175.000 * 40 / 200 = 35.000 (valor real do que foi feito até o momento).

⏩ CPI = 35.000 / 65.000 = 0,54 (cada R$ 1,00 gasto no projeto equivale a R$ 0,54).

# Monitorando e Controlando Projetos Ágeis    151

⯈⯈ SPI = 35.000 / 43.750 = 0,80 (o cronograma está em 80% do que estava previsto no momento, ou seja, 20% de atraso).

⯈⯈ CPV = 35.000 – 65.000 = -30.000 (o projeto gastou R$ 30.000 a mais do orçamento até o momento).

⯈⯈ SPV = 35.000 – 43.750 = -8.750 (o atraso do projeto expresso em valores monetários representa R$ 8.750,00).

Com esses dados chega-se à conclusão de que se trata de um projeto com tendências de atraso e estouro de orçamento.

---

*Atenção!* Para o exame, entenda qual a situação do seu projeto de acordo com os seguintes conceitos:

CPI < 1 ou CPV < 0 – Custo acima do planejado

SPI < 1 ou SPV < 0 – Cronograma atrasado

CPI = 1 ou CPV = 0 – Custo dentro do planejado

SPI = 1 ou SPV = 0 – Cronograma em dia

CPI > 1 ou CPV > 0 – Custo abaixo do esperado

SPI > 1 ou SPV > 0 – Cronograma adiantado

---

*Atenção!* Algumas premissas sobre a métrica do valor agregado:

Só são consideradas iterações completadas e *story points* completadas quando o resultado é um incremento ou funcionalidade de produto que atenda à definição de pronto (*Done*).

A métrica é feita ao final de cada iteração, fazendo parte do gerenciamento do *release*.

---

## 6.1.2. Gráficos *Burndown* e *Burnup*

Os gráficos *burndown* e *burnup* exibem o progresso e ajudam a identificar variações e tendências do projeto.

Os gráficos *burndown* exibem o esforço remanescente na linha do tempo para finalizar o projeto, o *release* ou a iteração.

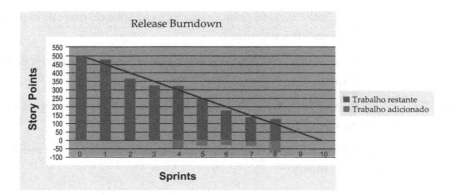

O gráfico *burndown* identifica o escopo que foi adicionado (incluído na parte inferior da barra) ou removido do projeto (excluído da parte inferior da barra) e acompanha se o projeto está dentro ou fora da linha de base prevista.

Já os gráficos *burnup* exibem o esforço do projeto, *release* ou iteração que já foi concluído na linha do tempo.

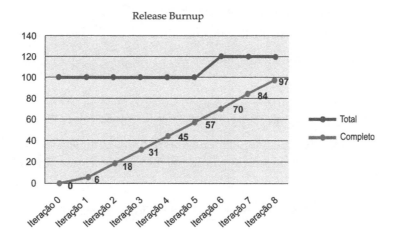

O gráfico *burnup* identifica o escopo que foi adicionado ou removido do projeto.

Os gráficos *burnup* e *burndown* podem ser convertidos em diagramas de fluxo para identificar a causa de possíveis variações detectadas.

Os gráficos *burnup* e *burndown* de *release* listam as iterações na horizontal e o esforço (horas ideais, *story points*) na vertical.

Os gráficos *burnup* e *burndown* de iteração listam dias da iteração na horizontal e o esforço (dias, horas ideais, *story points*) na vertical.

**Monitorando e Controlando Projetos Ágeis 153**

> ***Atenção!*** Gráficos *burnup* e *burndown* identificam variações, mas não as causas dessas variações.

### 6.1.3. KPIs (*Key Perfomance Indicators*)

Uma pergunta que frequentemente recebo é: "Vitor, como utilizar KPIs dentro do gerenciamento ágil?"

Ora, basta olhar o tópico anterior referente aos gráficos *burnup* e *burndown* e constatar que é perfeitamente possível extrair:

- ▶▶ **Progresso dos trabalhos:** quantas *story points* ou horas a equipe concluiu até o momento.

- ▶▶ **Trabalho restante:** quantas *story points* ou horas faltam para a equipe concluir.

- ▶▶ **Previsão de término:** pode ser determinada tanto pela linha de base dos gráficos *burndown* e *burnup* quanto pela simples conta: quantidade de esforço (*story points* ou horas) dividida pela velocidade média da equipe.

- ▶▶ **Previsão de custos:** multiplique a quantidade de iterações previstas pelo custo médio por iteração.

## 6.2. Monitorando Riscos

Como monitorar e controlar riscos em projetos ágeis?

### 6.2.1. *Pre Mortem*

A técnica de *pre mortem* pode ser utilizada para identificar potenciais causas de falha do projeto antes mesmo de iniciá-lo. Esta técnica consiste de quatro etapas:

1. **Imaginar a falha:** mapear as falhas que podem acontecer em um pior cenário.

2. **Listar os motivos da falha:** mapear os possíveis motivos que fariam as falhas identificadas acontecerem.

3. **Consolidar a lista:** priorizar a lista dos principais motivos das falhas.

4. **Revisitar o plano:** criação dos itens de mitigação e eliminação dos motivos das falhas e avaliar se esses itens deverão ser incorporados no *backlog* do produto utilizando a técnica de *backlog* orientada a risco (descrita no Capítulo 4).

## 6.2.2. Spike

Imagine deparar com um projeto que deve ser desenvolvido com uma tecnologia ou arquitetura que nenhum membro da equipe conhece. Ou, então, a organização resolve desenvolver um produto inovador e diferente de seus produtos padrão até o momento. Você está diante de um cenário de alto risco e alta incerteza.

Para cenários onde requisitos, recursos ou tecnologia são desconhecidos ou apresentam muito risco, utiliza-se a técnica de *spike*.

*Spike* é um curto exercício de prova de conceito onde a equipe investiga um problema, risco ou incerteza.

O *spike* pode ser uma *user story* ou mesmo um conjunto de *user stories* de uma determinada iteração. Também pode ser desenvolvido na primeira iteração do projeto para decidir se vale a pena continuar com o projeto ou não. Esse tipo de iteração investigativa inicial também é conhecido como iteração zero e pode ser uma iteração para validação e construção de arquiteturas, ou mesmo formação de equipes.

O grande benefício de utilizar *spikes* é identificar falhas ou inviabilidade do projeto logo no início, garantindo que o orçamento do projeto não seja gasto em fracasso. Esse conceito é conhecido como falha rápida (*fast failure* ou *fails fast* em inglês).

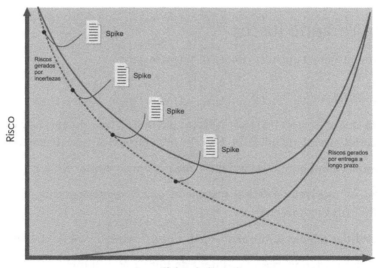

Traduzido e adaptado de Julian Everett: *http://julianeverett.wordpress.com*

## 6.2.3. Gráficos *Burndown* de Riscos

Os gráficos *burndown* de riscos permitem monitorar se os riscos e suas severidades estão aumentando ou diminuindo no decorrer do tempo.

Lembrando que:

**Severidade = Probabilidade de ocorrência do risco x Impacto do risco**

Exemplo:

- Risco identificado = Estabilidade do sistema legado
- Escala de probabilidade e impacto = 1 (baixo) / 2 (médio) / 3 (alto)
- Probabilidade = 2
- Impacto = 3
- Severidade = 3 x 2 = 6

Veja um exemplo de gráfico *burndown* representando a tabela de severidade de riscos a seguir:

| Risco | Severidade em jan. | Severidade em fev. | Severidade em mar. | Severidade em abr. |
|---|---|---|---|---|
| Risco A | 9 | 6 | 3 | 2 |
| Risco B | 3 | 3 | 3 | 3 |
| Risco C | 1 | 0 | 0 | 3 |
| Risco D | 6 | 2 | 9 | 6 |
| Risco E | 4 | 2 | 6 | 4 |

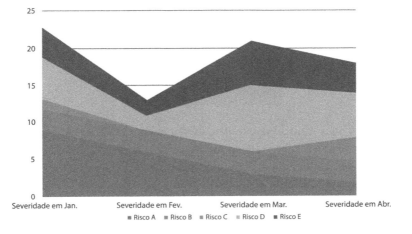

O gráfico *burndown* de riscos deve ser criado no início do projeto (ou mesmo após a execução de um *spike*) e deve ser reavaliado ao final de cada iteração.

## 6.2.4. Resolução de Problemas

Para todo e qualquer tipo de problema no projeto, seja de ordem técnica, de negócio ou pessoal, três passos simples devem ser seguidos para a resolução de problemas:

- **Coletar as informações.** Entender o cenário do problema, coletando a maior quantidade possível de informações.
- **Gerar ideias.** Lançar ideias através de *brainstorming* ou análises de causa-raiz para tentar resolver o problema.
- **Decidir o que fazer buscando metas SMART:**
    - » *Specific* – Específicas, claras, bem definidas.
    - » *Measurable* – Mensuráveis.
    - » *Attainable* – Atingíveis, realistas.
    - » *Relevant* – Relevante perante o problema discutido.
    - » *Timely* – Deve ser implementada em tempo determinado.

Para o exame, algo muito importante que deve ser enfatizado é que, durante uma resolução de problemas, a equipe não pode ter receio de talvez não determinar a melhor solução para o problema. Lembre-se sempre de que o ambiente de uma equipe ágil deve ser livre para experimentações e melhoria contínua, sem punições.

## 6.3. Monitorando o Fluxo

Falarei sobre como identificar se o fluxo de trabalho está adequado e quais ações de controle devem ser tomadas caso não esteja.

### 6.3.1. *Kanban*/Quadro de Tarefas

O *Kanban* também serve como ferramenta de monitoramento, identificando se as tarefas demandadas estão seguindo um fluxo adequado ou não.

Embora seja possível identificar possíveis gargalos no fluxo através de gestão visual, muitas vezes serão necessárias métricas para avaliar a eficiência do fluxo e identificar os reais gargalos. Nos tópicos seguintes serão abordadas algumas técnicas para metrificar o fluxo.

### 6.3.2. Diagrama de Fluxo Cumulativo (CFD – *Cumulative Flow Diagram*)

Elaborar diagramas de fluxo cumulativos é uma técnica utilizada para monitorar processos e identificar possíveis problemas, gargalos e datas de finalização.

Analisando o exemplo a seguir:

▸▸ Quadro *Kanban* possui 20 requisitos na etapa "A fazer".

▸▸ Cada desenvolvedor normalmente leva um dia para finalizar o desenvolvimento de quatro requisitos e disponibilizá-los para o testador.

▸▸ O testador normalmente leva dois dias para testar esses dois requisitos, sendo um requisito concluído por dia.

Tem-se a seguinte evolução:

| | A fazer | Em desenvolvimento (4) | Aguardando passagem para testador | Testar (2) | Concluído |
|---|---|---|---|---|---|
| Início do dia 1 | 16 | 4 | 0 | 0 | 0 |
| Final do dia 1 | 16 | 0 | 4 | 0 | 0 |
| Início do dia 2 | 12 | 4 | 2 | 2 | 0 |
| Final do dia 2 | 12 | 0 | 6 | 1 | 1 |
| Início do dia 3 | 8 | 4 | 5 | 2 | 1 |
| Final do dia 3 | 8 | 0 | 9 | 1 | 2 |
| Início do dia 4 | 4 | 4 | 8 | 2 | 2 |
| Final do dia 4 | 4 | 0 | 12 | 1 | 3 |
| Início do dia 5 | 0 | 4 | 11 | 2 | 3 |
| Final do dia 5 | 0 | 0 | 15 | 1 | 4 |

Representada pelo seguinte diagrama:

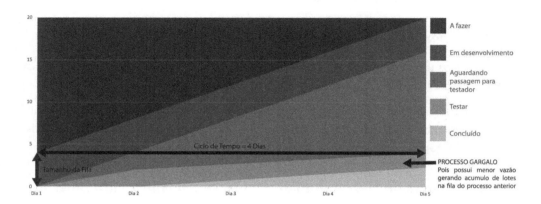

Repare, no gráfico anterior, que o processo gargalo do fluxo (testar) representa a área com a menor espessura, logo abaixo de um processo cuja fila/WIP cresce cada vez mais. O gráfico corrobora a Lei de *Little*, que diz que a duração de uma fila é diretamente proporcional ao seu tamanho.

> ***Atenção!*** Ao deparar com esse tipo de gráfico no exame, entenda que o processo gargalo é a área com a menor espessura, logo abaixo da área com espessura (fila/WIP) cada vez maior.

Perceba que o processo "Testar" é uma restrição do fluxo; logo, precisamos adequá-lo de acordo com a restrição identificada seguindo as Cinco Etapas de Foco da Teoria das Restrições de Eliyahu M. Goldratt:

1. Identificar a restrição.
2. Explorar a restrição.
3. Subordinar todos os outros processos para explorar a restrição.
4. Elevar a restrição caso mais capacidade seja necessária para atender à demanda.
5. Se a restrição for "quebrada", ou seja, elevada a um ponto onde ela deixa de ser o fator limitante do fluxo, voltar para a etapa 1, mas não permitir que a inércia crie uma restrição no fluxo.

## Monitorando e Controlando Projetos Ágeis

Neste caso podemos ajustar a restrição das seguintes maneiras:

▶▶ Aumentando a capacidade de vazão do processo "Testar", consequentemente reduzindo o ciclo de tempo do fluxo:

|  | A fazer | Em desenvolvimento (4) | Aguardando passagem para testador | Testar (2) | Concluído |
|---|---|---|---|---|---|
| Início do dia 1 | 16 | 4 | 0 | 0 | 0 |
| Final do dia 1 | 16 | 0 | 4 | 0 | 0 |
| Início do dia 2 | 12 | 4 | 2 | 2 | 0 |
| Final do dia 2 | 12 | 0 | 6 | 0 | 2 |
| Início do dia 3 | 8 | 4 | 4 | 2 | 2 |
| Final do dia 3 | 8 | 0 | 8 | 0 | 4 |
| Início do dia 4 | 4 | 4 | 6 | 2 | 4 |
| Final do dia 4 | 4 | 0 | 10 | 0 | 6 |
| Início do dia 5 | 0 | 4 | 8 | 2 | 6 |
| Final do dia 5 | 0 | 0 | 12 | 0 | 8 |

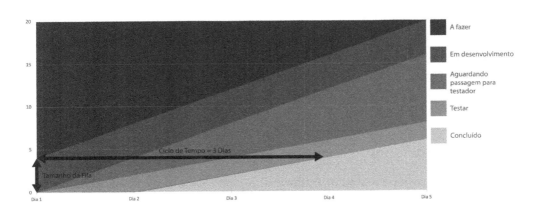

▶▶ Limitando o WIP do processo "Em desenvolvimento", consequentemente diminuindo o ciclo de tempo do fluxo.

# 160 Gerenciamento Ágil de Projetos

|  | A fazer | Em desenvolvimento (2) | Aguardando passagem para testador | Testar (2) | Concluído |
|---|---|---|---|---|---|
| Início do dia 1 | 18 | 2 | 0 | 0 | 0 |
| Final do dia 1 | 18 | 0 | 2 | 0 | 0 |
| Início do dia 2 | 16 | 2 | 0 | 2 | 0 |
| Final do dia 2 | 16 | 0 | 2 | 1 | 1 |
| Início do dia 3 | 14 | 2 | 1 | 2 | 1 |
| Final do dia 3 | 14 | 0 | 3 | 1 | 2 |
| Início do dia 4 | 12 | 2 | 2 | 2 | 2 |
| Final do dia 4 | 12 | 0 | 4 | 1 | 3 |
| Início do dia 5 | 10 | 2 | 3 | 2 | 3 |
| Final do dia 5 | 10 | 0 | 5 | 1 | 4 |

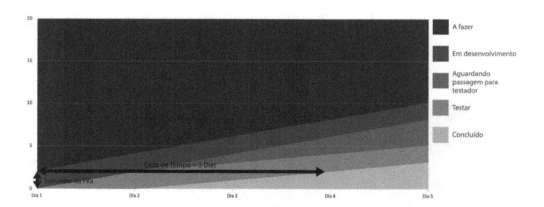

## 6.3.3. Ciclo de Tempo

Ciclo de tempo representa a quantidade de tempo (horas/dias/meses) necessária para um determinado processo ser finalizado.

É um conceito totalmente vinculado ao WIP (*Work In Progress*), pois representa a quantidade de tempo gasto para esvaziar uma fila de trabalho limitada pelo WIP.

Para um melhor entendimento, descrevo a fórmula para cálculo do ciclo de tempo:

**Ciclo de tempo = WIP / Rendimento**

Exemplo:

O processo de desenvolvimento de software de um projeto está limitado a 50 *user stories* por vez. A equipe de desenvolvimento finaliza dez *user stories* por dia. Qual é o ciclo de tempo do processo de desenvolvimento?

Ciclo de tempo = 50 (quantidade máxima de *user stories* que podem ser desenvolvidas simultaneamente) / 10 (quantidade de *user stories* finalizadas por dia) = 5 dias.

Isso quer dizer que um ciclo de desenvolvimento de 50 *user stories* é finalizado a cada 5 dias.

Os métodos ágeis têm como meta minimizar o ciclo de tempo dos processos. A seguir, um exemplo de otimização no caso descrito anteriormente.

Vamos limitar o WIP a 36 *user stories*, fazendo com que a produtividade da equipe aumente e a equipe passe a entregar 12 *user stories* por dia. Repare que o ciclo de tempo diminuiu dois dias:

$$\text{Ciclo de tempo} = 36 / 12 = 3 \text{ dias}$$

E a produtividade da equipe aumentou em 20%:

$$\text{Aumento no rendimento} = 12 - 10 = 2$$

$$\text{Percentual de aumento no rendimento} = 2 / 10 = 20\%$$

# 6.4. Gerenciando e Controlando a Qualidade

Abordarei as ferramentas, técnicas e práticas de qualidade que podem ser utilizadas em projetos ágeis para garantir uma entrega de valor e qualidade.

## 6.4.1. Defeitos

Os defeitos são os problemas que não são detectados durante os processos de testes e validação, e são constatados quando o produto já está sendo usado pelo cliente.

As causas para o defeito são diversas: poucos testes, testes inadequados, mau planejamento, critérios de aceitação mal definidos, etc.

Os defeitos também podem ser chamados de débito técnico.

O custo da mudança para a correção de defeitos é o mais caro, pois significa retrabalho e atraso na entrega dos demais requisitos, uma vez que a correção do defeito é prioritária. Pode ser necessário revisar o planejamento ou mesmo refazê-lo, dependendo do tipo de problema encontrado, além de gerar desgaste e perda de credibilidade perante o cliente.

É de extrema importância que a equipe monitore os defeitos através de algum tipo de métrica (dias, semanas, meses, iterações e *releases*) e trabalhe sempre para evitá-los ao máximo.

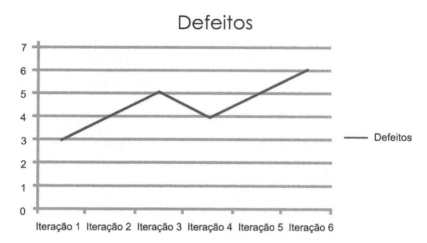

Traduzido e adaptado de Managing Americans: *www.managingamericans.com*

"Mas, Vitor, como evitar defeitos?"

Fazendo um bom uso do gerenciamento da qualidade em seus projetos.

## 6.4.2. Gerenciamento da Qualidade

O gerenciamento da qualidade é uma área de conhecimento descrita no *PMBOK® Guide* que incentiva o uso de padrões e práticas nos processos e no produto, visando atingir um alto grau de qualidade no projeto.

Padrões e práticas de qualidade incluem:

- **Medir qualidade do produto pela quantidade de testes e pela aceitação do cliente.** Mais que atingir a tríade escopo-prazo-custo, produto bom é aquele que atinge as necessidades e expectativas do cliente. Lembre-se de que o produto do projeto será utilizado pelo cliente e não pela equipe do projeto.

- **Automatizar quantos testes forem possíveis.** Caso as características do seu projeto permitam a automatização dos testes, faça-o! Isso evita esquecimentos e testes viciados.

- **Garantir que testes ocorram em toda iteração.** Não entre na pressão de alguns projetos onde os testes acabam ficando em segundo plano ou até mesmo sendo deixados de lado. A falta de testes implica em risco de defeitos.

## Monitorando e Controlando Projetos Ágeis   163

▶▶ **Encorajar a área de garantia da qualidade a trabalhar com a equipe e as áreas de negócio para entender os critérios de aceitação de cada funcionalidade.** Se sua organização possui uma área de garantia de qualidade, procure envolvê-la no projeto. Quanto mais pessoas atestando a qualidade dos processos e do produto gerado, mais bem-sucedido será o seu projeto.

▶▶ **Classificar defeitos como consertados somente após a aprovação do cliente.** A correção do defeito não deixa de ser um requisito do projeto e também deve possuir um critério de aceitação definido pelo cliente.

▶▶ **Utilizar métricas de defeito.** Conforme mencionado antes, é importante monitorar os defeitos por algum tipo de métrica (dias, semanas, meses, iterações e *releases*).

▶▶ **Realizar análise de variação e tendências.** Manter atenção constante aos gráficos *burnup*, *burndown*, diagramas de fluxo, gráficos de velocidade, defeitos e entender a saúde do projeto até o momento e quais as tendências.

▶▶ **Realizar análise de causa-raiz.** Muito mais importante do que identificar e corrigir desvios, problemas ou defeitos gerados pelo projeto, é necessário garantir a atuação efetiva na causa-raiz para eliminar o problema de forma definitiva. Ferramentas e técnicas de gerenciamento da qualidade descritas no *PMBOK® Guide* podem ajudar, como: diagrama espinha-de-peixe, gráfico de Pareto, fluxograma, limites de controle, entre outros.

## 6.4.3. Fator Humano

Projetos são conduzidos por pessoas, e pessoas são seres espetacularmente complexos.

Práticas e padrões de qualidade são muito importantes em um projeto, porém devem ser previstos possíveis problemas derivados de aspectos comportamentais que podem impactar os processos e o desempenho do projeto.

Possíveis aspectos comportamentais:

▶▶ **Cometer enganos.** As pessoas não são assertivas 100% do tempo e estão sujeitas a enganos, ou mesmo a tomadas de decisões que não são as ideais para o projeto.

▶▶ **Conservadorismo.** Pessoas que trabalham da mesma maneira há anos e possuem grande resistência às mudanças. Em um projeto de inovação tecnológica ou mesmo utilizando uma abordagem diferente dos projetos anteriores, esse tipo de comportamento pode impactar o andamento do projeto.

## 164 Gerenciamento Ágil de Projetos

▶▶ **Inventar mais que pesquisar.** Costumo chamar de "síndrome de professor Pardal"! Trata-se de reinventar a roda! Não utilizar soluções prontas ou aderentes ao projeto e começar tudo do zero.

▶▶ **Força do hábito.** "Por que você executa tal processo dessa forma? Desse outro jeito não seria bem mais fácil?". "Desde que eu entrei na empresa me falaram para fazer desse jeito. É mais trabalhoso, mas já estou acostumado. Força do hábito". Entendeu a situação?

▶▶ **Ser inconsistente.** Pessoas que mudam constantemente de opinião podem trazer sérias dificuldades ao projeto, principalmente se estiverem em papéis de liderança.

O que pode ser feito para evitar ou minimizar os impactos do fator humano nos projetos:

▶▶ Observar e revisar coisas que não vão bem.

▶▶ Ter disponibilidade para aprender.

▶▶ Ser maleável.

▶▶ Deixar o orgulho de lado e estar disposto a mudar.

▶▶ Equilibrar disciplina e tolerância.

▶▶ Saber escutar.

▶▶ Dar *feedback* aos demais membros da equipe do projeto.

### 6.4.4. Análise de Variações e Tendências

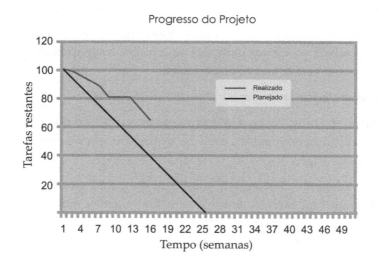

# Monitorando e Controlando Projetos Ágeis    165

Conforme abordado nos tópicos anteriores, existem diversas ferramentas e técnicas para o monitoramento de projetos ágeis.

O monitoramento do projeto permite identificar se o que foi realizado está dentro do planejamento previsto e quais as tendências do projeto, caso ele mantenha o ritmo atual.

Se forem identificados desvios entre o planejado e o realizado, é necessário identificar se a origem dos desvios é uma causa comum ou uma causa especial.

- ▶▶ Exemplo de causa comum: a velocidade da equipe baixou de 50 para 48 na última iteração.

- ▶▶ Exemplo de causa especial: a velocidade da equipe baixou de 50 para 20 na última iteração.

Variações derivadas de causas comuns devem ser aceitas dentro de um projeto.

Variações derivadas de causas especiais devem ser analisadas com mais cuidado.

Uma vez identificada uma variação derivada de causa especial, entenda como resolver a causa-raiz da variação e analise as tendências do projeto. Não gaste energia revisando dados do passado ou buscando culpados pela variação!

> *Atenção!* Para o exame, entenda que você não deve gastar energia em rastrear ou aplicar pontos de controle em variações derivadas de causas comuns. Simplesmente aceite como algo normal de acontecer.

> *Atenção!* Para o exame, entenda que identificar as tendências do projeto (*leading*) é mais importante do que gastar tempo analisando dados atuais (*lagging*).

## 6.4.5. Limites de Controle

Trata-se da mesma técnica utilizada no gerenciamento da qualidade descrito no *PMBOK® Guide*.

Os limites de controle podem ser utilizados para monitorar velocidade, defeitos ou alguma característica do produto ou processo que precisa ter sua estabilidade medida.

Basicamente, estabelecem-se um valor médio para a métrica e limites de tolerância acima e abaixo do valor médio.

# 166 Gerenciamento Ágil de Projetos

Exemplo:

A velocidade média da equipe é de 40 *story points* por iteração, e a equipe determinou que variações de até 20 *story points* serão consideradas derivadas de causa comum, ou seja, a velocidade da equipe poderá variar de 20 a 60 *story points* por iteração. Velocidades abaixo de 20 ou acima de 60 *story points* serão consideradas variações derivadas de causa especial ou fora de controle e deverão ser analisadas pela equipe.

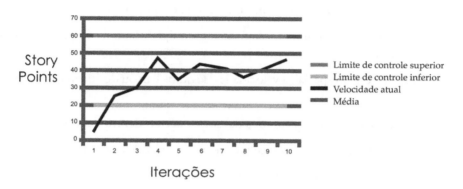

## 6.4.6. Integração Contínua

Integração contínua é um processo de desenvolvimento de software conhecido pela sua utilização no *Extreme Programming* (XP).

Este processo consiste na utilização de ferramentas automatizadas para integrar o código do desenvolvedor em um único repositório, identificando possíveis defeitos ou problemas na compilação.

Veja mais detalhes do fluxo da integração contínua na figura a seguir:

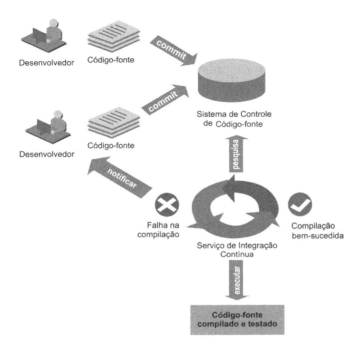

## 6.4.7. Desenvolvimento Orientado a Testes (TDD – *Test-Driven Development*)

O desenvolvimento orientado a testes é uma técnica da indústria de desenvolvimento de software utilizada para garantir qualidade e minimizar o risco de embutir defeitos ou *bugs* no produto.

Essa técnica foi criada por Kent Beck e consiste de cinco passos:

1. **Escrever o teste antes de escrever o código.** Analisar a *user story* a ser desenvolvida e documentar os testes unitários a serem realizados em um *framework* adequado.

2. **Executar o teste, que deve falhar.** Uma vez que o código não foi desenvolvido, o teste irá falhar e o desenvolvedor terá a garantia de que nenhum outro código faz seu teste passar. Se o teste passar, significa que já existe código desenvolvido que contemple a situação a ser testada.

3. **Escrever o código.** Escrever o código necessário para fazer o teste passar.

4. **Executar o teste novamente, que deve passar.** Se o teste passar após o novo código, você terá a garantia de que o teste passou devido ao seu código. Se o teste não passar, você deve voltar para a etapa anterior e corrigir o código.

5. **Refatorar o código.** Tornar o código mais elegante, eliminando redundâncias e tornando-o de fácil manutenção.

Esses passos são conhecidos também como *Red* (teste falhando), *Green* (teste passando) e *Clean* (refatoração do código).

"Vitor, qual é a vantagem de usar essa técnica?"

Você inverte a forma de pensar. Geralmente o desenvolvedor faz o código primeiro e depois testa. Nesse tipo de cenário existem dois riscos:

▸▸ Efetuar um teste viciado.

▸▸ O teste já funcionava antes do código e foi escrito um código desnecessário.

Desenvolvimento orientado a testes (TDD)

## 6.4.8. Desenvolvimento Orientado a Testes de Aceitação (ATDD – *Acceptance Test-Driven Development*)

O desenvolvimento orientado a testes de aceitação é uma técnica que deve ser utilizada levando em consideração o ponto de vista do cliente.

Diferente do TDD, onde o foco são os testes unitários, no ATDD o foco são as necessidades de negócio.

Esta técnica foi criada por Elisabeth Hendrickson, Grigori Melnick, Brian Marick e Jim Shore e consiste de quatro passos:

1. **Coletar os critérios de aceitação do cliente na reunião de planejamento da iteração.** Para cada requisito ou *user story* definido, o cliente deve estabelecer os critérios de aceitação.

# Monitorando e Controlando Projetos Ágeis

2. **Documentar os testes de aceitação em um *framework*.** Utilizar *frameworks* amigáveis como FIT (*Framework for Integrating Testing*) para documentar os testes de aceitação.

3. **Desenvolver o código usando TDD.** Os desenvolvedores escrevem os testes unitários e seguem o fluxo descrito no tópico anterior.

4. **Demonstração do produto verificando se os critérios de aceitação foram atendidos.** Na revisão da iteração, o cliente validará se os requisitos do produto estão de acordo com os critérios de aceitação e livres de defeitos e *bugs*, que deveriam ter sido identificados no processo de TDD.

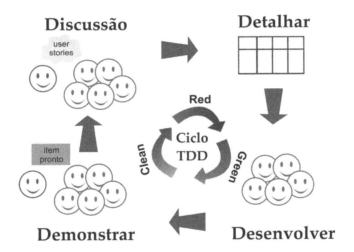

Ciclo de desenvolvimento orientado a teste de aceitação (ATDD)

Traduzido e adaptado de *Quality Tree Software*

### 6.4.9. Verificação e Validação Frequentes

Com verificações e validações frequentes, checar se o projeto está progredindo como deveria.

"Mas, Vitor, qual é a diferença entre verificação e validação?"

Simples: verificação está relacionada ao processo e validação, relacionada ao projeto.

Com relação à verificação, deve-se analisar se estão sendo efetuados os devidos testes unitários e integrados, provas de conceito ou se a integração contínua está surtindo resultado.

Com relação à validação, é necessário garantir que o cliente faça os devidos testes de aceitação e analise os protótipos disponibilizados ou os modelos desenvolvidos.

Lembrando que, se durante as validações e verificações for identificado que as expectativas do projeto não estão sendo atingidas, deve-se partir para uma solução definitiva, mesmo que essa solução seja diferente dos requisitos originais.

## 6.5. Validando o Escopo

Como validar o escopo se toda iteração está gerando um incremento de produto aderente à definição de pronto?

## 6.5.1. Revisão da Iteração

Ao término de cada iteração a equipe do projeto deverá demonstrar o incremento do produto para o cliente e as partes interessadas.

O cliente deverá verificar se todas as *user stories* ou requisitos atendem aos critérios de aceitação definidos e se a definição de pronto (*Done*) está acordada.

Os requisitos ou *user stories* não aprovados pelo cliente (*Undone*) deverão retornar ao *backlog* do produto, para ser replanejados e repriorizados nas iterações seguintes.

Essa reunião permite obter *feedback* para possíveis melhorias ou adaptações identificadas pelo cliente ou pelas partes interessadas. O cliente também deve incluir essas melhorias ou adaptações no *backlog* do produto.

> ***Atenção!*** No exame, a palavra revisão pode ser substituída por "demonstração" ou "demo".
>
> Lembrando que para medir a velocidade da iteração só deverão ser considerados os itens aprovados pelo cliente (*Done*).

## 172 Gerenciamento Ágil de Projetos

# 6.6. Revisão

Momento para a mais uma revisão!

Sua meta deve ser acertar no mínimo 13 questões!

Boa sorte!

1. **Qual das seguintes ferramentas a equipe pode usar durante a iteração para acompanhar o trabalho?**

   A. *Product backlog.*
   B. Gráfico *burnup.*
   C. Quadro de tarefas.
   D. Gráfico de Gantt.

2. **Se o valor planejado é 200, o custo real é 190 e o valor agregado é 180, o que isso significa?**

   A. Projeto está atrasado e dentro do orçamento.
   B. Projeto está atrasado e acima do orçamento.
   C. Projeto está adiantado e acima do orçamento.
   D. Projeto está adiantado e dentro do orçamento.

3. **Qual das seguintes opções é uma premissa ao usar o gerenciamento ágil de valor agregado?**

   A. O projeto é medido em nível *release*, e não na iteração ou em nível de produto.
   B. Medir o progresso no final de cada iteração, quando o esforço e o custo real são conhecidos.
   C. Funcionalidade "feita" é entregue ao fim de cada iteração.
   D. Todas as alternativas anteriores.

4. **Qual das seguintes opções não é verdadeira sobre gráficos *burnup* e *burndown*?**

   A. Gráficos *burnup* podem ser convertidos em diagramas de fluxo cumulativos com WIP.
   B. Gráficos *burndown* podem ser usados para prever a data de conclusão do projeto.
   C. Gráficos *burndown* claramente demonstram se as variações do projeto devem-se à alteração de escopo ou à variação de velocidade.
   D. Gráficos *burnup* possuem duas linhas, uma mostra o progresso e a outra mostra se houve mudanças de escopo.

5. **Quais são os eixos horizontal e vertical de um gráfico *burndown* de *release*?**

   A. Horizontal – iterações, vertical – pontos.
   B. Horizontal – *releases*, vertical – pontos.

# Monitorando e Controlando Projetos Ágeis 173

C. Horizontal – *releases*, vertical – funcionalidades.

D. Horizontal – iterações, vertical – funcionalidades.

**6. Quem especifica testes de aceitação em projetos ágeis?**

A. Gerente de testes.

B. Cliente.

C. Desenvolvedor.

D. Gerente de produto.

**7. Apesar de todo o planejamento, existem projetos que às vezes podem falhar por questões básicas. Exemplo: uma ideia ruim de produto ou problemas com a capacidade da equipe. Como a abordagem ágil ajuda a solucionar essas deficiências?**

A. Falha lenta.

B. Nunca falha.

C. Falha rápida.

D. Não ajuda, pois é tão boa quanto qualquer outra abordagem.

**8. Tarefas como a criação do ambiente de desenvolvimento, análise das necessidades arquitetônicas e formação da equipe do projeto são geralmente parte de:**

A. Iteração planejada.

B. Iteração 1.

C. Iteração 0.

D. Nenhuma das anteriores.

**9. Durante reunião de planejamento da iteração, a equipe notou que uma das *user stories* é bastante complexa e requer o uso de alguns recursos técnicos que ninguém na equipe usou anteriormente. O que você sugere para a equipe fazer nessa situação?**

A. Recomendar ao *Product Owner* a remoção dessa arriscada *user story* do *backlog* do produto.

B. Adicionar uma *user story* investigativa no *backlog* e desenvolvê-la na mesma iteração da *user story* complexa.

C. Divida a *user story* complexa em várias histórias pequenas para reduzir o risco.

D. Desenvolver uma *user story* investigativa em uma iteração e a *user story* complexa na iteração seguinte.

**10. Um *spike* é melhor descrito como:**

A. Breve período de aprendizagem.

B. Um aumento repentino na produtividade da equipe.

C. Um aumento repentino nos defeitos.

D. Tendência de crescimento no gráfico *burndown* devido à adição de escopo.

# 174  Gerenciamento Ágil de Projetos

11. **No desenvolvimento de software, o processo de integração frequente de código novo e alterado é conhecido como:**

   A. Continuidade na integração.
   B. Integração contínua.
   C. Controle integrado.
   D. Integrações constantes.

12. **Você é membro de uma equipe de um projeto de desenvolvimento de software e foi convidado a acompanhar um processo de desenvolvimento orientado a testes. A sequência de atividades que você irá observar é:**

   A. Escrever código, escrever teste e refatorar.
   B. Escrever teste, refatorar e escrever código.
   C. Escrever teste, escrever código e refatorar.
   D. Escrever código, refatorar, teste de gravação.

13. **Ao resolver problemas em um ambiente de equipe, as metas para a resolução de problemas deve ser SMART. As características das metas SMART são:**

   A. Simples, comercializável, atingível, tolerante ao risco, tempo determinado.
   B. Simples, maleável, atingível, relevante, testável.
   C. Específico, mensurável, atribuível, relevante, testável.
   D. Específico, mensurável, atingível, relevante, tempo determinado.

14. **Você está gerenciando um projeto ágil e identificou pequenas quantidades de variação na duração das tarefas. Você deve:**

   A. Realizar análise de causa-raiz para eliminá-la.
   B. Envolver a equipe no diagnóstico do problema.
   C. Diagnosticar o problema como parte de seu papel de líder.
   D. Aceitar alguma variação como algo inevitável.

15. **Qual das seguintes opções não é uma forma de validação e verificação frequente?**

   A. Programação em par.
   B. Testes unitários.
   C. Revisão da iteração.
   D. Planejamento da iteração.

---

Todas as questões foram traduzidas e adaptadas de Whizlabs: **www.whizlabs.com**

# 6.7. Respostas

### 1. C

O objetivo do uso do quadro de tarefas ou *Kanban* é gerenciar o fluxo de trabalho.

### 2. B

Calculando a variação de desempenho do cronograma e custos:

PV (Valor Planejado) = 200

AC (Custos Atuais) = 190

EV (Valor Agregado) = 180

SPV = EV – PV = 180 – 200 = -20

CPV = EV – AC = 180 – 190 = -10

Como os dois índices de variação são negativos, concluímos que o projeto está atrasado e acima do orçamento.

### 3. D

Todas as opções são premissas para o gerenciamento ágil do valor agregado.

### 4. C

Gráficos *burnup* e *burndown* identificam variações, mas não a causa.

### 5. A

Na vertical lista-se o esforço restante e na horizontal lista-se a linha do tempo.

No caso de um *release*, o esforço restante é medido através das iterações que compõem um *release*.

### 6. B

Os testes de aceitação são sempre definidos pelo cliente.

### 7. C

As abordagens ágeis ajudam a identificar riscos ou problemas logo no início do projeto, podendo identificar a inviabilidade de prosseguir com o projeto.

# 176    Gerenciamento Ágil de Projetos

**8. C**

A iteração experimental antes de começar o projeto é chamada de iteração 0.

**9. D**

Repare que a questão fala de um cenário desconhecido pela equipe, então o ideal é entender a complexidade através de iteração investigativa (*spike*) e na iteração seguinte desenvolver a *user story* utilizando o conhecimento adquirido na iteração investigativa.

**10. A**

*Spike* é um experimento realizado em curto prazo.

**11. B**

Integração contínua é a prática do *Extreme Programming* (XP) para integração de código desenvolvido.

**12. C**

O fluxo do desenvolvimento orientado a teste é: escrever teste, executar teste que deve falhar, escrever código, executar teste novamente que deve passar e refatorar.

**13. D**

>> *Specific* – Específica, clara, bem definida.

>> *Measurable* – Mensurável.

>> *Attainable* – Atingível, realista.

>> *Relevant* – Relevante perante o problema discutido.

>> *Timely* – Deve ser implementada em tempo determinado.

**14. D**

O termo-chave da questão é "pequenas quantidades de variação"; logo, deve ser considerada uma causa comum e aceita como algo inevitável no projeto.

**15. D**

É a execução do planejamento, que gera o incremento do produto do projeto, que deve sofrer validações e verificações frequentes, e não o planejamento.

## 6.8. Simuladão

Momento para mais um simulado! Mas atenção, porque este simulado possui bastante questões.

Sua meta nessa revisão deve ser acertar no mínimo 50 questões em 75 minutos!

Cronometre seu tempo e evite consultar! Encare como uma prévia para o exame!

Boa sorte!

1. **Técnicas de facilitação ajudam na colaboração efetiva e na compreensão. Qual das opções a seguir não pode ser considerada uma técnica de facilitação?**

   A. *Brainstorming*.
   B. *Planning poker*.
   C. Revisão da iteração.
   D. Horas ideais.

2. **Quais das seguintes práticas são as minimamente essenciais para o gerenciamento de projetos ágeis?**

   A. Planejamento de *releases* com suas iterações, retrospectivas para melhorar o produto e os processos, iterações guiadas pelas maiores prioridades do cliente.
   B. Espaço da equipe, visão do produto, planejamento, entrega e contínuos testes de aceitação do cliente.
   C. Entregas iterativas e com tempo delimitado das maiores prioridades do cliente, revisões, conhecimento compartilhado, equipes auto-organizadas e lições aprendidas.
   D. Equipes colaborativas, envolvimento do cliente, retrospectivas e planejamento de iteração para fornecer resultados em tempo hábil.

3. **Ao migrar de métodos tradicionais de desenvolvimento para métodos ágeis, as organizações podem enfrentar resistência. Uma forma de atenuar isso e aumentar a adoção dos métodos ágeis seria que os executivos discutissem:**

   A. Com os membros seniores da equipe sobre a vantagem de um processo ágil e como ele irá beneficiar a organização.
   B. Em termos de aumento da satisfação das partes interessadas, adaptabilidade a mudanças, entregas mais rápidas, propriedade da equipe sobre as saídas do trabalho.
   C. Com todos os funcionários em um fórum com toda a empresa e solicitar o seu voto sobre o uso desses métodos alternativos.
   D. Entre si para ver se os novos métodos têm evidência empírica para apoiar a reivindicação de um melhor sucesso do projeto.

**178   Gerenciamento Ágil de Projetos**

4.  **Qual das opções é uma característica predominante em um *coach* ágil?**

    A. Não motiva a equipe.
    B. Corre riscos junto com a equipe.
    C. Incapaz de cultivar a curiosidade.
    D. Cuida mais do produto e menos das pessoas.

5.  **Qual é a primeira execução do desenvolvimento orientado a testes?**

    A. *User story*.
    B. Projeto.
    C. Código.
    D. Teste unitário.

6.  **Você pode explicar para seu cliente qual das opções a seguir não faz parte do desenvolvimento orientado a testes?**

    A. Risco de erros embutidos no código é tratado o mais cedo possível.
    B. Dificilmente fornecer alguma confiança ao alterar o código.
    C. Fornecer *feedback* para a equipe de desenvolvimento.
    D. Código desenvolvido de forma incremental é testado.

7.  **O propósito de uma *daily stand-up* é:**

    A. Certificar-se de que os membros da equipe regularmente pratiquem exercícios em pé.
    B. Compreender o progresso da equipe, planejar o dia de trabalho e avaliar os riscos.
    C. Planejar a iteração com os membros da equipe disponíveis.
    D. Realizar análises e resolver problemas.

8.  **Defina ciclo de tempo:**

    A. Quantidade de tempo necessário para os membros da equipe obterem resolução de problemas durante as reuniões.
    B. Trata-se do tempo gasto para desenvolver uma funcionalidade para o produto final.
    C. É a diferença entre a data de início e a data final de um trabalho, tarefa ou *user story*.
    D. É a diferença entre a data de início e data final do projeto.

9.  **Qual das opções a seguir é um indicador de que o gerenciamento da qualidade não cumpriu seus objetivos?**

    A. Aumento da velocidade da equipe e diminuição do número de defeitos.
    B. Aumento do número de iterações com um aumento na cooperação da equipe.

## Monitorando e Controlando Projetos Ágeis    179

    C. Aumento do débito técnico e diminuição da produtividade da equipe.

    D. Aumento da produtividade da equipe e aumento do número de funcionalidades entregues.

**10. A reunião de *stand-up* de 15 minutos é eficaz quando:**

    A. As discussões estão centradas na resolução de problemas.

    B. Membros da equipe saem com itens de ação.

    C. Uma análise detalhada dos riscos do projeto é realizada.

    D. Uma análise do trabalho do projeto entregue é discutida.

**11. O gerenciamento ágil de valor agregado mede o desempenho em qual nível?**

    A. Diário.

    B. Iteração.

    C. Produto.

    D. *Release.*

**12. O gerenciamento do valor agregado integra quais componentes?**

    A. Escopo, tempo e custo.

    B. Qualidade, riscos e recursos.

    C. Escopo, tempo e risco.

    D. Recursos, custo e escopo.

**13. Você pode calcular a velocidade com base em:**

    A. Horas corridas necessárias para completar uma *user story.*

    B. Horas ideais necessárias para completar uma *user story.*

    C. A data prevista de entrega do produto ao cliente.

    D. Uma fórmula específica para o projeto.

**14. Você tem notado que sua equipe começou a ganhar velocidade de uma iteração para outra. O que isso significa para a conclusão do projeto?**

    A. Menos iterações necessárias.

    B. Maior prazo.

    C. Quantidade de tempo previsto no início do projeto.

    D. Diminuição da motivação da equipe.

**15. Velocidade é utilizada para:**

    A. Estimar prazo.

    B. Julgar produtividade.

    C. Calcular a eficiência da equipe.

    D. Contar quantidade de *user stories* concluídas.

## 180 Gerenciamento Ágil de Projetos

**16. Planejamento de *release* difere de planejamento de iteração em todos os aspectos a seguir, exceto:**

A. Planejamento de *release* fornece uma visão de alto nível, planejamento de iteração entra em detalhes.

B. Um *release* pode contar várias iterações.

C. Plano de *release* determina quantas *user stories* devem ser concluídas, enquanto o plano de iteração indica a provável data de entrega do produto.

D. É recomendado que a reunião de planejamento da iteração tenha a participação do cliente, dos desenvolvedores, dos testadores e de outros membros que trabalham no projeto.

**17. Uma coleção de *user stories* relacionadas é chamada de:**

A. Programa de *user stories*.

B. Complexa.

C. Composto.

D. Tema.

**18. Qual é a vantagem de verificação e validação frequentes?**

A. Gestão de projetos.

B. Gestão de custos.

C. Gestão do tempo.

D. Gestão de riscos.

**19. O que é um *spike*?**

A. Um risco que se manifestou de forma repentina.

B. Um experimento curto e de tempo determinado para gerenciar riscos.

C. Um aumento súbito na motivação da equipe para concluir o trabalho do projeto.

D. Um objeto pontiagudo utilizado para furar.

**20. Por que é importante construir equipes fortalecidas?**

A. Para garantir que os membros da equipe sejam responsabilizados por quaisquer falhas.

B. Para o gerente de projetos ter um controle efetivo sobre a equipe do projeto.

C. Para garantir que a interação com o cliente seja facilitada.

D. Para a equipe determinar o melhor curso de ação para atingir os objetivos do projeto.

# Monitorando e Controlando Projetos Ágeis 181

**21. Qual das opções a seguir não é verdadeira sobre equipes coalocadas?**

A. Possuem uma ciência geral sobre o andamento do projeto.

B. Membros da equipe trabalhando bem próximos.

C. Existe um esforço adicional na comunicação da equipe.

D. Decisões tomadas mais rapidamente.

**22. Você e seu amigo estão em um restaurante almoçando quando você ouve um comentário sobre uma situação de emergência do lado de fora envolvendo a polícia. Agora você entende por que as pessoas estavam deixando suas mesas. Que tipo de mecânica ocorreu nessa situação?**

A. Radiadores de informação.

B. Comunicação osmótica.

C. Transmissão de mensagem.

D. Situação de pânico.

**23. Quais são os fatores que fazem parte do espaço da equipe?**

A. São os fatores que melhoram o conforto e a privacidade do espaço onde a equipe trabalha.

B. São os fatores que melhoram a comunicação e a produtividade no espaço onde a equipe trabalha.

C. São os fatores que impedem a comunicação e a privacidade no espaço onde a equipe trabalha.

D. São os fatores que reduzem o conforto e a produtividade do espaço onde a equipe trabalha.

**24. Qual das opções a seguir não é uma característica de um estilo de liderança adaptativa?**

A. Usar liderança através de imposição.

B. Ter uma atitude proativa.

C. Incorporar pontos de vista diversos e divergentes.

D. Incentivar a inovação em toda a organização.

**25. O que é inteligência emocional?**

A. Trata-se de estar ciente de suas emoções em um ambiente de trabalho.

B. É sobre ser inteligente sobre outras emoções.

C. Trata-se de como a emoção e a inteligência caminham juntos.

D. É sobre como emocionalmente inteligente uma pessoa é.

# 182 Gerenciamento Ágil de Projetos

**26. Qual das opções a seguir representa os três aspectos-chave de uma *user story*?**

   A. Cartões, conversação e encerramento.

   B. Descrição escrita, conversação e critérios de aceitação.

   C. Separação, conversa e confirmação.

   D. Nenhuma das anteriores.

**27. Qual dessas opções não é uma habilidade interpessoal?**

   A. Comunicação.

   B. Liderança.

   C. Conhecimento de gerenciamento de projetos.

   D. Formação de equipe.

**28. Um evento que não fornece *feedback* explícito no ágil é:**

   A. Revisão da iteração.

   B. Programação em par.

   C. Retrospectivas.

   D. Simplicidade.

**29. A finalidade de um gráfico *burndown* de riscos é:**

   A. Fornecer informações se os riscos do projeto estão aumentando ou diminuindo ao longo do tempo.

   B. Fornecer informações se os riscos do projeto estão aumentando ao longo do tempo.

   C. Fornecer informações se os riscos do projeto estão diminuindo ao longo do tempo.

   D. Fornecer informações se os custos do projeto estão aumentando ou diminuindo ao longo do tempo.

**30. Sua solicitação para obter testadores adicionais foi rejeitada pelo gerente funcional. Você tem que continuar o trabalho com a equipe disponível, porém percebeu que há muito trabalho acumulado com a equipe de teste existente. Que sistema que você pode implementar para agilizar o fluxo de trabalho?**

   A. Nenhum, o sistema atual irá se autocorrigir.

   B. Parar de atribuir trabalho à equipe de teste.

   C. Limitar o WIP.

   D. Criar um sistema de *go/no-go*.

# Monitorando e Controlando Projetos Ágeis   183

**31. O objetivo da modelagem ágil é:**

A. Projetar todo o sistema.

B. Obter melhor satisfação do cliente.

C. Começar o trabalho do projeto o mais breve possível.

D. Aprender mais sobre o que está sendo criado.

**32. Projetos ágeis são eficazes e produzem melhores resultados em função de:**

A. Engajamento contínuo do cliente e propriedade compartilhada.

B. Reconhecimento de que as pessoas são as melhores fontes de sucesso.

C. Entregar um conjunto frequente de funcionalidades como critério principal.

D. Contribuição individual e prestação de contas geral do projeto.

**33. Qual é a opção verdadeira sobre um radiador de informação?**

A. É o tempo consumido para manutenção e que deve ser evitado.

B. Fornece facilmente informações necessárias sobre o projeto para as partes interessadas.

C. Requer muito tempo e esforço para a compreensão das informações apresentadas.

D. O *Product Owner* é responsável por manter o radiador de informação atualizado.

**34. Quais são as habilidades necessárias para gerenciar as expectativas das partes interessadas?**

A. Habilidades de gerenciamento de projetos.

B. Habilidades técnicas.

C. Habilidades de comunicação.

D. Habilidades interpessoais.

**35. Qual das opções a seguir não é um critério para gerenciamento das partes interessadas?**

A. Gerenciar as relações com as partes interessadas de forma eficiente.

B. Compreensão das necessidades das partes interessadas.

C. Conhecimentos de gerenciamento de projetos.

D. Um bom conjunto de habilidades interpessoais.

**36. Qual dos seguintes valores do Manifesto Ágil está mais bem relacionado com o conceito de WIP?**

A. Responder às mudanças sobre seguir um plano.

B. Colaboração com o cliente sobre negociação de contratos.

C. Indivíduos e interações sobre processos e ferramentas.

D. Software funcional sobre documentação abrangente.

## 184    Gerenciamento Ágil de Projetos

37. **A área de governança de sua empresa precisa entender como funciona o processo de contrato cliente-fornecedor dentro do método ágil e você tem que dar uma explicação. Qual sentença você usaria para melhor descrever o processo?**

   A. O contrato deve focar na entrega antecipada de escopo que atenda exatamente à especificação original.

   B. O contrato deve permitir repriorização de escopo e atender exatamente à especificação original.

   C. O contrato deve focar na entrega antecipada de escopo e atender ao propósito de negócio do cliente.

   D. O contrato deve permitir repriorização de escopo e atender ao propósito de negócio do cliente.

38. **Qual das opções a seguir não pode ser considerada uma KPI válida?**

   A. Progresso dos trabalhos.

   B. Velocidade da equipe.

   C. Trabalho restante.

   D. Previsão de término.

39. **Qual das opções a seguir melhor descreve o conceito de entregas incrementais no gerenciamento ágil?**

   A. O produto é construído e avaliado em pequenas partes que são priorizadas e selecionadas pela equipe de desenvolvimento.

   B. O produto é construído e avaliado em pequenas partes acordadas que, ao final do projeto, compõem o produto final, incluindo o processo de operação necessária para o produto após a entrega.

   C. O produto é construído e avaliado em pequenas partes acordadas que, ao final do projeto, compõem o produto final, excluindo as mudanças acordadas durante o projeto.

   D. O produto é construído e avaliado em pequenas partes acordadas que, ao final do projeto, compõem o produto final, incluindo as mudanças acordadas durante o projeto.

40. **Qual afirmativa a seguir está corretamente relacionada com a Lei de *Little*?**

   A. WIP se refere à duração do trabalho de uma fila.

   B. Ciclo de tempo se refere à quantidade de trabalhos de uma fila.

   C. A duração de uma fila está diretamente relacionada ao tamanho dessa fila.

   D. A duração de uma fila permite determinar o prazo previsto de conclusão do projeto.

## Monitorando e Controlando Projetos Ágeis 185

**41. Qual a relação entre risco e entrega de valor?**

A. Risco pode prejudicar a entrega de valor.

B. Risco negativo pode prejudicar a entrega de valor.

C. Risco é uma parte inerente à entrega de valor.

D. O risco aumenta conforme a entrega de valor diminui.

**42. Quais das opções a seguir reflete um exemplo de comunicação com "via de mão dupla"?**

A. A equipe de desenvolvimento discute algumas preocupações, ideias e riscos diretamente com o cliente.

B. Compartilhar conhecimento da forma mais abrangente possível.

C. Informar o progresso do projeto para as partes interessadas.

D. Solicitar que o gerente de projetos convoque o cliente para uma reunião de riscos.

**43. Qual das opções a seguir demonstra a relação correta do quadrante de inteligência emocional?**

A. Avaliação social se relaciona com empatia.

B. Autoavaliação se relaciona com autocontrole.

C. Autogestão se relaciona com influência.

D. Habilidades sociais se relacionam com autoconfiança.

**44. Em qual situação podemos fazer um bom uso da técnica de personas?**

A. Quando precisamos entender o objetivo de alto nível de um requisito.

B. Quando estamos discutindo o fluxo de alto nível de um processo.

C. Quando precisamos entender as necessidades de uma parte interessada.

D. Quando precisamos entender as funcionalidades do produto.

**45. Em qual situação podemos fazer um bom uso da técnica de *wireframes*?**

A. Quando precisamos entender o objetivo de alto nível de um requisito.

B. Quando estamos discutindo o fluxo de alto nível de um processo.

C. Quando precisamos entender as necessidades de uma parte interessada.

D. Quando precisamos entender as funcionalidades do produto.

**46. Qual das opções a seguir não é uma vantagem do gerenciamento ágil?**

A. Maior visibilidade no decorrer do projeto.

B. Entrega antecipada de valor.

C. Adaptabilidade durante o planejamento das iterações.

D. Risco reduzido somente na etapa final do projeto.

# 186 Gerenciamento Ágil de Projetos

**47. O golfo de avaliação está relacionado com qual das opções a seguir?**

A. A diferença de conhecimento entre o cliente e a equipe de desenvolvimento.

B. A diferença entre o que o gerente de projetos define e a equipe de desenvolvimento executa.

C. A diferença entre o que o cliente quer e o que ele realmente precisa.

D. A diferença entre o que o cliente espera e o que a equipe de desenvolvimento entrega.

**48. Qual das opções a seguir é verdadeira com relação ao uso da velocidade da equipe como métrica de progresso?**

A. Velocidade considera o trabalho realizado e pode refletir as interrupções durante o projeto.

B. Velocidade não é confiável se existirem reuniões dentro da equipe.

C. Velocidade só pode ser utilizada não existirem mudanças de escopo no projeto.

D. Velocidade só pode ser utilizada quando os membros da equipe trabalham dedicados ao projeto em tempo integral.

**49. Uma equipe ágil é mais efetiva na resolução de problemas quando:**

A. Possui autonomia para resolver os problemas da sua maneira.

B. É motivada por recompensas.

C. Possui permissão para errar, sem medo de punições.

D. Está no estágio de Desempenho.

**50. Qual das opções a seguir não é recomendada no *coaching* individual realizado durante uma iteração?**

A. Não explicar o que deve ser feito, e sim orientar.

B. Deixar a equipe resolver os conflitos.

C. Construir uma parceria com gerentes funcionais.

D. Manter sentimentos pessoais fora do *coaching*.

**51. Qual das opções a seguir está relacionada com o modelo *Shu-Ha-Ri* de aprendizagem?**

A. Equipes ágeis que são empoderadas para tomar suas próprias decisões são mais produtivas.

B. Equipes novatas em métodos ágeis devem seguir um método que já foi testado e validado por outras pessoas/empresas.

C. Equipes novas tendem a passar por uma fase de conflito até chegar ao estágio de alto desempenho.

D. Os líderes devem adaptar seu estilo de liderança de acordo com o perfil da equipe.

Monitorando e Controlando Projetos Ágeis 187

**52.** **Uma líder de uma equipe ágil da sua organização procurou você para solicitar um conselho. Ela está com problemas para conseguir que sua equipe assuma a responsabilidade do projeto e selecione as tarefas como uma equipe auto-organizada. Para resolver o problema, ela própria está tomando as decisões e direcionando as tarefas da equipe. Qual é o melhor conselho que você pode fornecer?**

A. Explicar que as equipes ágeis devem selecionar suas próprias tarefas.
B. Nomear um membro diferente para assumir as tomadas de decisão do dia, antes de cada reunião diária.
C. Reportar a falta de participação e de comprometimento aos gerentes funcionais.
D. Conversar com os gerentes funcionais para alinhar as metas individuais dos membros da equipe com as metas do projeto.

**53.** **O escritório de gerenciamento de projetos está auditando seu projeto ágil e solicita verificar seus planos de iteração detalhados. Você informa que somente as primeiras iterações possuem planos mais detalhados. Como resultado dessa informação, o projeto recebeu ponto crítico de auditoria por possuir planos incompletos. A ação mais apropriada a tomar é:**

A. Explicar os conceitos de planejamento adaptativo como elaboração progressiva.
B. Ignorar o apontamento.
C. Criar os planos detalhados de todas as iterações do projeto.
D. Não utilizar mais uma abordagem ágil nesse projeto para manter a conformidade com a auditoria.

**54.** **Qual das opções a seguir é a melhor abordagem para o planejamento de um projeto ágil?**

A. Planejar utilizando estimativas baseadas em analogia, com o gerente de projetos criando o plano.
B. Planejar em diversas camadas, com o gerente de projetos criando os respectivos planos.
C. Planejar em diversas camadas, com a equipe do projeto criando os respectivos planos.
D. Planejar utilizando estimativas baseadas em analogia, com a equipe criando o plano.

**55.** **Qual abordagem não deve ser utilizada durante o planejamento de uma iteração?**

A. O cliente é responsável pela priorização do *backlog* do produto.
B. A equipe é responsável pelas estimativas.
C. A equipe decompõe *user stories* em tarefas.
D. O gerente de projetos seleciona os itens do *backlog* do produto que devem ser trabalhados.

# 188 Gerenciamento Ágil de Projetos

**56. Uma equipe está completando 40 *story points* a cada iteração de duas semanas. Restam 200 *story points* no *backlog*. Em aproximadamente quantas semanas o *backlog* será concluído?**

A. 2,5.

B. 5.

C. 10.

D. 20.

**57. Você está liderando uma equipe ágil e um dos membros da equipe ficou doente no decorrer de uma iteração. A equipe está mantendo uma velocidade média de 40 *story points* por iteração. Qual é a ação mais apropriada a tomar nesse cenário?**

A. Recomendar que a equipe faça horas extras.

B. Solicitar que o membro doente trabalhe de casa.

C. Participar do desenvolvimento junto com a equipe.

D. Focar em entregar o possível dentro da iteração.

**58. Uma abordagem *kaizen* envolve:**

A. Inciativas de melhoria *top-down*.

B. Interromper o processo para implementar melhorias.

C. Melhorias pequenas e incrementais identificadas e incorporadas pela equipe.

D. Melhorias pequenas e incrementais identificadas e incorporadas por especialistas do processo.

**59. Uma abordagem de modelos híbridos é mais bem utilizada em projetos ágeis quando:**

A. Precisamos correr para atender ao prazo.

B. Precisamos de novos processos para nos mantermos engajados.

C. Temos dificuldades na utilização de uma nova prática ágil.

D. Temos boa experiência em métodos ágeis e temos que resolver um problema específico.

**60. Você foi solicitado para explicar o resultado de uma iteração 0. Qual dos seguintes artefatos você poderia apresentar?**

A. Gráfico de defeitos por *release*.

B. Gráfico *burndown* de riscos.

C. Gráfico *burndown* de *release*.

D. *Backlog* orientado a risco.

---

Todas as questões foram traduzidas e adaptadas de Whizlabs: **www.whizlabs.com**

## 6.9. Respostas

**1. D**

Horas ideais são utilizadas para estimativas de tempo e não como técnica de facilitação.

**2. C**

Questão dificílima, pois todas as alternativas apresentam características de um bom projeto ágil.

**3. B**

Demonstrar que os métodos ágeis trarão resultados através de entregas mais rápidas, respostas rápidas a mudanças e formação de equipes fortalecidas. Nessas condições, as partes interessadas ganharão mais confiança no projeto, no método e na equipe.

**4. B**

O *coach*, antes de qualquer coisa, é um grande líder e parceiro da equipe, logo deve correr riscos junto com a equipe.

**5. D**

Escrever um teste unitário e executá-lo são as primeiras etapas do desenvolvimento orientado a testes.

**6. B**

Muito pelo contrário! O desenvolvimento orientado a testes fornece confiança, identificando erros antecipadamente através dos testes unitários e fornecendo *feedback*.

**7. B**

Compreender o progresso da equipe ("o que eu fiz"), planejar o dia de trabalho ("o que vou fazer hoje") e avaliar os riscos ("quais são os impedimentos").

**8. C**

Ciclo de tempo é a duração (dias, horas, minutos) de um determinado processo.

**9. C**

Defeitos (débito técnico) e diminuição da produtividade da equipe são sinais de que o projeto apresenta problemas no gerenciamento da qualidade.

# 190 Gerenciamento Ágil de Projetos

**10. B**

Lembrando que o foco da *daily stand-up* é responder: o que eu fiz? O que eu vou fazer? Quais são os impedimentos?

Logo, o resultado de uma *daily stand-up* são as respostas do "o que eu vou fazer" ou as ações necessárias para a remoção dos impedimentos.

**11. D**

Uma vez que é necessário conhecer a quantidade de iterações realizadas e o total de iterações para o cálculo do gerenciamento do valor agregado, essas informações são obtidas no plano de *release*.

**12. A**

Escopo, através do Valor Planejado (PV) e do Valor Agregado (EV).

Custo, através da variação de custos (CV) e do índice de desempenho de custos (CPI).

Tempo, através da variação de cronograma (SV) e do índice de desempenho de cronograma (SPI).

**13. B**

Para completar a velocidade devem ser consideradas as *story points* ou horas ideais utilizadas para a conclusão de *user stories*.

**14. A**

Quanto maior a velocidade, possivelmente menor é a quantidade de iterações necessárias para concluir o projeto ou *release*.

**15. A**

Com base na velocidade da equipe e no total de *story points* ou horas ideais estimadas é possível estimar o prazo do projeto.

**16. C**

A alternativa está invertida. Um plano de *release* indica a provável data de entrega do produto, enquanto o plano de iteração determina quantas *user stories* devem ser concluídas dentro da iteração.

## Monitorando e Controlando Projetos Ágeis   191

### 17. D

Seguindo o conceito da estimativa por afinidade, onde *user stories* com o mesmo tema são agrupadas.

### 18. D

A vantagem de verificação e validação frequentes é melhorar a qualidade dos processos e dos produtos, consequentemente mitigando riscos de defeitos e problemas no produto do projeto.

### 19. B

*Spike* é uma iteração experimental para a equipe tratar alguma situação de alto risco ou desconhecida.

### 20. D

Equipes fortalecidas são auto-organizadas e autodirigidas, tomando suas decisões visando atingir os objetivos do projeto.

### 21. C

As equipes coalocadas promovem o conhecimento compartilhado através da comunicação osmótica e do conhecimento tácito. Logo, o esforço com comunicação diminui e não aumenta.

### 22. B

É a típica situação onde a informação se espalhou por osmose.

### 23. B

Espaço da equipe promove conhecimento compartilhado, para identificar o que está funcionando e o que não está.

### 24. A

Liderança por imposição não motiva e não inspira.

### 25. A

Inteligência emocional é reconhecer e regular seus sentimentos, reconhecer os sentimentos e o ambiente que o cerca e utilizá-los no ambiente social.

## 192 Gerenciamento Ágil de Projetos

### 26. B

Dá uma vontade danada de responder a D, não é?

Repare que a questão não pergunta o significado dos 3Cs, e sim os aspectos-chave de uma *user story*, que são: descrição escrita (cartões), conversação e critérios de aceitação (confirmação).

### 27. C

Conhecimento de gerenciamento de projetos é uma habilidade técnica, e não uma habilidade interpessoal.

### 28. D

Simplicidade é um dos princípios-chave do Manifesto Ágil, porém não está relacionado a *feedback*, e sim a entregar o máximo de valor com o menor esforço.

### 29. A

Questão traiçoeira. Apesar de o gráfico se chamar *burndown*, ele lista o aumento ou a diminuição dos riscos na linha do tempo.

### 30. C

Repare que a questão fala sobre acúmulo de trabalho na fila da equipe. Nessa situação limitar o WIP é uma forma de otimizar e agilizar o fluxo de trabalho.

### 31. D

A modelagem ágil ajuda a deixar alinhado com as partes interessadas o que será feito no projeto, utilizando representações gráficas.

### 32. A

Questão complicada. As alternativas A, B e C podem ser consideradas corretas, porém a alternativa A dá foco no engajamento do cliente (uma das principais partes interessadas do projeto) com a equipe e o sentimento de responsabilidade coletiva.

### 33. B

O intuito dos radiadores de informação é propagar rapidamente as informações do projeto para as partes interessadas.

## Monitorando e Controlando Projetos Ágeis   193

### 34. D

Gerenciar expectativas das partes interessadas significa praticar escuta ativa, negociar, gerenciar conflitos, ou seja, habilidades interpessoais.

### 35. C

Se na questão anterior expliquei que o líder deve ter habilidades interpessoais para gerenciar as expectativas das partes interessadas, a resposta desta questão é o conhecimento de gerenciamento de projetos, que é uma habilidade técnica.

### 36. D

Documentação abrangente e excessiva gera um grande volume de WIP (*Work In Progress*) em todas as etapas do processo. Primeiramente, para a pessoa que escreve, pois ela gasta uma grande quantidade de tempo produzindo essa documentação. Depois esse grande volume de documentação é enviado para alguma pessoa analisar – que, certamente, gastará uma grande quantidade de tempo também. Logo depois esse grande volume de documentação é enviado para um grupo de pessoas responsável pelo desenvolvimento do projeto. Lembre-se da Lei de *Little*: quanto maior o tamanho de uma fila, maior será a duração para finalizá-la.

### 37. D

Mudança da forma de elaboração de contratos é um dos grandes desafios do gerenciamento ágil na relação cliente-fornecedor. Quando você deparar com esse tipo de questão, busque pela alternativa que mais está aderente aos valores e princípios do Manifesto Ágil. No caso desta questão, temos: "o contrato deve permitir repriorização de escopo" aderente ao valor "Responder às mudanças mais que seguir um plano" e "atender ao propósito de negócio do cliente" aderente ao valor "Colaborar com o cliente mais que negociar contratos".

### 38. B

A velocidade da equipe dá subsídios para a obtenção de KPIs importantes como prazo e custo restantes, mas ela isoladamente não pode ser considerada uma KPI.

### 39. D

Lembrando que as entregas incrementais ajudam a:

- ▸▸I Ter a oportunidade de obter rápido *feedback* do produto e permitir adequações sem que o **custo da mudança** seja alto.
- ▸▸I Minimizar riscos.

# 194    Gerenciamento Ágil de Projetos

⏩ Atender às expectativas das partes interessadas.

⏩ Ter a oportunidade de aproveitar os benefícios do produto cedo e começar a obter o ROI.

Essas entregas são priorizadas sempre pelo cliente e não pela equipe de desenvolvimento.

"Vitor, não é importante ter um processo definido para passar o produto para operação?" Sim, sem dúvida alguma! Mas lembre-se de que na prova nem sempre você vai deparar com uma única alternativa correta, e sim com a **mais** correta. E na dúvida sempre se questione: "qual alternativa está mais aderente com os valores e princípios do Manifesto Ágil?".

## 40. C

A Lei de *Little*, que diz que a duração de uma fila é diretamente proporcional ao seu tamanho.

## 41. B

Não podemos generalizar e dizer que sempre teremos riscos associados à entrega de valor. Assim como não podemos considerar riscos sempre com uma conotação negativa. Os riscos negativos (ameaças) podem prejudicar a entrega de valor, porém os riscos positivos (oportunidades) podem aumentar a entrega de valor.

## 42. A

A equipe de desenvolvimento discutir diretamente com o cliente evita intermediários e "barreiras" na comunicação que acabam gerando desperdícios totalmente desnecessários.

## 43. A

As relações do quadrante de inteligência emocional são:

⏩ Autoavaliação se relaciona com autoconfiança.

⏩ Autogestão se relaciona com autocontrole.

⏩ Avaliação social se relaciona com empatia.

⏩ Habilidades sociais se relacionam com influência.

## 44. C

Criar personas é uma técnica utilizada para mapear personagens que representam os diferentes tipos de usuários (partes interessadas) que utilizarão o produto.

## Monitorando e Controlando Projetos Ágeis 195

### 45. B

*Wireframes* podem ser utilizados para representar o entendimento do *backlog* ou entender o fluxo de alto nível de um processo, ou mesmo no decorrer do projeto, caso surja alguma mudança ou nova funcionalidade.

### 46. D

No gerenciamento ágil, através de técnica de construção de *backlog* orientado a riscos, os riscos com maior severidade e impacto financeiro são candidatos a serem mitigados ou eliminados nas iterações iniciais do projeto.

### 47. D

O golfo de avaliação ocorre onde existe um grande intervalo de tempo entre o momento que o usuário/cliente solicita algo e o momento onde o produto final é entregue pela equipe de desenvolvimento. Quanto maior esse intervalo, maior o risco de a entrega não corresponder às expectativas do cliente.

### 48. A

Velocidade é a quantidade de esforço (horas, dias, pontos) realizado pela equipe por iteração. Interessante entender que os trabalhos não planejados interferem diretamente na velocidade da equipe. Exemplos de trabalhos não planejados: reuniões, realizar algum trabalho não relacionado ao projeto para o gerente funcional, incidentes. Quanto maior a incidência desses trabalhos não planejados, menor a quantidade de trabalhos concluídos pela equipe e, consequentemente, menor a métrica de velocidade.

### 49. C

Durante uma resolução de problemas, a equipe não pode ter receio de talvez não determinar a melhor solução para o problema. Lembre-se sempre de que o ambiente de uma equipe ágil deve ser livre para experimentações e melhoria contínua, sem punições.

### 50. B

A questão se refere ao processo de *coaching*, onde temos como boas práticas:

- ▸▸ Não explicar o que deve ser feito, e sim orientar.
- ▸▸ Garantir confidencialidade das conversas realizadas no *coaching*.
- ▸▸ Construir uma parceria com gerentes funcionais.
- ▸▸ Manter sentimentos pessoais fora do *coaching*.

# 196 Gerenciamento Ágil de Projetos

A alternativa B se refere à resolução de conflitos e não ao processo de *coaching*. Além disso, não podemos assumir a decisão de deixar a equipe resolver os conflitos sem conhecer em qual nível esse conflito está (vide item 5.3.4).

## 51. B

Seguir um método ágil já testado e validado por outras pessoas ou empresas significa que a equipe está no estágio *Shu*, onde:

- ▶▶ *Shu* – **Obedecer.** Neste primeiro estágio você utiliza a metodologia ou *framework* do jeito original, sem grandes adaptações.
- ▶▶ *Ha* – **Romper.** Você começa a experimentar a combinação com outras metodologias em prol do seu projeto e vê o resultado.
- ▶▶ *Ri* – **Superar.** Você cria o seu *framework* para utilizar no projeto combinando as melhores técnicas, práticas, metodologias e *frameworks*.

As demais alternativas se referem a estilos de liderança e equipes ágeis.

## 52. D

Questão relacionada com *coaching* e formação de equipes auto-organizadas. Com certeza nomear o responsável pelas tomadas de decisão do dia (alternativa B) ou reportar a falta de comprometimento aos gerentes funcionais (alternativa C) não são as melhores opções. Explicar que as equipes ágeis devem selecionar suas próprias tarefas é uma solução simplista demais (alternativa A). Estamos diante de uma situação onde é necessário entender a motivação de cada membro da equipe e ajudá-los a se tornarem uma equipe auto-organizada. A técnica mais eficaz para essa situação é o *coaching*, onde parcerias com gerentes funcionais fazem parte de uma das técnicas que podem ser empregadas nessa situação.

## 53. A

Ignorar a auditoria ou abandonar a abordagem ágil devido ao ponto de auditoria não são boas soluções. O ideal é tentar explicar como funciona o planejamento dentro de uma abordagem ágil.

## 54. C

O planejamento ágil é realizado em diversas camadas (*release*, iteração, diário e contínuo) com toda a equipe do projeto participando de sua elaboração.

# Monitorando e Controlando Projetos Ágeis   197

## 55. D

No planejamento da iteração:

- ⏩ O cliente lista as *user stories* que deseja que façam parte da iteração e a equipe assume o que pode ou não ser feito dentro de sua capacidade e velocidade, visando atingir a definição de pronto (*done*).
- ⏩ A equipe define quais tarefas são necessárias para cumprir a meta da iteração e se auto-organiza para realizá-las, evitando nomear responsáveis individuais para cada tarefa.

Logo, o gerente de projetos não tem autonomia para selecionar os itens do *backlog* do produto que devem ser trabalhados.

## 56. C

A conta a ser realizada é:

$$200 \text{ (\textit{backlog} restante) / 40 (velocidade por iteração)} = 5 \text{ iterações.}$$

Se cada iteração dura duas semanas, logo:

$$5 \text{ (iterações)} * 2 \text{ (semanas)} = 10 \text{ semanas.}$$

## 57. D

A equipe multifuncional e generalista precisa se auto-organizar para suprir a perda temporária do membro doente, sem recorrer a soluções que comprometam o ritmo sustentável da equipe.

## 58. C

O processo de *kaizen*/melhoria contínua é realizado a cada ciclo PDCA existente dentro de uma iteração. E a equipe é sempre responsável por todos os processos existentes dentro da iteração.

## 59. D

Mais uma questão de *Shu-Ha-Ri*, ou seja, só devemos adaptar aquilo que dominamos.

## 60. B

Uma iteração 0, também conhecida como *spike*, serve para explorar problemas, riscos ou incertezas. Logo, podemos ter um mapeamento de riscos iniciais devidamente apontados em gráfico *burndown* de riscos.

# Capítulo 7
# Melhoria Contínua

Durante todo o projeto é importante coletar as lições aprendidas e entender como melhorar cada vez mais os processos e as abordagens do projeto.

Falarei a seguir sobre algumas ferramentas e técnicas que buscam a melhoria contínua.

## 7.1. Retrospectivas

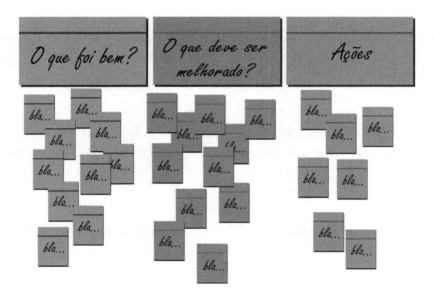

As retrospectivas são reuniões que ocorrem ao final de cada de iteração, onde toda a equipe do projeto (equipe e cliente) identifica como melhorar seus processos e sua forma de trabalhar.

Fazendo um paralelo com o *PMBOK® Guide*, equivale às chamadas lições aprendidas, oportunidade que a equipe tem para aprender com os acertos, os erros e sempre buscar a melhoria contínua.

O foco das retrospectivas deve ser a reflexão sobre três pontos:

- ▶▶ O que deu certo durante a iteração.

- ▶▶ O que deve ser melhorado nas iterações seguintes.

- ▶▶ Quais ações de melhorias iremos incorporar na próxima iteração.

Os membros da equipe devem se cobrar para que:

- ▶▶ Itens que correram bem em iterações anteriores continuem correndo bem.

- ▶▶ Itens que deveriam ser melhorados comecem a fazer parte dos itens que correram bem.

- ▶▶ Itens que não correram bem comecem a fazer parte dos itens que correram bem ou a melhorar.

Também é importante documentar os itens de ação levantados nas retrospectivas, para que não caia no esquecimento.

"Mas, Vitor, e o papel do líder nessas retrospectivas?"

O líder deve ser o grande facilitador dessas reuniões, utilizando os métodos de facilitação descritos em capítulos anteriores. Para essas reuniões de retrospectiva ele deve seguir cinco passos:

1. **Configurar o cenário da reunião.** O líder deve estabelecer as regras básicas da reunião, garantir que todos os participantes façam uma breve introdução e sintam-se à vontade para emitir suas opiniões, sem desconforto ou medo de represálias.

2. **Coletar as informações.** Registrar as questões levantadas por todos os participantes.

3. **Gerar ideias.** Lançar ideias através de *brainstorming* ou análises de causa-raiz para tentar resolver o problema.

4. **Decidir o que fazer buscando metas SMART.** Onde:

   » *Specific* – Específica, clara, bem definida.

   » *Measurable* – Mensurável.

   » *Attainable* – Atingível, realista.

» **Relevant** – Relevante perante o problema discutido.

» **Timely** – Deve ser implementada em tempo determinado.

5. **Encerrar a retrospectiva.** O líder deve agradecer a presença de todos os participantes e garantir que todos emitam suas considerações finais.

É importante ressaltar que as lições aprendidas são coletadas durante todo o projeto, seja nas reuniões de planejamento, seja nas reuniões diárias de *stand-up*, seja no conhecimento compartilhado no espaço da equipe.

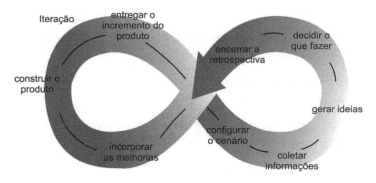

Traduzido e adaptado de Esther Derby and Diana Larsen:
*Agile Retrospectives – Making Good Teams Great*

## 7.2. Cinco Porquês (*5 Whys*)

A técnica dos Cinco Porquês é utilizada sempre que for necessário se aprofundar na causa-raiz de um problema.

Alguns exemplos da aplicação da técnica:

Em uma reunião de retrospectiva um membro da equipe colou um *post-it* "Melhorar a comunicação" na coluna de "O que devemos melhorar". O facilitador fez os seguintes questionamentos:

▶▶ **Pergunta 1:** "Por que devemos melhorar a comunicação?"

▶▶ **Resposta 1:** "Porque o time está interagindo muito pouco."

▶▶ **Pergunta 2:** "Por que o time está interagindo muito pouco?"

▶▶ **Resposta 2:** "Porque estamos preferindo usar o e-mail."

**Melhoria Contínua** 201

▶▶ **Pergunta 3:** "Por que estamos preferindo usar o e-mail?"

▶▶ **Resposta 3:** "Porque queremos deixar documentado em caso de possíveis falhas."

▶▶ **Pergunta 4:** "Por que estamos querendo deixar documentado em caso de possíveis falhas?"

▶▶ **Resposta 4:** "Porque nosso gerente funcional deu ordens expressas de registrar toda e qualquer comunicação."

▶▶ **Pergunta 5:** "Por que o gerente funcional deu ordens expressas de registrar toda e qualquer comunicação?"

▶▶ **Resposta 5:** "Porque aquele que cometer menos falhas ganhará uma premiação no final do ano."

Com as cinco perguntas conseguimos sair de um cenário onde o problema original apontado era a melhoria da comunicação, quando o problema real a ser resolvido era a orientação do gerente funcional que acabava quebrando a sinergia do trabalho em equipe e gerando competitividade.

Outro exemplo:

Em uma reunião de planejamento de iteração, a equipe depara com uma *user story* onde não ficou muito claro qual o valor de negócio: "Como autor da Brasport, quero consultar as vendas dos meus livros para um melhor controle financeiro". A equipe fez os seguintes questionamentos ao cliente:

▶▶ **Pergunta 1:** "Por que você quer ter um melhor controle financeiro?"

▶▶ **Resposta 1:** "Porque quero saber quanto vou receber a mais a cada trimestre."

▶▶ **Pergunta 2:** "Por que você quer saber quanto vai receber a mais a cada trimestre?"

▶▶ **Resposta 2:** "Porque quero aumentar minha receita trimestral."

▶▶ **Pergunta 3:** "Por que você quer aumentar sua receita trimestral?"

▶▶ **Resposta 3:** "Porque quero investir essa receita adicional."

▶▶ **Pergunta 4:** "Por que você quer investir essa receita adicional?"

▶▶ **Resposta 4:** "Porque quero juntar um dinheiro extra para daqui a 15 anos."

▶▶ **Pergunta 5:** "Por que você quer juntar um dinheiro extra para daqui a 15 anos?"

▶▶ **Resposta 5:** "Porque quero pagar a faculdade da minha filha quando ela crescer."

Neste exemplo podemos refinar a *user story* escrevendo-a da seguinte forma: "Como autor da Brasport, quero consultar as vendas dos meus livros trimestralmente para saber quanto vou investir para pagar a faculdade da minha filha daqui a 15 anos".

# 202   Gerenciamento Ágil de Projetos

## 7.3. Conhecimento Compartilhado

Conhecimento compartilhado é um componente-chave dos métodos ágeis e uma constante forma de melhoria contínua.

Alguns exemplos de melhoria contínua através de conhecimento compartilhado:

- **Demonstração do produto.** A demonstração do produto, seja na revisão da iteração, um protótipo ou um *wireframe*, é uma maneira de compartilhar conhecimento e identificar possíveis melhorias tanto no produto quanto nos processos de construção do produto.

- **Equipes coalocadas.** Conforme abordado em capítulos anteriores, equipes coalocadas compartilham conhecimento através do espaço da equipe, promovendo a comunicação osmótica e o conhecimento tácito, identificando o que está funcionando dentro da equipe e o que não está.

- **Daily stand-up**. As três perguntas-chave da reunião (o que foi feito? O que será feito? Impedimentos?) ajudam a compartilhar conhecimento entre os membros da equipe, identificar riscos e tomar as devidas ações de melhoria.

- **Programação em par.** Esta prática do *Extreme Programming* (XP) também é uma grande fonte de conhecimento compartilhado, uma vez que as duas pessoas que estão desenvolvendo juntas estão aprendendo uma com a outra.

O conhecimento compartilhado nunca pode ser restrito somente à equipe do projeto, e sim a todos que possuam algum interesse no produto que está sendo gerado através do projeto.

## 7.4. Análise de Processos

Sempre revisar e diagnosticar problemas nos processos dos métodos ágeis utilizados e então adaptá-los.

Exemplos de problemas nos processos:

- **Utilizar o mesmo método em todos os projetos, sem levar em consideração o tamanho da equipe, o tipo de projeto e a tecnologia envolvida.** Por exemplo, uma equipe usou *Scrum* como abordagem, e as iterações de três semanas foram essenciais para o sucesso do projeto. No projeto seguinte, alguns membros da equipe identificaram que usar FDD (desenvolvimento orientado a funcionalidade) seria mais adequado, pois as iterações poderiam ter duração variada e seriam planejadas por entrega de funcionalidade. Porém, a maioria da equipe insistiu em ser conservadora e utilizar o *Scrum*, com iterações de três semanas.

Melhoria Contínua **203**

▶▶ **Utilizar métodos cujo uso nunca foi comprovado na prática.** A "síndrome do professor Pardal" contra-ataca. Dissertação sobre novos métodos qualquer um pode fazer, mas procure utilizar um método que possua casos de sucesso conhecidos, seja dentro ou fora da organização.

▶▶ **Utilizar métodos pesados em práticas e artefatos.** Não se torne refém da documentação do seu projeto. Documentação é algo importantíssimo em um projeto, mas sempre evocando o Manifesto Ágil: "software funcional sobre documentação abrangente".

"Vitor, como saber se os processos do meu projeto estão funcionando ou não?".

Considere critérios de sucesso:

▶▶ Projeto entregando produto de valor e qualidade.

▶▶ Liderança intacta.

▶▶ Pessoas envolvidas no projeto gostariam de trabalhar de novo da mesma forma.

## 7.5. Aplicando Novas Práticas Ágeis

Você realmente não quer usar nenhuma prática ágil existente e quer criar a sua própria. Tudo bem, mas você deve levar em consideração:

▶▶ A nova prática resolverá a causa-raiz que motivou sua criação?

▶▶ Realmente trará benefícios ao projeto ou trata-se de um benefício pessoal?

Lembre os conceitos do *Shu-ha-ri* e comece a aplicar a nova prática aos poucos. Encare a aplicação da prática como um *spike*, use uma iteração como experimento e revise os efeitos colaterais na reunião de retrospectiva.

## 7.6. Código de Ética do PMI

O PMI possui um código de ética que prega quatro valores fundamentais:

▶▶ Responsabilidade.

▶▶ Respeito.

▶▶ Justiça.

▶▶ Honestidade.

Toda a equipe deve sempre seguir obrigações éticas como:

▶▶ Obedecer às leis e aos regulamentos locais.

## 204 Gerenciamento Ágil de Projetos

▶▶ Respeitar propriedade intelectual.

▶▶ Respeitar informações confidenciais.

▶▶ Evitar conflito de interesses.

▶▶ Sempre divulgar informações verdadeiras ao estimar e reportar informações do projeto.

Confira o código na íntegra no seguinte site:

<http://www.pmi.org/-/media/pmi/documents/public/pdf/ethics/pmi-code-of--ethics.pdf?sc_lang_temp=pt-PT>

> ***Atenção!*** Para o exame não é necessário decorar o código de ética do PMI, mas sempre tenha-o em mente para responder questões nas quais sua ética será testada.

## 7.7. Processos de Melhoria Contínua (*Kaizen*)

Melhoria contínua é o processo frequente de melhorar tanto a abordagem do projeto quanto o produto. Também é representada pelo termo japonês *kaizen*, que significa "mudança para melhor".

Os processos de melhoria contínua do projeto são feitos através do ciclo PDCA, onde:

▶▶ **Planejamento (*Plan*).** Nos planejamentos de iteração e *release* incorporam-se as melhorias identificadas nas reuniões de retrospectivas.

## Melhoria Contínua

▶▶ **Desenvolvimento (*Do*).** Através da *daily stand-up* e do conhecimento compartilhado via espaço da equipe.

▶▶ **Avaliação (*Check*).** Através das revisões das iterações.

▶▶ **Aprendizado (*Act*).** Através das retrospectivas das iterações.

Os processos de melhoria contínua do produto são feitos através do conceito das entregas incrementais, onde ao fim de cada iteração é revisado e discutido onde e como melhorar.

## 7.8. Autorreconhecimento

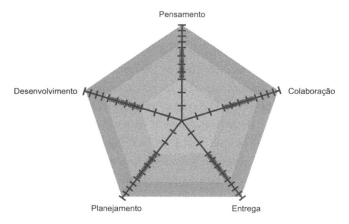

Traduzido e adaptado de James Shore: *www.jamesshore.com*

Abordei a melhoria contínua no projeto, nos processos e nos produtos. Também deve ser levada em consideração a melhoria contínua no fator humano do projeto.

James Shore propõe uma técnica de autorreconhecimento que consiste na autoavaliação dos membros da equipe com relação aos seguintes tópicos:

▶▶ **Pensamento.** "Minha forma de pensar está sendo benéfica para o projeto?".

▶▶ **Colaboração.** "Estou trabalhando de forma colaborativa?".

▶▶ **Entrega.** "Estou comprometido com as entregas do projeto?".

▶▶ **Planejamento.** "Estou me planejando adequadamente para realizar os trabalhos do projeto?".

▶▶ **Desenvolvimento.** "Estou me desenvolvendo pessoal e profissionalmente no decorrer do projeto?".

## 206 Gerenciamento Ágil de Projetos

# 7.9. Revisão

Momento para a mais uma revisão!

Sua meta aqui deve ser acertar no mínimo oito questões!

Boa sorte!

1. **Uma retrospectiva é:**

   A. O momento em que os membros da equipe debatem sobre os fatores que podem melhorar a sua produtividade.
   B. Quando a fraqueza e os pontos fortes das pessoas são apontados. É durante esse tempo que o gerente de projetos realiza avaliações da equipe.
   C. Uma reunião semanal realizada no início da iteração.
   D. Um meio de todas as partes interessadas fornecerem *feedback* sobre o projeto.

2. **Você está gerenciando uma equipe ágil que atualmente está no meio de um ciclo de iteração de 30 dias. Sua equipe está enfrentando problemas e é muito provável que ela não complete as *user stories* acordadas durante o planejamento da iteração. Um dos membros diz que uma amiga em outra empresa enviou-lhe uma cópia do software de automação de testes que pode ajudar sua equipe a cumprir o prazo. Você sabe que esse pacote de software pode realmente ajudar na entrega das *user stories* comprometidas, porém é caro e está acima do orçamento do projeto. Qual é a melhor maneira de lidar com essa situação?**

   A. Permitir o uso do software para que a equipe entregue o que foi comprometido para a iteração.
   B. Adquirir o software para que você tenha uma cópia licenciada.
   C. Dizer ao membro da equipe para não usar o software.
   D. Deixar a equipe usar o software, mas fingir que você não está sabendo.

3. **Você está gerenciando um grande projeto ágil, com várias equipes. Uma parte do projeto é terceirizada e a equipe do fornecedor está situada em outro país. Os membros da equipe do fornecedor falam um idioma diferente do português. Depois de uma *conference call*, dois dos membros de sua equipe começam a fazer piadas sobre o dialeto dos membros da equipe do fornecedor. Qual é a melhor maneira de lidar com essa situação?**

   A. Corrigir imediatamente os dois na frente dos demais membros da equipe.
   B. Corrigir os membros da equipe individualmente e realizar uma sessão de treinamento com a equipe para ajudar a remover as barreiras de comunicação.

C. Informar o RH sobre a atitude desses membros da equipe e recomendar ações disciplinares.

D. Solicitar ao fornecedor para providenciar um treinamento de "voz e sotaque" para a equipe, para que possam melhorar o seu estilo de falar.

4. **Tom é analista sênior em uma equipe ágil. Ele se aproximou de David, gerente do projeto, para dar sugestões sobre algumas das práticas ágeis. David gostou das ideias. O que ele deve fazer em seguida?**

A. Práticas ágeis não devem ser modificadas sem comprovação.

B. Informar a equipe sobre essas sugestões na *daily stand-up* e implementar as sugestões.

C. Solicitar o apoio do cliente e da alta gerência.

D. Discutir as sugestões na reunião de retrospectiva.

5. **Descobrir o que correu bem e o que não correu bem durante uma iteração faz parte da:**

A. *Daily stand-up*.

B. Revisão da iteração.

C. Reunião de retrospectiva.

D. Encerramento do *release*.

6. **Você está gerenciando um grande projeto. Como você não tem capacidade interna, decidiu terceirizar a maior parte do seu projeto. Você preparou e enviou uma RFP para os principais fornecedores. Você recebeu um telefonema de seu primo, que é gerente de contas em um dos fornecedores. Ele quer oferecer os serviços de sua empresa em seu projeto. Você sabe que o fornecedor fez um bom trabalho no passado, então poderia ser uma boa opção. Como você procederia?**

A. Divulga o conflito de interesse para sua empresa e desqualifica a empresa onde seu primo trabalha.

B. Divulga o conflito de interesse para sua empresa e fornece informações para seu primo que podem melhorar suas chances de ganhar o contrato.

C. Não divulga o conflito de interesses para sua empresa e fecha o contrato com a empresa onde seu primo trabalha.

D. Divulga o conflito de interesses para sua empresa e conduz a seleção do fornecedor com base em critérios objetivos.

7. **As etapas recomendadas de execução de uma retrospectiva, em sequência, são:**

A. Decidir o que fazer, configurar o cenário, coletar as informações, gerar ideias, encerrar a retrospectiva.

# 208 Gerenciamento Ágil de Projetos

    B. Decidir o que fazer, coletar as informações, configurar o cenário, gerar ideias, encerrar a retrospectiva.

    C. Configurar o cenário, decidir o que fazer, coletar as informações, gerar ideias, encerrar a retrospectiva.

    D. Configurar o cenário, coletar as informações, gerar ideias, decidir o que fazer, encerrar a retrospectiva.

8. **Como gerente de uma equipe ágil, em que momento você deve coletar as lições aprendidas?**

    A. Ao final do projeto.

    B. Ao longo do projeto.

    C. Quando os projetos vão bem.

    D. Quando os projetos vão mal.

9. **Seu escritório de PMO sugeriu que o projeto poderia se beneficiar de um trabalho de autorreconhecimento na próxima retrospectiva. Qual dos seguintes benefícios provavelmente será atingido a partir de uma autoavaliação?**

    A. Melhorar as práticas pessoais e da equipe.

    B. Gerar subsídios para avaliações de aumento de salário.

    C. Identificar perfis pessoais para reportar ao departamento de recursos humanos.

    D. Avaliar perfis compatíveis para tarefas de programação em par.

---

Todas as questões foram traduzidas e adaptadas de Whizlabs: **www.whizlabs.com**

# 7.10. Respostas

### 1. A

A retrospectiva é uma reunião que visa identificar fatores para que a equipe mantenha um processo de melhoria contínua. Não deve ser uma reunião acusatória em hipótese alguma.

### 2. C

O correto seria adquirir uma cópia licenciada do software, porém a questão informa que seu projeto não tem orçamento para comprá-lo. Logo, por uma questão ética, você deve dizer ao membro da equipe para não comprar o software.

### 3. B

Questão que evoca o valor do respeito ao código de ética do PMI. Respeito dos membros da equipe com relação aos membros do fornecedor e não tolerar preconceitos por conta de barreiras culturais. Ao mesmo tempo, o líder deve manter o respeito com a equipe e não expor os dois membros perante os demais membros da equipe.

### 4. D

As sugestões de Tom são melhorias com relação aos processos da equipe; logo, o momento mais adequado para a reflexão dessas sugestões é na reunião de retrospectiva.

As alternativas B e C incentivam uma decisão *top-down* que quebra totalmente o conceito das equipes auto-organizadas e autodirigidas.

### 5. C

A reunião de retrospectiva é o momento para identificar o que correu bem na iteração, o que não correu bem e o que deve ser melhorado nas iterações seguintes.

### 6. D

Outra questão que remete ao código de ética do PMI. Os valores de responsabilidade e justiça são evocados aqui. Você deve reportar o conflito de interesse e ser justo ao dar à empresa do seu primo a chance de ganhar o contrato de forma justa e imparcial.

### 7. D

Os cinco passos de uma retrospectiva são: configurar o cenário, coletar as informações, gerar ideias, decidir o que fazer e encerrar a retrospectiva.

## 210 Gerenciamento Ágil de Projetos

### 8. B

A coleta das lições aprendidas não deve se limitar à reunião de retrospectiva. As lições aprendidas devem ser coletadas durante todo o projeto, seja nas reuniões de planejamento, seja nas reuniões diárias de *stand-up*, seja no conhecimento compartilhado no espaço da equipe.

### 9. A

O autorreconhecimento é uma técnica voltada a buscar melhorias no fator humano do projeto.

# 7.11. *Big* Simuladão Final

Grande momento para o último simulado! Este simuladão possui a mesma quantidade de questões do exame oficial!

Sua meta deve ser acertar no mínimo 100 questões em 180 minutos!

Cronometre seu tempo e evite consultar! Encare como uma prévia para o exame!

Boa sorte!

1. **Em uma reunião de uma equipe ágil, todos os membros estão com as mãos para cima e mostrando de um a cinco dedos. O que está acontecendo?**

   A. A equipe está praticando um jogo inovador.
   B. A equipe está jogando *planning poker* sem cartas.
   C. Um meio de atingir de consenso.
   D. A equipe está praticando um jogo de colaboração.

2. **O *Product Owner* é responsável pelas opções a seguir, exceto:**

   A. Financiar o projeto.
   B. Participar do processo de estimativa para o esclarecimento de dúvidas.
   C. Aceitar ou rejeitar resultado do trabalho.
   D. Assegurar que a equipe tenha uma visão comum para o projeto.

3. **Qual das seguintes opções não é uma camada de planejamento ágil?**

   A. Planejamento contínuo.
   B. Planejamento de *release.*
   C. Planejamento de equipe.
   D. Planejamento de iteração.

4. **Em qual dos seguintes métodos ágeis o princípio de cor é utilizado para designar o conjunto de normas a implantar?**

   A. *Extreme Programming*.
   B. *Crystal*.
   C. *Kanban*.
   D. DSDM.

5. **Quais das seguintes opções são características de um bom espaço da equipe?**

   1. **Muitas paredes e espaço para quadros brancos.**
   2. **Assentos distribuídos por hierarquia.**
   3. **Ter algum lugar calmo e privado.**
   4. **Pessoas usando fones de ouvido.**
   5. **Gráficos grandes e visíveis.**

## 212 Gerenciamento Ágil de Projetos

    A. 1, 4 e 5.
    B. 1, 3 e 5.
    C. 2 e 3.
    D. Todas as cinco.

6. **Você é o líder de uma equipe de projeto ágil. Qual pergunta válida pode ser feita na reunião diária de *stand-up*?**

    A. "Quando você pode pegar essa tarefa?".
    B. "Por que essa tarefa não terminou como o planejado?".
    C. "Quando você vai ser capaz de terminar a tarefa?".
    D. "O que está bloqueando o progresso da tarefa?".

7. **Como um *coach* ágil, você identificou que existe um conflito de nível 3 na equipe por causa do uso de um recurso compartilhado. Há grupos formados e ataques pessoais. Qual estratégia de resposta você vai aplicar?**

    A. Colaboração.
    B. Suporte.
    C. Negociação.
    D. Segurança.

8. **Qual das seguintes afirmações é verdadeira sobre a reunião diária de *stand-up*?**

    A. É uma reunião de status feita diariamente para garantir uma comunicação adequada com todas as partes interessadas.
    B. A intenção primária da reunião é inspecionar e adaptar os planos de trabalho.
    C. A duração da reunião é de 15 minutos, mas pode ter mais ou menos duração dependendo do número de participantes.
    D. A reunião deve proporcionar primeiramente a gestão de recursos e depois entender os riscos e problemas apontados pela equipe.

9. **Qual das seguintes opções não é uma característica de um líder servidor?**

    A. Empatia.
    B. Comunicação.
    C. Comando.
    D. Direcionamento.

10. **Qual das seguintes opções não é uma boa métrica para o escritório ágil de PMO usar para comparar o desempenho de diferentes equipes?**

    A. Gráfico *burndown*.
    B. Ciclo de tempo.
    C. Velocidade.
    D. ROI.

# Melhoria Contínua 213

11. **Uma equipe contém 16 membros. A reunião *stand-up* diária está durando mais de 15 minutos, mesmo com cada membro da equipe apenas dizendo o que foi feito ontem, o que será feito hoje e eventuais riscos ou impedimentos do progresso. O que o gerente de projetos deve fazer?**

A. Nada. Trata-se de uma reunião importante e não tem problema se durar mais de 15 minutos.

B. Reduzir a frequência das reuniões e encontrar meios alternativos de melhorar a colaboração em equipe.

C. Dividir a equipe em duas equipes ágeis (assegurando o mínimo de interdependências) e conduzir duas reuniões de *stand-up* separadas.

D. Solicitar aos membros da equipe para apenas destacar os riscos e os problemas (se houver). Não há necessidade de dizer o que foi feito ontem e o que será feito hoje.

12. **Qual valor do Manifesto Ágil é o mais importante para conquistar a confiança das partes interessadas?**

A. Indivíduos e interações sobre processos e ferramentas.

B. Software funcional sobre documentação abrangente.

C. Colaboração com o cliente sobre negociação de contratos.

D. Responder a mudanças sobre seguir um plano.

13. **Qual das seguintes habilidades não é uma característica de um líder servidor?**

A. Escuta ativa.

B. Direcionador.

C. Multitarefa.

D. Facilitador.

14. **Qual das seguintes afirmações é verdadeira sobre as variantes ágeis, como *Scrum*, XP e *Lean*?**

A. Não há diferença entre elas, exceto a terminologia.

B. Todas se complementam.

C. *Scrum* é a mais famosa e é um subconjunto das outras duas.

D. *Lean* é uma abordagem leve, enquanto XP e *Scrum* são abordagens mais pesadas.

15. **Qual das seguintes opções é a melhor definição de agilidade?**

A. Agilidade trata de ajustes para criar um processo estável.

B. Agilidade é a flexibilidade para acomodar mudanças a qualquer momento.

C. Agilidade é a capacidade de equilíbrio entre flexibilidade e estabilidade.

D. Agilidade é a capacidade de entregar pequenos incrementos de funcionalidade.

## 214 Gerenciamento Ágil de Projetos

**16. Qual das seguintes opções é um valor do Manifesto Ágil?**

A. Responder a mudanças sobre restringir mudanças.

B. Equipes e interações sobre processos e ferramentas.

C. Software funcional sobre entregas provisórias.

D. Colaboração com o cliente sobre negociação de contratos.

**17. Que princípio ágil ajuda em situação de muita incerteza?**

A. Integração contínua.

B. Entrega incremental.

C. Atenção contínua a excelência técnica.

D. Simplicidade.

**18. Qual das seguintes opções é a incorreta sobre o papel do *Scrum Master*?**

A. Melhorar a vida da equipe de desenvolvimento, facilitando a criatividade e capacitação.

B. Manter as informações sobre o progresso da equipe atualizadas e visíveis para todos.

C. Remover as barreiras entre a equipe de desenvolvimento e o *Product Owner*, para que o *Product Owner* acione diretamente a equipe de desenvolvimento.

D. Nenhuma das alternativas anteriores.

**19. Qual das seguintes opções é um benefício dos mapas de *user stories*?**

A. Ajuda na criação de mais casos de teste.

B. Ajuda na obtenção de visão completa dos requisitos.

C. Facilita o processo de estimativa.

D. Cria mais tarefas para cada requisito.

**20. Escolha a opção certa para preencher os espaços em branco. Processos ágeis promovem desenvolvimento _____. Os patrocinadores, desenvolvedores e usuários devem ser capazes de manter _____ constante indefinidamente.**

A. De alta qualidade, qualidade.

B. Sustentável, ritmo.

C. Iterativo, qualidade.

D. Rápido, ritmo.

**21. Qual das seguintes opções é uma responsabilidade do cliente?**

A. Priorizar o *backlog* do produto.

B. Garantir a rentabilidade do produto (ROI).

C. Criar a visão inicial do produto.

D. Todas as alternativas anteriores.

## Melhoria Contínua 215

**22. Quais das seguintes atividades devem ser concluídas antes de iniciar o planejamento da próxima iteração do projeto?**

A. Reunião de compromisso e revisão da iteração.
B. Retrospectiva e reunião de compromisso.
C. Revisão da iteração e retrospectiva.
D. Revisão da iteração e oficina de criação de *user stories.*

**23. Qual das seguintes opções deve ser levada em consideração para avaliar uma transição de métodos tradicionais para métodos ágeis?**

A. Quantificar o valor que os métodos ágeis trarão.
B. Identificar os riscos que devem ser gerenciados durante a migração.
C. Evitar seleção aleatória de metodologia.
D. Todas as alternativas anteriores.

**24. Qual das seguintes opções não ajudará a melhorar a velocidade da equipe?**

A. Melhorar o envolvimento do cliente.
B. Fornecer os recursos necessários.
C. Eliminar o débito técnico.
D. Nenhuma das alternativas anteriores.

**25. Há um projeto onde a entrega até uma data em particular é extremamente importante. Que tipo de *buffer* a equipe do projeto deve usar para gerenciar o risco?**

A. *Buffer* de tempo.
B. *Buffer* de custos.
C. *Buffer* de funcionalidades.
D. Nenhum *buffer.*

**26. Quando é aconselhável assumir um compromisso dentro de um projeto ágil?**

A. O mais tarde possível – equipe deve atrasar compromisso até o último momento responsável.
B. O mais cedo possível – a tomada de decisão deve ser rápida.
C. Não há necessidade de assumir compromisso, pois métodos ágeis acolhem a mudança em qualquer ponto durante a iteração.
D. Antes do planejamento do *release.*

**27. Qual papel o *coach* ágil desempenha durante retrospectiva?**

A. Resolver problemas.
B. Mentor.
C. Facilitador.
D. Professor.

## 216 Gerenciamento Ágil de Projetos

**28. Qual é a principal maneira de um líder manter uma equipe de desenvolvimento trabalhando em seu mais alto nível de produtividade?**

A. Impedir mudanças no *backlog* da iteração após iniciar uma iteração.

B. Proteger a equipe de estranhos.

C. Manter requisitos de alto valor no *backlog* do produto.

D. Facilitar as decisões da equipe de desenvolvimento e remover impedimentos.

**29. Qual perfil de membros da equipe é o mais adequado para equipes ágeis?**

A. Especialistas altamente técnicos.

B. Generalistas.

C. Especialistas funcionais.

D. Todas as anteriores.

**30. Qual das seguintes opções pode ser considerada uma boa *user story*?**

A. O software será desenvolvido em C++.

B. O software deve ser fácil de usar.

C. A aplicação deve ser executada nos navegadores Google Chrome, Internet Explorer e Firefox Mozilla.

D. Automatizar a compilação.

**31. Qual das seguintes afirmações é verdadeira sobre a seleção de um bom projeto piloto de transição para ágil?**

A. Projeto de curta duração.

B. Projeto que utilize tantos processos quanto possível e que envolva o maior número de áreas possível.

C. Projeto que não seja uma missão crítica.

D. Todas as alternativas anteriores.

**32. Diz-se muitas vezes que metodologias ágeis como XP e *Scrum* são adaptativas. Qual é o significado do processo adaptativo?**

A. Processo adaptativo é aquele em que o software é construído e entregue por partes.

B. Processo adaptativo significa construir o software em pequenos ciclos de algumas semanas cada.

C. Processo adaptativo é aquele que progride através de refinamentos sucessivos.

D. Processo adaptativo é o desenvolvimento incremental através de iterações curtas.

## Melhoria Contínua 217

**33. Qual das seguintes opções não é um princípio *Lean*?**

A. Decidir o mais tarde possível.
B. Amplificar aprendizagem/criar conhecimento.
C. Ritmo sustentável.
D. Eliminar o desperdício.

**34. Um nível de escuta onde o *coach* capta tudo no meio ambiente (tom de voz do orador, postura, maneirismos) é conhecido como:**

A. Escuta ativa.
B. Escuta interna.
C. Escuta focada.
D. Escuta global.

**35. Nos métodos ágeis, *user stories* são mais bem desenvolvidas por?**

A. Toda a equipe, pois ela entende melhor do que o projeto precisa.
B. O cliente, pois ele escreve as *user stories* usando a linguagem de negócios, o que ajuda a priorizá-las nas iterações.
C. Os desenvolvedores, pois são eles que irão desenvolver as *user stories*.
D. O gerente de produto que patrocina o projeto, pois ele tem mais conhecimento sobre as necessidades dos testes de aceitação.

**36. Qual das seguintes opções não está entre as atividades normalmente realizadas durante a iteração 0?**

A. Treinamento.
B. Planejamento de *release*.
C. Análise das necessidades arquitetônicas.
D. Formação da equipe do projeto.

**37. O trabalho que se expande para preencher o tempo disponível é chamado de:**

A. Síndrome do Estudante.
B. Lei de Murphy.
C. Lei de Parkinson.
D. Teoria de McGregor.

**38. Quando finaliza a reunião de planejamento da *Sprint*?**

A. Quando as *user stories* da *Sprint* são selecionadas.
B. Quando a equipe está convencida de que as *user stories* selecionadas foram decompostas para todas as tarefas possíveis.
C. Quando o *timebox* expira.
D. Quando o *Scrum Master* diz que há detalhes suficientes de planejamento disponíveis para a *Sprint*.

## 218 Gerenciamento Ágil de Projetos

**39. Como o risco de aumento do escopo é mitigado pelas metodologias ágeis?**

A. Mantendo o plano de *release* altamente visível e permitindo ao cliente fazer alterações na prioridade do *backlog* ao final de cada iteração.

B. Seguindo um gerenciamento de mudanças rigoroso, o risco de aumento de escopo é mitigado.

C. Usando orçamento e cronograma de contingência.

D. Aceitando mudanças como uma parte das metodologias ágeis.

**40. Escolha a opção certa para preencher os espaços em branco.**

**Criar projeto em torno de pessoas _____ e dar-lhes o _____ e o apoio de que necessitam, e confiar nelas para fazerem o trabalho.**

A. Motivadas, treinamento.

B. Qualificadas, treinamento.

C. Motivadas, ambiente.

D. Habilidosas, documentação.

**41. Você está gerenciando uma equipe ágil. Um dos seus colegas, que também é gerente de projetos ágil, ressaltou que sua equipe possui mais desenvolvedores do que testadores, o que pode ser problemático. Qual deve ser a sua resposta?**

A. Diga para ele cuidar dos próprios projetos, pois você considerou todos esses aspectos durante a formação da equipe.

B. Diga que você irá adicionar mais testadores para a equipe para alcançar o equilíbrio.

C. Diga que você substituirá alguns desenvolvedores por testadores para alcançar o equilíbrio.

D. Diga que equipes ágeis precisam ser multifuncionais.

**42. Qual é o aspecto mais importante do *coach* ágil?**

A. Resolver conflitos.

B. Conduzir a colaboração.

C. Ensinar valores, princípios e práticas ágeis para as equipes.

D. Ser o modelo.

**43. Qual das seguintes afirmações é verdadeira sobre semelhanças ou diferenças entre *Scrum* e XP?**

A. *Scrum* não permite alterações na meta da iteração no meio da *Sprint*. XP é mais receptivo a mudanças dentro de suas iterações.

B. Não há nenhuma diferença entre *Scrum* e XP, exceto a terminologia.

C. *Scrum* é um subconjunto avançado do XP.

D. Não há nenhuma diferença, exceto que o *Scrum* é contra algumas das práticas do XP, como programação em par e desenvolvimento orientado a testes.

**44. Se a equipe está em fase de *Ri* do modelo *Shu-Ha-Ri*, qual deve ser o perfil mais adequado de liderança que o líder deve exercer?**

A. Aconselhamento.

B. Ensinamento.

C. Treinamento.

D. Mentoreamento.

**45. Qual dos seguintes princípios do Manifesto Ágil é mais semelhante a qualquer um dos sete princípios *Lean*?**

A. Mudanças de requisitos são bem-vindas, mesmo ao final do desenvolvimento. Processos ágeis asseguram a mudança para a vantagem competitiva do cliente.

B. Simplicidade – a arte de maximizar a quantidade de trabalho não feito.

C. Software funcional é a principal medida de progresso.

D. O método mais eficiente e eficaz de transmitir informações dentro de uma equipe de desenvolvimento é a conversa cara a cara.

**46. *Kanban* usa qual tipo de sistema?**

A. Sistema *push*.

B. Sistema *pull*.

C. Sistema interativo.

D. Sistema iterativo.

**47. Qual das opções a seguir é uma boa característica de um *coach* ágil?**

A. Sempre definir grandes expectativas.

B. Dizer o que os membros da equipe devem fazer.

C. Ajudar os membros da equipe a dar pequenos passos no caminho ágil.

D. Chegar ao local de reunião antes dos membros da equipe.

**48. Qual é o melhor ambiente para a comunicação osmótica?**

A. Equipes distribuídas em localizações geográficas e que diariamente fazem a *daily stand-up* através de videoconferência.

B. Equipes distribuídas em vários andares do mesmo prédio, tendo encontros face a face diariamente.

C. Equipes coalocadas, com os membros da equipe sentados lado a lado.

D. Depende das ferramentas de colaboração sendo usadas.

# 220  Gerenciamento Ágil de Projetos

**49. Artefato que revela as fronteiras do produto e justifica o objetivo do projeto:**

A. *Backlog* do produto.

B. Visão do produto.

C. *Roadmap* do produto.

D. Plano de *release*.

**50. Quando uma *Sprint* se inicia no *Scrum*?**

A. No início da reunião de planejamento da *Sprint*.

B. No meio da reunião de planejamento da *Sprint*.

C. No final da iteração anterior.

D. No final da reunião de planejamento da *Sprint*.

**51. Existem 20 requisitos no *backlog* do produto. Devido à pressão de tempo, o patrocinador solicitou que os primeiros oito requisitos fizessem parte do primeiro *release* do produto, pois compõem funcionalidades essenciais. Esse conjunto de características mínimas é chamado de:**

A. MDC.

B. MMC.

C. MMF.

D. MFM.

**52. Qual das seguintes afirmações é verdadeira sobre a relação entre comunicação e colaboração?**

A. Ambas são iguais e podem ser utilizadas alternadamente.

B. Comunicação é troca de informações, enquanto colaboração é trabalhar em conjunto para criar ideias inovadoras.

C. Colaboração é apenas o compartilhamento de informações, enquanto comunicação é o intercâmbio permanente de informações e o trabalho em conjunto para produzir uma ideia nova.

D. A comunicação é um subconjunto da colaboração. Colaboração é apenas comunicação face a face.

**53. Qual é o propósito de considerar personas extremas para definir requisitos?**

A. Ajudar na compreensão das condições limite.

B. Ajudar a melhorar o tratamento de exceção de design.

C. Ajudar na abrangência de todos os casos de teste.

D. Ajudar a identificar requisitos não previstos em um cenário normal.

# Melhoria Contínua 221

**54. Como o planejamento ágil difere da abordagem tradicional de planejamento?**

A. Planejamento ágil tem grande ênfase no plano.

B. A atividade de planejamento ágil só ocorre no planejamento da iteração, que acontece apenas antes do início da iteração.

C. Planejamento ágil se concentra no planejamento progressivo e iterativo.

D. Nenhuma das alternativas anteriores.

**55. Qual ferramenta é utilizada para descobrir se o processo que foi recentemente instituído para o projeto é estável ou não?**

A. Fluxograma.

B. Gráfico *burndown.*

C. Gráfico de limites de controle.

D. Gráfico de Pareto.

**56. Qual das seguintes opções deve ser o primeiro passo para a construção de uma equipe de alto desempenho?**

A. Analisar lacunas de competências em membros da equipe e ter um plano de desenvolvimento para cada indivíduo.

B. Definir as expectativas.

C. Adicionar poucos membros que possuem alto desempenho. Membros com alto desempenho incentivarão o restante da equipe.

D. Apresentar metáforas.

**57. Quanto treinamento ágil deve ser fornecido a uma nova equipe?**

A. Não é necessário nenhum treinamento inicial. Não há nada melhor do que o *coaching* durante o projeto.

B. Treinamento no início da iteração para todo o grupo e *coaching* individual durante a iteração.

C. Devem ser fornecidos pelo menos de uma a duas semanas de treinamento.

D. O tempo necessário para que toda a equipe aprenda os conceitos ágeis.

**58. Leo é *coach* de uma equipe ágil. Durante uma reunião de discussão de design, ele estava atuando como um facilitador e percebeu que a equipe fez uma escolha errada no projeto. Leo tentou corrigi-los soltando algumas dicas através de perguntas, mas a equipe não percebeu. Essa escolha de design incorreto pode causar um pequeno trabalho extra para a equipe. O que Leo deve fazer em seguida?**

A. Leo deve continuar dando dicas até a equipe entender o que ele está tentando dizer.

B. Leo deve orientar a equipe para alterar a opção de design. Leo também pode explicar o raciocínio, se necessário.

# 222 Gerenciamento Ágil de Projetos

C. Leo deve compartilhar sua visão sobre a opção de design, mas deixar a decisão final com a equipe.

D. Não fazer nada. Deixe a equipe aprender com os erros.

**59. Qual das seguintes opções não é um objetivo-chave do gerenciamento ágil de projetos?**

A. Adaptabilidade do produto.

B. Entregas rápidas do produto ao mercado.

C. Redução de custos.

D. Melhoria contínua.

**60. Você está conduzindo um grande projeto ágil para uma empresa de seguro de saúde e decidiu terceirizar o desenvolvimento de um módulo funcional importante. Você recebeu três propostas. Fornecedor A tem mais experiência de trabalho em projetos ágeis. Fornecedor B tem mais experiência na execução de projetos de seguro de saúde. Fornecedor C oferece o menor custo. Qual vendedor você escolheria?**

A. Fornecedor A. Entendimento em metodologias ágeis é mais importante. Entregas incrementais e iterativas podem compensar a experiência limitada no módulo funcional.

B. Fornecedor B. Especialização funcional é mais importante. Se o contrato for preço fixo, não importa se o fornecedor usar entregas iterativas ágeis ou *waterfall*.

C. Fornecedor C. O menor custo ganha o contrato.

D. Qualquer fornecedor pode ganhar o contrato, dependendo do sistema de ponderação de fornecedores determinado.

**61. Qual das seguintes opções não é verdadeira sobre radiadores de informação?**

A. Quadros de tarefas e gráficos *burndown* são exemplos de radiadores de informação.

B. Radiadores de informação devem exibir o progresso e expor os problemas.

C. As informações apresentadas devem ser detalhadas com todos os fatos e números, juntamente com o raciocínio necessário.

D. Radiadores de informação devem ser altamente visíveis.

**62. Qual é a coisa mais importante que você pode aprender com a criação de um padrão de codificação?**

A. Como codificar mais rápido e melhor.

B. Como concordar de forma construtiva.

C. Como discordar construtivamente.

D. Como desenvolver novas tecnologias.

**Melhoria Contínua** 223

63. **Uma equipe ágil está acompanhando o progresso do projeto usando o gráfico** *burndown* **de** *release*. **O gráfico foi descendo até a quinta iteração, então ele subiu um pouco e, em seguida, foi descendo até atingir a linha horizontal. Qual poderia ter sido a razão para o gráfico** *burndown* **ter subido?**

A. Nos testes realizados na sexta iteração, foram detectados problemas encontrados nas *user stories* que foram aceitas na quinta iteração.

B. Foi simplesmente um erro de plotagem. A equipe precisa de treinamento em ferramentas de monitoramento ágeis.

C. Houve adição de escopo.

D. A equipe não poderia terminar todas as *user stories* na sexta iteração.

64. **Ao priorizar com base no valor do negócio e nos riscos envolvidos, que tipo de requisitos o cliente deve escolher primeiro?**

A. Alto valor e alto risco.

B. Alto valor e baixo risco.

C. Baixo valor e baixo risco.

D. Baixo valor e alto risco.

65. **Uma nova pessoa se juntou à equipe. Você percebeu que ela está copiando código de um módulo para outro. O que você acha que está errado nessa situação?**

A. Não há nada de errado aqui. Não há problema em reutilizar código de outros membros da equipe.

B. Trata-se de violação de propriedade intelectual. As pessoas devem usar seu conhecimento e criatividade em vez de copiar o código dos outros.

C. Violação do princípio de design chamado DRY (*Don't Repeat Yourself*).

D. Essa nova pessoa deve primeiro pedir permissão ao autor original do código.

66. **O** *backlog* **do produto tem 200** *story points*. **O orçamento total para completar todo esse trabalho em dez iterações é 100.000. Depois de quatro iterações, 90** *story points* **foram finalizadas. O custo atual é 45.000. Qual é o SPI do projeto?**

A. 1,125.

B. 1.

C. 0,89.

D. Dados insuficientes para encontrar SPI.

67. **Qual das seguintes opções é uma prática do XP?**

A. Entregas curtas.

B. Design simples.

C. Metáfora.

D. Todas as alternativas anteriores.

## 224 Gerenciamento Ágil de Projetos

**68. Qual das seguintes opções é uma ferramenta de colaboração comum entre o cliente e a equipe?**

A. Reunião *daily stand-up*.
B. *Backlog* do produto.
C. *Backlog* da iteração.
D. Relatório de status.

**69. Qual das seguintes opções é a afirmação correta?**

A. Geralmente devem ser escolhidos projetos com menor Valor Presente Líquido.
B. A Taxa Interna de Retorno é utilizada quando Valor Presente Líquido for igual a 0.
C. O Valor Presente Líquido significa que dinheiro ganho no futuro vale mais do que dinheiro ganho hoje.
D. Se houver dois projetos com o mesmo Valor Presente Líquido, mas com Taxa Interna de Retorno diferente, é melhor escolher o projeto com menor Taxa Interna de Retorno.

**70. Quais são as afirmativas verdadeiras sobre *user stories*?**

1. **Durante uma oficina de escrita de *user stories* o foco deve ser na qualidade e não na quantidade.**
2. **Uma boa oficina de escrita de *user stories* combina os melhores elementos de reflexão com prototipagem de baixa fidelidade.**
3. **Nenhuma prioridade é associada com as *user stories* durante a oficina de escrita.**
4. **Uma oficina de escrita de *user stories* inclui desenvolvedores, usuários, o cliente do produto e outras partes que possam contribuir escrevendo *user stories*.**

A. 1 e 4.
B. 2 e 3.
C. 2, 3 e 4.
D. Todas as quatro.

**71. Qual é o melhor momento para o *Product Owner* refinar o *backlog* do produto?**

A. Durante o planejamento de *release*.
B. Durante o planejamento da iteração.
C. Exatamente antes do planejamento da iteração.
D. Pode acontecer ao longo da iteração ou alguns dias antes da reunião de planejamento da iteração seguinte.

**Melhoria Contínua  225**

72. **Quando é o melhor momento para se fazer uma auditoria de riscos (examinar a eficácia das respostas aos riscos)?**

A. Como parte do planejamento da iteração.
B. Como parte da revisão da iteração.
C. Como parte da reunião de retrospectiva.
D. Como parte da reunião de revisão de gerenciamento de riscos.

73. **Qual das seguintes práticas não faz parte do XP?**

A. Compilação manual.
B. Desenvolvimento orientado a testes.
C. Programação em par.
D. Integração contínua.

74. **Uma equipe ágil está examinando um gráfico *burndown* para acompanhar o progresso do projeto. Segue-se a sequência de eventos:**

1. **No início havia 240 *story points* a serem concluídas.**
2. **Na iteração 1, a equipe concluiu 20 *story points*.**
3. **Na reunião de planejamento da segunda iteração uma nova *user story* de 15 *story points* foi adicionada ao *backlog* e selecionada como parte do escopo da iteração, pois sua prioridade era alta.**
4. **A equipe concluiu a *user story* recém-selecionada e outra *user story* de cinco *story points*.**

**Como o gráfico *burndown* está refletindo os dados informados?**

A. O topo da barra está posicionado em 200 e a parte inferior está posicionada em -15.
B. O topo da barra está posicionado em 215 e a parte inferior está posicionada em 0.
C. O topo da barra está posicionado em 200 e a parte inferior está posicionada em 0.
D. O topo da barra está posicionado em 215 e a parte inferior está posicionada em -15.

75. **Qual das seguintes opções não é uma técnica para estimar a velocidade da equipe?**

A. Opinião de especialistas.
B. Analogia com projetos similares.
C. Previsão com base em iterações anteriores.
D. Executar uma iteração para determinar a primeira velocidade.

# 226   Gerenciamento Ágil de Projetos

76. **No meio da iteração, a equipe ágil percebeu que a tecnologia disponível possui uma limitação, pois o site desenvolvido terá problemas de desempenho quando houver mais de cinco mil usuários acessando simultaneamente. Isso é um problema porque a expectativa do cliente é que, dentro do período de um ano, os acessos simultâneos ultrapassem os cinco mil. O que o gerente de projetos deve fazer?**

   A. Nada. Não existe solução mais simples disponível e o cliente não irá perceber o problema tão cedo.
   B. Descrever o problema para o cliente. Com base nas informações da equipe, fornecer opções juntamente com a avaliação de impacto detalhada (custo, riscos, etc.) e solicitar que o cliente decida o próximo curso de ação.
   C. Informar o patrocinador e a alta gerência.
   D. Informar o cliente e dizer que nesse momento o site só pode atender a um número limitado de usuários, que o *business case* é fraco e por isso é melhor encerrar o projeto ou reiniciá-lo com uma tecnologia diferente.

77. **Qual das seguintes ferramentas ajuda as equipes ágeis no monitoramento de gargalos e nas filas de trabalho?**

   A. Gráfico *burndown*.
   B. Diagrama de fluxo cumulativo.
   C. Gráfico *parking lot*.
   D. Relatório de oferta e demanda.

78. **No planejamento da iteração, a equipe se comprometeu a entregar três *user stories*. As estimativas para essas *user stories* eram: 5, 4 e 0 *story points*. A equipe concluiu com êxito todas essas *user stories*. A *user story* de 5 *story points* levou cinco dias para ser concluída. A *user story* de 4 *story points* levou três dias para ser concluída. A *user story* de 0 *story points* levou muito pouco para ser concluída (entre uma e duas horas). Qual é a velocidade da equipe com base nesses dados?**

   A. Três *user stories*.
   B. Oito *story points*.
   C. Entre oito e nove *story points*.
   D. Nove *story points*.

79. **Qual das seguintes afirmações é verdadeira sobre o quadro de tarefas?**

   A. Lista a velocidade da equipe.
   B. Lista o total de iterações.
   C. É sempre um quadro branco.
   D. Mostra quais tarefas estão sendo trabalhadas e quais estão disponíveis para trabalho.

## Melhoria Contínua    227

**80. O que representam os eixos horizontal e vertical para o gráfico *burndown* da iteração?**

A. Horizontal – linha do tempo em dias, vertical – esforço restante.

B. Horizontal – iterações, vertical – *story points*.

C. Horizontal – iterações, vertical – esforço restante.

D. Horizontal – *releases*, vertical – *story points*.

**81. Qual das seguintes opções ajudaria a melhorar a velocidade da equipe?**

A. Evitar o débito técnico.

B. Trabalhar colaborativamente.

C. Utilizar programação em par.

D. Todas as alternativas anteriores.

**82. Baseado no modelo Kano de priorização, qual das seguintes opções é falsa?**

A. Em projetos ágeis existe uma grande ênfase na criação de funcionalidades padrão em primeiro lugar.

B. Na ausência de funcionalidades padrão, funcionalidades excitantes/satisfatórias não vão ajudar a obter a satisfação do cliente.

C. Após um período de tempo funcionalidades padrão se tornam excitantes.

D. Quanto mais funcionalidades excitantes, maior será a satisfação do cliente.

**83. Qual das seguintes afirmações é verdadeira sobre gerenciamento ágil de valor agregado?**

A. É uma técnica valiosa para medir desempenho de custos do projeto.

B. É aconselhável fazer gerenciamento de valor agregado no nível de produto, em vez de *release* ou iteração.

C. Se uma *user story* é parcialmente feita, 50% de sua estimativa pode ser considerada no cálculo do valor agregado.

D. Todas as alternativas anteriores.

**84. No gerenciamento ágil de projetos, quando um plano é alterado?**

A. Na reunião de planejamento da iteração.

B. Ao final de cada iteração.

C. Quando se aprende algo novo.

D. Um plano de alto nível não deve mudar, apenas marcos internos podem mudar.

# 228 Gerenciamento Ágil de Projetos

85. **Uma equipe ágil está fazendo o planejamento da nona iteração. Até o momento, as velocidades medidas foram: menor = 12 *story points*; média = 18 *story points*; maior = 24 *story points*. Existem as seguintes *user stories* ordenadas por prioridade:**

    1. *User story 1 – 5 story points.*
    2. *User story 2 – 7 story points.*
    3. *User story 3 – 9 story points.*
    4. *User story 4 – 5 story points.*
    5. *User story 5 – 3 story points.*
    6. *User story 6 – 1 story point.*

**Quais *user stories* o cliente deve selecionar?**

A. 1, 2.
B. 1, 2, 3.
C. 1, 2, 4, 6.
D. 1, 2, 4, 5.

86. **Qual é a unidade de medida usada para aferir o esforço de uma *user story* em um projeto ágil?**

A. Pontos de função.
B. *Story points.*
C. Pontos de EAP.
D. Pontos de velocidade.

87. **Um gerente de negócios sênior pede à equipe para adicionar um requisito muito importante para a iteração atual. O que você deve fazer, como líder dessa equipe?**

A. Adicionar o requisito à iteração atual, pois o gerente sênior é uma parte interessada chave.
B. Informar o cliente, de modo que o cliente possa negociar com o gerente sênior.
C. Adicionar o requisito para ser trabalhado na próxima iteração.
D. Adicionar o requisito na iteração atual, mas trabalhar com o cliente e a equipe para decidir quais itens poderão ser descartados para não ultrapassar o *timebox* estabelecido.

88. **Qual das seguintes opções não é uma saída do planejamento de *release*?**

A. *Backlog* do *release.*
B. Itens de ação.
C. Dependências.
D. Velocidade da equipe.

# Melhoria Contínua    229

**89. Qual é a opção verdadeira sobre o gráfico *burndown* de riscos?**

A. Ele exibe se os riscos do projeto estão diminuindo de forma adequada.

B. Ele exibe iterações no eixo horizontal e o número de riscos remanescentes no eixo vertical.

C. Ele mostra o custo consumido para várias ações de gerenciamento de riscos.

D. Ele mostra a gravidade do risco no eixo horizontal e os custos associados no eixo vertical.

**90. Qual das seguintes opções pode ser a principal razão para a finalização anormal de uma iteração?**

A. Quando a equipe acredita que não finalizará qualquer *user story*.

B. Quando o cliente solicita para a equipe acomodar uma nova funcionalidade no meio da iteração.

C. A equipe está sentindo que o trabalho é muito difícil.

D. O cliente sente que, devido a alterações nas condições de negócios, a iteração não terá valor.

**91. O que uma equipe ágil deve fazer para mitigar os riscos associados a um projeto que possui restrição de prazo?**

A. Dar segurança nas estimativas.

B. Adicionar recursos extras para aumentar a produtividade da equipe.

C. Reavaliar o plano de *release* ao final de cada iteração.

D. Reavaliar o plano de *release* ao final do *release*.

**92. Quando é realizada a retrospectiva da iteração?**

A. Em qualquer momento da iteração.

B. No início de cada iteração.

C. Ao final de cada iteração.

D. Ao final da última iteração.

**93. Qual das seguintes afirmações é verdadeira sobre o tempo de retorno sobre o investimento e os riscos em projetos ágeis?**

A. Quanto menor o tempo de retorno, maior será o risco.

B. Quanto maior o tempo de retorno, maior será o risco.

C. Quanto maior o tempo de retorno, menor será o risco.

D. Não há nenhuma relação entre o tempo de retorno e o risco.

**230  Gerenciamento Ágil de Projetos**

**94. Qual é o melhor momento para atualizar o gráfico *burndown* de *release*?**

A. Durante a iteração.
B. Após a revisão da iteração.
C. Durante a reunião de planejamento da iteração.
D. Ao final do *release*.

**95. Qual é a afirmação que melhor descreve o propósito da revisão da iteração?**

A. Para verificar o que a equipe tem feito e recompensá-la apropriadamente.
B. Para inspecionar o resultado da iteração e identificar itens de ação para a iteração seguinte.
C. Para identificar o que correu bem e o que não correu bem durante a iteração.
D. Para revisar as atividades da equipe durante a iteração.

**96. Quando é feita a estimativa de custos em projetos ágeis?**

A. No planejamento de *release*.
B. Na elaboração da visão do produto.
C. No planejamento de iteração.
D. Quando a EAP estiver disponível.

**97. O que a fórmula a seguir representa na fórmula de cálculo do VPL (Valor Presente Líquido)?**

$$PV = \frac{FV}{(1+i)^n}$$

A. O valor atual que terá os custos abatidos.
B. O valor futuro que aumenta no término de cada *release*.
C. O valor futuro expresso em valores atuais e que terá os custos abatidos.
D. Nenhuma das anteriores.

**98. Na reunião de retrospectiva, algumas questões são destacadas pela equipe. Quem é o responsável por resolver essas questões?**

A. Equipe.
B. Gerente de projetos.
C. Cliente.
D. Escritório de PMO.

## Melhoria Contínua 231

**99. Ao utilizar *planning poker* para estimar o esforço de *user stories*, como a equipe deve determinar o esforço?**

A. Usando a maior estimativa em no máximo duas rodadas.

B. Usando a média das estimativas dadas pelos diferentes membros da equipe.

C. Usando as estimativas resultantes da convergência da equipe após algumas rodadas.

D. Usando a estimativa mais baixa após um número fixo de rodadas.

**100. Qual das seguintes opções seria útil na criação de personas?**

A. Nome da persona.

B. Idade para a persona.

C. Retrato da persona.

D. Todas as alternativas anteriores.

**101. Sua equipe estimou uma grande *user story* (épico). Seu cliente não está satisfeito com a estimativa feita. Qual deve ser a melhor ação a ser tomada?**

A. Estimar novamente a *user story*.

B. Estimar em horas ideais.

C. Solicitar ao cliente que decomponha a *user story* em *user stories* menores e estimá--las novamente.

D. Não fazer nada. O cliente não deve levantar dúvidas sobre a estimativa feita pela equipe.

**102. Uma boa *user story* deve possuir atributos INVEST. O que INVEST significa?**

A. *Interdependent, Negotiable, Valuable, Estimable, Small and Testable.*

B. *Independent, Negotiable, Valid, Estimable, Small and Testable.*

C. *Independent, Negotiable, Valuable, Estimable, Small and Testable.*

D. *Interdependent, Negotiable, Valuable, Estimable, Simple and Testable.*

**103. O *Wideband Delphi* é um método utilizado para:**

A. Criar *user stories*.

B. Realizar estudo de viabilidade.

C. Gerar estimativas.

D. Formar equipes ou aumentar a motivação da equipe.

**104. Qual das seguintes afirmações é falsa sobre estimativas em *story points*?**

A. Utiliza uma escala não linear, tal como 1, 2, 3, 5, 8, 13.

B. É aceitável ter estimativa com valor zero.

C. *User story* estimada com mais de dez vezes que a *user story* com menor estimativa deve ser considerada um épico e deve ser decomposta.

D. Nenhuma das alternativas anteriores.

## 232 Gerenciamento Ágil de Projetos

**105. Qual prática do XP incentiva qualquer membro da equipe a corrigir problemas no código, mesmo se o membro que atuar no problema seja o mesmo membro que desenvolveu o código?**

A. Integração contínua.

B. Refatoração.

C. Desenvolvimento orientado a testes.

D. Propriedade coletiva de código.

**106. Uma equipe ágil está trabalhando em um novo software para uma loja de livros. Na primeira iteração, a *user story* priorizada é para desenvolver o módulo de manutenção de livros (adicionar livros, modificar informações sobre livros, exclusão de livros). Durante o planejamento da iteração, a equipe percebeu que essa *user story* é muito grande e não pode ser entregue completamente em uma única iteração. O que o cliente deve fazer?**

A. Dividir a *user story* em *user stories* menores com base em camadas de arquitetura como: criação de banco de dados, criação de telas, camada de interface do usuário, *back-end*, conectividade.

B. Dividir a *user story* em *user stories* menores com base em funcionalidades: adição de livros, modificar informações sobre livros e exclusão de livros.

C. Não fazer nada, pois é normal ter algumas iterações iniciais sem entregar nenhum valor ao produto.

D. Modificar a duração da iteração de modo que a equipe seja capaz de terminar essa *user story* em uma única iteração.

**107. Personas utilizadas em coletas de requisitos em projetos ágeis podem ser definidas como:**

A. Uma pessoa que só vai usar o produto com pouca frequência.

B. Uma pessoa que vai influenciar as primeiras pessoas a utilizarem o produto.

C. Uma pessoa que formalmente fará os testes de aceitação.

D. Uma representação imaginária de um usuário do produto.

**108. No contexto de estimativa e planejamento ágil, o que significa um épico?**

A. Uma grande *user story*.

B. Uma *user story* de alta prioridade.

C. Documento de estudo de viabilidade.

D. Um requisito não funcional.

## Melhoria Contínua 233

**109. Qual das seguintes afirmações é verdadeira sobre mapeamento de fluxo de valor?**

A. Mapeamento de fluxo de valor contempla identificar relacionamentos entre funcionalidades e *user stories*, criando um mapa para entender os requisitos de usuário na linha do tempo.

B. Mapeamento de fluxo de valor contempla revisar o atual mapa de processos, comparando os objetivos do projeto e fazendo as mudanças necessárias.

C. Mapeamento de fluxo de valor contempla desenhar um mapa dos processos e identificar possíveis desperdícios.

D. Mapeamento de fluxo de valor significa priorizar *user stories* com base em dependências funcionais.

**110. Qual das seguintes opções pode ser considerada uma boa *user story*?**

A. O administrador pode gerenciar os livros que ele adicionou.

B. O administrador pode atualizar a disponibilidade do livro.

C. O administrador pode adicionar, editar e excluir vários livros.

D. O código deve ser escrito em Java.

**111. O cliente providenciou um plano para a equipe ágil, onde especifica as funcionalidades de alto nível que serão entregues na linha do tempo. Qual é o nome desse plano?**

A. Documento de visão.

B. *Backlog* do produto.

C. *Roadmap* do produto.

D. *Business case*.

**112. A técnica da triangulação deve ser utilizada nas estimativas por *story points*. Qual é o significado de triangulação?**

A. Estimativa com base em três fatores: tamanho, complexidade e exploração.

B. Trata-se de priorizar *user stories* antes de estimá-las.

C. Estimar uma *user story* comparando-a com outras *user stories*.

D. Estimar individualmente e depois o grupo discute suas estimativas. O processo é repetido até a estimativa convergir.

**113. Qual das seguintes opções é incorreta sobre testes de aceitação?**

A. Testes de aceitação devem ser escritos o mais tarde possível, geralmente um pouco antes do início dos testes para evitar retrabalhos.

B. Testes de aceitação são úteis para o entendimento das restrições do cliente.

C. Testes de aceitação validam que a funcionalidade a ser entregue atenda à expectativa do cliente.

D. Testes de aceitação são muitas vezes escritos no verso do cartão da *user story*.

## 234   Gerenciamento Ágil de Projetos

**114. Como gerente de projetos ágil, o que você deve fazer se uma *user story* comprometida não puder ser concluída até o final da iteração e fossem necessários mais dois dias para concluí-la?**

A. Como é apenas uma questão de dois dias, estenda a duração da iteração dessa vez para terminar o que foi comprometido. Reunião de comprometimento é mais importante do que respeitar uma iteração de duração fixa.

B. Peça à equipe para parar de trabalhar na *user story*, uma vez que não pode ser concluída. Coloque a *user story* como prioridade máxima na próxima iteração.

C. Discuta a situação com o cliente e as opções disponíveis, sem alterar a data de término da iteração.

D. Deixe a equipe continuar a trabalhar e terminar o que conseguir. A parte inacabada deve ser finalizada na próxima iteração.

**115. Quais são as premissas das estimativas em horas ideais?**

A. A *user story* está sendo estimada levando em consideração o tempo no qual a equipe irá trabalhar nela, sem considerar interrupções.

B. O desenvolvedor mais eficiente irá trabalhar na *user story* e essa pessoa não será incomodada.

C. A equipe não terá nenhum tipo de interrupção.

D. A *user story* está sendo estimada levando em consideração o tempo no qual a equipe irá trabalhar nela, sem considerar interrupções nem o tempo necessário para testes.

**116. Qual(is) das seguintes afirmações é(são) verdadeira(s) sobre velocidade?**

1. **Se uma *user story* não for concluída, seu percentual de conclusão é computado no cálculo da velocidade.**
2. **Velocidade evita erros de estimativa.**
3. **Velocidade ajuda na satisfação do cliente.**
4. **Velocidade ajuda a estimar a data final do *release*.**

A. 4.

B. 1 e 3.

C. 2, 3 e 4.

D. 1, 2, 3 e 4.

**117. Qual das seguintes opções deve ser o primeiro passo para a realização de retrospectivas?**

A. Configurar o cenário – garantir que todos os participantes façam uma breve introdução.

B. Coletar as informações – criar uma imagem compartilhada do que aconteceu.

C. Definir as metas SMART.

D. Elaborar jogos de planejamento de retrospectivas.

# Melhoria Contínua    235

**118.** Um método no qual um teste é criado antes do desenvolvimento da solução, desenvolvido pelo *Product Owner*/cliente, é chamado de:

A. Desenvolvimento orientado a cliente.
B. Teste antes do desenvolvimento.
C. Desenvolvimento orientado a testes de aceitação.
D. Desenvolvimento orientado a funcionalidades.

**119.** A velocidade de uma equipe nas iterações de 1 a 6 é demonstrada a seguir:

Iteração 1 – 15 *story points.*

Iteração 2 – 10 *story points.*

Iteração 3 – 20 *story points.*

Iteração 4 – 15 *story points.*

Iteração 5 – 20 *story points.*

Iteração 6 – 10 *story points.*

Nenhum dos membros da equipe teve férias durante as seis primeiras iterações e ninguém está planejando tirar férias durante a iteração 7. Quais *user stories* do *backlog* do produto a equipe pode comprometer na iteração 7, sendo que o *backlog* está ordenado e priorizado da seguinte forma:

*User story* 1 – 3 *story points.*

*User story* 2 – 1 *story point.*

*User story* 3 – 3 *story points.*

*User story* 4 – 5 *story points.*

*User story* 5 – 8 *story points.*

*User story* 6 – 3 *story points.*

*User story* 7 – 1 *story point.*

*User story* 8 – 1 *story point.*

*User story* 9 – 5 *story points.*

*User story* 10 – 1 *story point.*

A. 1 a 10.
B. 1, 2, 3, 4 e 6.
C. 1, 2, 3, 4, 7, 8 e 10.
D. 1, 2, 3 e 5.

## 236 Gerenciamento Ágil de Projetos

**120. Para desenvolver uma funcionalidade definida em uma *user story*, a equipe precisa utilizar um novo recurso técnico. No entanto, ninguém na equipe já usou esse recurso. Como essa situação deve ser conduzida?**

A. Desenvolver uma solução *spike* para avaliação.

B. Procurar a ajuda de um especialista fora da equipe.

C. Sinalizar um risco e, em seguida, continuar com o projeto e construir o trabalho utilizando o novo recurso técnico.

D. Sinalizar o risco para o cliente e sugerir que a *user story* seja removida do *backlog* do produto.

---

Todas as questões foram traduzidas e adaptadas de Whizlabs: **www.whizlabs.com**

## 7.12. Respostas

**1. C**

A equipe está utilizando o *fist-of-five*, modelo participatório de tomada de decisão que visa atingir o consenso.

**2. A**

Quem financia um projeto é o patrocinador do projeto e não o *Product Owner*.

**3. C**

As camadas de planejamento ágil são: estratégico, portfólio, *release*, iteração, diário e contínuo. Planejamento de equipe não é uma camada de planejamento ágil.

**4. B**

A metodologia *Crystal* trabalha com cores para classificar o tipo de abordagem a ser utilizado.

**5. B**

Separações dos membros por hierarquia e pessoas usando fones de ouvido promovem o isolamento e não contribuem para o conhecimento compartilhado.

Espaços para a divulgação de radiadores de informação e a existência de local calmo e privado (*caves*) contribuem para um bom espaço da equipe.

**6. D**

O líder deve ser o removedor de impedimentos. As demais alternativas tornam a *daily stand-up* uma reunião de relatório de tarefas.

**7. C**

A resposta realmente correta seria deixar a equipe resolver, mas a questão joga a responsabilidade nas mãos do líder. No conflito de nível 3 deve-se usar o confronto ou a conciliação. Não existe nenhuma alternativa referente a uma resolução do conflito via confronto, portanto resta a conciliação. Dentre as alternativas dadas, a negociação é a melhor forma de atingir a conciliação.

**8. B**

A *daily stand-up* não é reunião de comunicação para as partes interessadas, não pode ultrapassar 15 minutos em hipótese alguma e muito menos serve para gerenciar recursos.

## 238    Gerenciamento Ágil de Projetos

As três perguntas-chave da reunião são uma forma de inspecionar e identificar possíveis adaptações nos planos de trabalho.

### 9. C

O comando é um perfil mais relacionado ao gerenciamento.

### 10. C

Velocidade é uma métrica que jamais deve ser utilizada para comparar equipes.

### 11. C

Uma vez que a *daily stand-up* jamais deve ultrapassar 15 minutos e a quantidade máxima recomendada de membros em um projeto ágil é 12 pessoas, o correto é dividir a equipe (assegurando o mínimo de interdependência entre elas) e realizar uma *daily stand-up* para cada equipe.

### 12. B

Questão complicada. Todos os valores são importantes para conquistar a confiança das partes interessadas, porém a confiança é ganha realmente quando os métodos ágeis utilizados no projeto entregam um produto funcional de acordo com as necessidades e expectativas das partes interessadas.

### 13. C

Questão que mistura conceitos de liderança e filosofia *Lean*. Multitarefa é uma característica que vai totalmente contra a filosofia *Lean*, portanto não é característica de um líder servidor.

### 14. B

*Scrum*, *Lean* e XP se complementam e podem ser utilizados juntos no mesmo projeto através de um bom processo de *tailoring*.

### 15. C

Agilidade incentiva flexibilidade para mudanças, porém a estabilidade não deve ser deixada de lado. Um projeto com mudanças a qualquer momento pode ser um sério candidato a sofrer com o *scope creep*, termo utilizado para definir o aumento desordenado de escopo.

## 16. D

Colaboração com o cliente sobre negociação de contratos é a única alternativa que reflete um valor do Manifesto Ágil.

Restringir mudanças, equipes e interações e entregas provisórias não são sentenças existentes no Manifesto Ágil.

## 17. B

As entregas incrementais permitem que o cliente inspecione o produto cedo e de forma frequente, e ajudam a mitigar os riscos e as incertezas do projeto.

## 18. D

Não existe opção incorreta.

O *Scrum Master* é o facilitador de toda a equipe do projeto, deve remover barreiras e incentivar os três pilares do *Scrum*: inspeção, adaptação e visibilidade.

## 19. B

Os mapas listam as *user stories* na linha do tempo, permitindo uma visão completa dos requisitos.

## 20. B

A questão aborda um dos princípios do Manifesto Ágil.

Processos ágeis promovem desenvolvimento sustentável. Os patrocinadores, desenvolvedores e usuários devem ser capazes de manter ritmo constante indefinidamente.

## 21. D

O cliente deve garantir o ROI do produto, elaborar uma visão inicial do produto e criar um *backlog* priorizado do produto.

## 22. C

Uma iteração é finalizada após a revisão da iteração, onde o cliente aprova ou rejeita o incremento do produto finalizado, e a retrospectiva, onde a equipe reflete sobre a iteração e identifica ações de melhoria contínua.

## 23. D

Ao migrar de métodos tradicionais para métodos ágeis, as seguintes opções devem ser levadas em consideração: quantificar o valor que os métodos ágeis trarão, identificar os riscos que devem ser gerenciados durante a migração e evitar seleção aleatória de metodologia.

## 240   Gerenciamento Ágil de Projetos

### 24. D

Todas as alternativas ajudam a melhorar a velocidade da equipe: melhorar o envolvimento do cliente, fornecer os recursos necessários e eliminar o débito técnico.

### 25. C

Repare que a questão fala sobre um *release* orientado a entrega por data (*date-driven*), portanto o escopo deve ser flexível e pode ser criado um *buffer* de funcionalidades, ou seja, funcionalidades que podem ou não fazer parte do *release*.

### 26. A

Métodos ágeis incentivam a decisão no último momento responsável, ou seja, no momento onde são conhecidas todas as informações necessárias para uma melhor tomada de decisão e um melhor planejamento.

### 27. C

O líder deve ser o grande facilitador das retrospectivas utilizando métodos de facilitação.

### 28. D

O líder não deve intervir no *backlog* da iteração, que é de responsabilidade única e exclusiva da equipe de desenvolvimento.

O líder também não deve intervir no *backlog* do produto, que é de responsabilidade única e exclusiva do cliente.

Agora, facilitar decisões e remover impedimentos da equipe contribuem para a construção de uma equipe de alto desempenho.

### 29. B

Equipes multifuncionais compostas por generalistas são recomendadas para a formação de equipes ágeis de alto desempenho.

### 30. C

Para responder essa questão aplique o acrônimo INVEST em cada uma das *user stories*:

"O software será desenvolvido em C++" – Como testar essa *user story*?

"O software deve ser fácil de usar" – Qual é o critério de aceitação para "fácil"? *User story* muito subjetiva.

"Automatizar a compilação" – *User story* vaga, grande, aparenta ser um épico.

"Aplicação deve ser executada nos navegadores Google Chrome, Internet Explorer e Firefox Mozilla" – *User story* clara, com critério de aceitação bem definido.

### 31. D

Lembrando os conceitos do *Shu-ha-ri*, comece a fazer a transição aos poucos. Encare a transição como um *spike*, experimentando e revisando os efeitos colaterais da transição na reunião de retrospectiva.

### 32. C

O processo adaptativo é aquele que permite mudanças identificadas no decorrer do projeto através da repriorização e do refinamento do *backlog* do produto.

### 33. C

Ritmo sustentável, embora seja um princípio forte do Manifesto Ágil, não é um conceito nativo da filosofia *Lean*.

### 34. D

Quando a escuta global é praticada, significa que, além da mensagem, movimentos, posturas, tom de voz, expressão e maneirismos do interlocutor estão sendo captados.

### 35. B

As *user stories* são requisitos do produto e ninguém melhor que o cliente para defini-las.

### 36. B

A iteração 0 é realizada em cenários onde requisitos, recursos ou tecnologia são desconhecidos ou apresentam muito risco.

O planejamento de *release* dá subsídios para identificar se existirá a necessidade da realização da iteração.

### 37. C

Lei de Parkinson trata da tendência de utilizar todo o tempo disponível para executar determinado trabalho.

### 38. C

Todas as cerimônias do *Scrum* são regidas pelo conceito de *timebox* (tempo determinado). Sempre finalizam ao expirar seu *timebox* correspondente.

## 242 Gerenciamento Ágil de Projetos

### 39. A

Os conceitos de elaboração progressiva e decomposição orientada a valor ajudam a mitigar esse risco, pois evitam mudanças desordenadas e descontroladas.

### 40. C

Trata-se de um dos princípios do Manifesto Ágil: construir projetos ao redor de indivíduos motivados, dando a eles o ambiente e suporte necessários, e confiar que farão seu trabalho.

### 41. D

Equipes ágeis preferencialmente devem ser multifuncionais e compostas por generalistas.

### 42. D

O *coach*, o grande líder, deve desenvolver fortemente habilidades interpessoais para ser um motivador, inspirador, incentivador e facilitador da equipe, ou seja, ser o modelo.

### 43. A

No *Scrum*, a *Sprint* não deve sofrer alterações que comprometam a sua meta, diferentemente do *Extreme Programming*, que trata com maior flexibilidade as mudanças no decorrer de uma iteração.

### 44. A

*Ri* = Ser a regra.

Se a equipe chegou ao estágio de alto desempenho, auto-organização e autodireção, o papel do líder seria mais próximo ao de um conselheiro.

### 45. B

O princípio da simplicidade está associado à regra 80/20, onde 20% dos esforços geram 80% dos resultados, ou seja, evitar esforços extras (desperdício) para a entrega de resultados.

### 46. B

É considerado um sistema *pull* (puxar), pois as tarefas vão trafegando (sendo puxadas) do estágio mais à esquerda até o estágio final mais à direita.

### 47. C

Ajudar os membros da equipe a dar pequenos passos no caminho ágil é uma ótima característica de liderança inspiradora.

Definir sempre grandes expectativas pode não corresponder à realidade e causar frustração dentro da equipe.

Dizer o que os membros da equipe devem fazer é uma atitude de controle que dificulta a formação de uma equipe de alto desempenho.

Chegar ao local da reunião antes dos membros da equipe agrega muito pouco em termos de liderança.

### 48. C

Ambientes onde os membros da equipe se sentam próximos uns aos outros facilita a comunicação osmótica.

### 49. B

A visão do produto, que deve constar no termo de abertura do projeto, define as fronteiras do produto e justifica o objetivo do projeto.

Os demais artefatos (*backlog* do produto, *roadmap* do produto e plano de *release*) são gerados através da decomposição e do refinamento da visão inicial do produto.

### 50. A

O início da reunião de planejamento da *Sprint* representa o início de uma *Sprint*.

### 51. C

MMF ou *Minimum Marketable Feature* representa o conjunto mínimo de funcionalidades que torna o produto utilizável pelo cliente, embora não represente o produto final a ser gerado pelo projeto.

### 52. B

O gerenciamento das comunicações fala sobre como as informações do projeto são distribuídas.

Colaboração tem a ver com o trabalho em conjunto.

### 53. D

Personas extremas ajudam a dar uma visão do produto sob uma ótica inesperada, identificando novas funcionalidades ou mesmo simplificando funcionalidades definidas.

**244   Gerenciamento Ágil de Projetos**

### 54. C

Elaboração progressiva e entregas incrementais e iterativas são os principais conceitos do planejamento ágil.

### 55. C

Os limites de controle podem ser utilizados para monitorar velocidade, defeitos ou alguma característica do produto ou processo que precisa ter sua estabilidade medida.

### 56. B

O líder deve deixar claro o que ele espera da equipe perante o projeto, ou seja, definir as expectativas.

### 57. B

Questão de ciclo de *coaching*. Treinamento no início da iteração para todo o grupo e *coaching* individual durante a iteração.

### 58. D

Caso a equipe adote decisões que não foram as ideais para o projeto, elas serão detectadas e discutidas na retrospectiva de iteração. O líder não deve intervir.

### 59. C

Ciclo adaptativo, entregas rápidas e foco em melhoria contínua são objetivos-chave do gerenciamento ágil de projetos. Redução de custos não pode ser considerado um objetivo-chave.

### 60. D

Questão de ética disfarçada de pergunta de gerenciamento de aquisições.

Uma vez que a questão não determina quais os critérios de ponderação para a seleção dos fornecedores, qualquer fornecedor pode ganhar o contrato.

### 61. C

O objetivo dos radiadores de informação é tornar as informações do projeto visíveis em áreas de circulação, fazendo com que as informações se propaguem rapidamente e gerando entendimento entre as partes interessadas do projeto. Excesso de detalhes pode fazer com que as informações se tornem complexas, confusas, dificultando a sua propagação.

## Melhoria Contínua  245

### 62. C

Uma das práticas do *Extreme Programming*, criar padronização de código, contribui para que todos possam ter o mesmo entendimento. Promove o desacordo construtivo para que a equipe crie o seu padrão de código.

### 63. C

Subida no gráfico de *burndown* de *release* significa aumento de escopo.

Não assuma que o aumento de escopo foi devido a problemas detectados na entrega da iteração anterior (alternativa A), uma vez que o gráfico *burndown* não lista a causa de variações.

### 64. A

Requisitos com alto valor e alta probabilidade de risco devem ser priorizados o quanto antes.

### 65. C

A questão fala sobre a prática da refatoração do XP. Ao copiar o código, o novo membro da equipe está ferindo o princípio do DRY (*Don't Repeat Yourself,* "não se repita").

### 66. A

Questão sobre gerenciamento de valor agregado que pede o cálculo do índice de desempenho do cronograma. Lembrando que:

SPI = EV / PV

EV = *Story points* concluídas / Total de *story points*

PV = Iterações concluídas / Total de iterações

Logo:

EV = 90 / 200 = 0,45

PV = 4 / 10 = 0,40

SPI = 0,45 / 0,40 = 1,125

Repare que a questão informa o orçamento total (BAC) de 100.000 e o custo atual (AC) de 45.000, que nada agregam para a resolução da questão.

## 246 Gerenciamento Ágil de Projetos

**67. D**

Entregas curtas, design simples e metáfora são todas práticas do XP.

**68. B**

O *backlog* do produto é estimado pela equipe e negociado com o cliente para a distribuição das *user stories* dentro das iterações.

*Daily stand-up* é uma reunião com foco em compartilhar conhecimento entre a equipe sem a participação do cliente.

*Backlog* da iteração são as tarefas que a equipe precisa realizar para desenvolver as *user stories* combinadas com o cliente.

**69. B**

A taxa interna de retorno é um percentual que iguala o valor presente das receitas ao valor presente dos custos.

**70. C**

Uma oficina de *user stories* é uma espécie de *brainstorming*, onde a quantidade importa mais que a qualidade.

Todas as demais opções são afirmativas verdadeiras sobre oficinas de *user stories*: prototipagem de baixa fidelidade, sem foco em priorização e preferencialmente incluindo toda a equipe e as partes interessadas que possam contribuir.

**71. D**

Lembra-se dessa figura que descreve o ciclo de vida do gerenciamento ágil de projetos?

Traduzido e adaptado de Mike Griffiths: *www.LeadingAnswers.com*

Repare que o planejamento da iteração é feito ao final da iteração anterior e no início da iteração seguinte.

# Melhoria Contínua   247

## 72. C

Perceba que a questão pergunta qual é o melhor momento para revisar se um determinado processo (neste caso, a auditoria de riscos) funcionou bem durante a iteração ou não. O momento para revisar o que correu bem ou não dentro de uma iteração é a reunião de retrospectiva.

## 73. A

Desenvolvimento orientado a testes, programação em par e integração contínua são todas práticas do XP. Não existe nenhuma prática de compilação manual no XP.

## 74. A

O resultado da questão remete ao gráfico a seguir, representando abaixo do eixo 0 as 15 *story points* adicionadas ao escopo original e o topo da barra posicionada em 200 *story points*, representando as 40 *story points* concluídas (20 da iteração 1 + 20 da iteração 2):

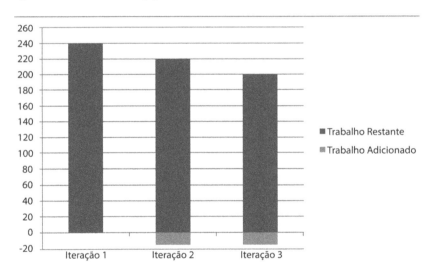

## 75. A

A velocidade é calculada levando em conta o esforço concluído, que por sua vez é estimado através do consenso da equipe (*planning poker*, estimativa por afinidade, *Wideband Delphi*) e não através de opinião de especialistas.

## 248 Gerenciamento Ágil de Projetos

### 76. B

Questão do código de ética e decisões de produto.

Nesta questão o valor da honestidade está sendo testado. Não tomar nenhuma atitude e ocultar a informação do cliente viola totalmente os valores de ética de um bom gerente de projetos.

Informar o patrocinador e a alta gerência é simplesmente repassar o problema e não agir de forma colaborativa. O mesmo se aplica ao comunicar ao cliente que o projeto é falho sem ao menos identificar alternativas para mitigar o risco identificado.

A melhor alternativa é trabalhar de forma colaborativa informando ao cliente sobre o problema e identificando alternativas com base na opinião da equipe; lembrando que decisões sobre o produto do projeto são de única e exclusiva responsabilidade do cliente.

### 77. B

Elaborar diagramas de fluxo cumulativos é uma técnica utilizada para monitoramento dos processos e identificação de possíveis problemas, gargalos e datas de finalização.

### 78. D

Uma questão longa e confusa, com resposta bem objetiva. Se três *user stories* foram concluídas, com estimativas de 5, 4 e 0 *story points*, a velocidade da equipe é simplesmente a soma das três, ou seja, 9 *story points*. A quantidade de dias necessários para concluir as *user stories* não interfere em absolutamente nada na resposta da questão.

### 79. D

O quadro de tarefas mostra o andamento das tarefas do projeto através de colunas como "A fazer", "Fazendo" e "Concluído".

### 80. A

Repare que a questão fala do gráfico *burndown* da iteração, que lista o esforço remanescente da iteração através dos dias da iteração.

### 81. D

Evitar débito técnico significa evitar defeitos e consequentemente evitar que requisitos sejam considerados em não conformidade com a definição de pronto.

A programação em par é uma prática do XP que ajuda a mitigar o risco de débito técnico.

Trabalhar colaborativamente também contribui para a equipe entregar as *user stories* acordadas no planejamento da iteração.

Logo, todas as alternativas são válidas para ajudar a melhorar a velocidade da equipe.

### 82. C

Funcionalidades hoje descritas como "excitantes" ou "satisfatórias" migrarão para "insatisfatórias" ou "indiferentes", ou seja, o que é novidade hoje se torna padrão amanhã, e não o contrário.

### 83. A

O gerenciamento do valor agregado é feito em nível de *release* e não em nível de produto, e só são computadas *story points* concluídas (*Done*), descartando as alternativas B, C e, consequentemente, D.

Resta a alternativa A, que fala que o gerenciamento ágil de valor agregado é uma técnica valiosa para medir o desempenho de custos do projeto.

### 84. C

Lembre-se dos processos empíricos, onde o conhecimento é adquirido através da experiência.

### 85. C

A questão já informa a velocidade média da equipe, portanto não é necessário fazer nenhum tipo de cálculo.

Uma vez que a capacidade da equipe dentro de uma iteração é de 18 *story points*, o cliente deve selecionar as *user stories* 1, 2, 4 e 6, que totalizam 18 *story points*.

### 86. B

Dentre as opções da questão, *story points* é a unidade de medida correta para medir o esforço de uma *user story*.

### 87. B

Decisões sobre a meta da iteração é de única e exclusiva responsabilidade do cliente; portanto, o melhor a fazer é orientar o gerente de negócios sênior a direcionar a questão com o cliente.

### 88. D

A velocidade da equipe é uma entrada do planejamento de *release*, pois dá subsídio para a estimativa de quantas iterações serão necessárias para concluir o *release*.

## 250    Gerenciamento Ágil de Projetos

### 89. A

O gráfico *burndown* de riscos não traz nenhuma informação sobre custos, eliminando assim as alternativas C e D.

O gráfico *burndown* mostra a evolução da severidade dos riscos na linha do tempo, se estão diminuindo de forma adequada ou aumentando.

### 90. D

O cliente tem autonomia para cancelar uma iteração, caso sua meta seja alterada drasticamente ou não faça mais sentido para o negócio.

### 91. C

Repare que a questão descreve um *release* orientado a entrega por data (*date-driven*), sendo que o escopo deve ser flexível. Devido à flexibilidade do escopo, o plano de *release* deve ser revisado ao final de cada iteração para garantir que o escopo selecionado entregue valor e qualidade (restrições fixas do triângulo ágil) ao cliente.

### 92. C

As retrospectivas são reuniões que ocorrem ao final de cada de iteração, onde todos da equipe do projeto (equipe e cliente) identificam como melhorar seus processos e sua forma de trabalhar.

### 93. B

Questão sobre ROI (retorno sobre o investimento). Quanto maior o tempo de retorno, maior o risco do projeto.

### 94. B

O gráfico *burndown* de *release* lista a evolução do esforço ao longo das iterações. Na reunião de revisão da iteração o cliente dá aceite nos requisitos que atenderam à definição de pronto (*Done*) e serão refletidos no gráfico *burndown*, e rejeita os requisitos que não atenderam à definição de pronto (*Undone*), que devem retornar ao *backlog* do produto.

### 95. B

A revisão da iteração é o momento onde cliente e partes interessadas inspecionam o incremento de produto gerado na iteração, fornecem *feedback* e identificam melhorias e correções a serem planejadas nas iterações seguintes.

## Melhoria Contínua 251

### 96. A

Para realizar a estimativa de custos é necessário saber quantas iterações estão previstas no *release*, através do planejamento de *release*.

### 97. C

A fórmula descrita é a fórmula do Valor Presente (*Present Value* – PV), que representa um valor futuro expresso em valores atuais. Para o cálculo do Valor Presente Líquido (*Net Present Value* – NPV), os custos devem ser subtraídos do valor calculado pela fórmula do Valor Presente.

### 98. A

Seguindo os conceitos de auto-organização e autodireção, a própria equipe é responsável por suas ações e decisões dentro do projeto.

### 99. C

O *planning poker* é um jogo de planejamento que visa buscar o consenso através da convergência de opiniões dos membros da equipe.

Utilizar a maior, a menor ou a média das estimativas não são boas práticas para obter o melhor do *planning poker*.

### 100. D

Quanto mais características da persona selecionada, melhor será a coleta de requisitos. Essas características podem ser: idade, retrato, perfil profissional, experiência profissional e expectativas.

### 101. C

Seguindo os conceitos de decomposição orientada a valor, o cliente deve decompor o épico em *user stories* menores.

### 102. C

INVEST:

- ▸▸ *Independent* (**Independentes**) – *User stories* devem ser independentes umas das outras.
- ▸▸ *Negotiable* (**Negociáveis**) – *User stories* não são contratos, mas lembretes para discussões.

# 252 Gerenciamento Ágil de Projetos

▶▶ *Valuable* (**Valor**) – *User stories* devem agregar valor para o cliente.

▶▶ *Estimable* (**Estimáveis**) – A equipe deve ser capaz de estimar o esforço para concluir as *user stories*.

▶▶ *Small* (**Pequenas**) – *User stories* grandes dificultam as estimativas, bem como *user stories* muito pequenas. Quebre ou agrupe, dependendo do caso.

▶▶ *Testable* (**Testáveis**) – *User stories* devem ser possíveis de ser testadas.

## 103. C

No *Wideband Delphi* cada membro da equipe coloca sua estimativa das *user stories* ou tarefas (horas/dias/*story points*/valor) em um pedaço de papel, porém não revela sua estimativa aos demais membros da equipe.

Um facilitador coleta as informações e lança os resultados em um quadro. A equipe discute o resultado e repete o procedimento até as estimativas chegarem próximas de um consenso.

## 104. D

A questão não possui nenhuma alternativa falsa, todas estão corretas.

A sequência de Fibonacci (escala não linear) é utilizada para estimar. Podem existir *user stories* com estimativa zero, e *user stories* com estimativas maiores que 13 *story points* podem ser consideradas épicos e devem ser decompostas.

## 105. D

Na propriedade coletiva de código todos podem alterar o código de todos. Não existe o "dono" do código ou da funcionalidade.

## 106. B

Repare que a questão trata de um épico que não cabe dentro de uma iteração. Dessa forma, o cliente deve decompor o épico em *user stories* menores.

"Mas, Vitor, então qual é a diferença entre a alternativa A e a alternativa B, sendo que ambas estão decompondo o épico?".

Perceba que na alternativa A a decomposição está se baseando em detalhes extremamente técnicos que o cliente não possui a obrigação de saber. Na alternativa B o cliente está decompondo o épico em menores funcionalidades do produto.

A alternativa C é totalmente incorreta, pois toda iteração **DEVE** entregar valor ao produto.

# Melhoria Contínua   253

E com relação à alternativa D, lembre-se de que uma iteração é um evento *timeboxed* (tempo determinado) e **JAMAIS** deve ser prorrogada.

## 107. D

Personas são personagens criadas para representar os diferentes tipos de usuários que utilizarão o produto.

## 108. A

Um épico é uma *user story* detalhada em alto nível.

## 109. C

Embora a alternativa B esteja correta também, lembre-se de que o foco principal do mapeamento de fluxo de valor é identificar desperdícios e oportunidades de melhorias nos processos atuais, visando aumentar o ciclo de eficiência.

## 110. B

Levando o acrônimo INVEST em consideração:

"O administrador pode gerenciar os livros que ele adicionou."

Não é uma *user story* pequena (*Small*) e nem testável (*Testable*), pois a palavra "gerenciar" deixa a *user story* vaga, tornando-a um épico.

"O administrador pode adicionar, editar e excluir vários livros."

Não é uma *user story* pequena (*Small*). O ideal seria decompor essa *user story* por funcionalidade (adicionar, editar, excluir).

"O código deve ser escrito em Java."

Como o cliente irá testar essa *user story*?

"O administrador pode atualizar a disponibilidade do livro."

Esta sim é uma boa *user story*. Possui um objetivo simples (*Small*): atualizar se um livro está disponível ou não, é perfeitamente testável (*Testable*) e atende aos demais critérios do acrônimo INVEST.

## 111. C

O segredo da questão está em "funcionalidades de alto nível".

O *roadmap* do produto é um panorama visual dos lançamentos (*releases*) do produto e suas funcionalidades principais na linha do tempo. É uma visão de alto nível do produto criada pelo cliente.

# 254 Gerenciamento Ágil de Projetos

## 112. C

A técnica da triangulação consiste em comparar uma *user story* a uma *user story* de menor esforço e a outra de maior esforço.

## 113. A

Os testes de aceitação devem ser escritos o quanto antes, pois ajudam a equipe de desenvolvimento no entendimento da *user story* e na elaboração do teste unitário.

## 114. C

A iteração é um evento *timeboxed* (tempo determinado) e jamais pode ser prorrogada, além de não existir nenhuma "reunião de comprometimento" em projetos ágeis.

Solicitar que a equipe pare de trabalhar e transfira a *user story* para a iteração seguinte também não é correto, pois decisões de produto são de única e exclusiva responsabilidade do cliente.

Deixar a equipe trabalhar e "ver no que vai dar" também é uma péssima alternativa, pois possivelmente não atingirá a definição de pronto esperada pelo cliente.

Discutir com o cliente, apontar alternativas e encontrar soluções viáveis dentro do período da iteração é a melhor saída.

## 115. A

Horas ideais representam a quantidade de horas que efetivamente serão gastas no projeto, descontando as horas gastas em outros tipos de trabalho ou distrações.

## 116. C

Analisando alternativa a alternativa:

"1. Se uma *user story* não for concluída, seu percentual de conclusão é computado no cálculo da velocidade."

Errado! Apenas requisitos concluídos devem ser considerados na composição da velocidade.

"2. Velocidade evita erros de estimativa."

Correto! A velocidade dá subsídio para o cálculo da quantidade de iterações necessárias para completar um *release* e evita a famosa técnica de estimativa chamada "chute".

"3. Velocidade ajuda na satisfação do cliente."

Correto! É uma métrica que dá visibilidade ao cliente sobre o ritmo da equipe e a quantidade de trabalho que está sendo entregue.

## Melhoria Contínua 255

"4. Velocidade ajuda a estimar a data final do *release*."

Correto! Com a quantidade total de *story points* do *release* dividida pela velocidade média se obtém a quantidade estimada de iterações.

### 117. A

Configurar o cenário é o primeiro passo de uma reunião de retrospectiva.

### 118. C

Testes escritos sob o ponto de vista do cliente fazem parte do desenvolvimento orientado a testes de aceitação.

### 119. B

Questão difícil!

Primeiramente calcula-se a velocidade média da equipe:

$(15 + 10 + 20 + 15 + 20 + 10) / 6 = 15$ *story points*/iteração.

Agora identificam-se quantos itens do *product backlog* totalizam 15 *story points* dentro das alternativas apresentadas:

B. 1, 2, 3, 4 e 6

C. 1, 2, 3, 4, 7, 8 e 10

D. 1, 2, 3, e 5

E agora?

Para responder essa questão avalie qual alternativa entrega mais *user stories* prioritárias.

A alternativa C é a que entrega mais *user stories*, porém deixa as *user stories* 5 e 6 de fora.

A alternativa D deixa a *user story* 4 de fora e entrega quatro *user stories*.

A alternativa B entrega as quatro primeiras *user stories*, deixa a *user story* 5 de fora e entrega cinco *user stories*.

### 120. A

Em uma situação onde a equipe lida com o risco do desconhecido, uma solução *spike* é o caminho ideal.

# Considerações Finais

A figura a seguir ilustra um resumo das camadas de planejamento ágil com algumas ferramentas e técnicas abordadas no decorrer do livro, bem como a essência do que representa a agilidade.

Como dica final para o exame PMI-ACP, quando você tiver qualquer dúvida em alguma questão faça as seguintes perguntas:

- "Qual alternativa está mais aderente ao *framework* de uma equipe ágil detalhado no Capítulo 5?"
- "Qual alternativa está mais aderente aos valores e princípios do Manifesto Ágil detalhados no Capítulo 2?"

## 258 Gerenciamento Ágil de Projetos

Bom, é isso! Espero do fundo do coração que você tenha gostado do livro e o utilize não somente para estudar para o exame PMI-ACP, mas também para começar a introduzir práticas ágeis em seus projetos e em sua empresa.

Se você gostou do livro, que tal mantermos contato? Será uma honra para mim! Você pode entrar em contato comigo através de qualquer um dos canais a seguir:

▶▶ Site – <http://www.hiflex.com.br>

▶▶ LinkedIn – <http://www.linkedin.com/in/vitormassari>

▶▶ Facebook – <http://www.facebook.com/AgileCoachVitorMassari>

▶▶ Twitter – @AgileCoachSP

# Referências Bibliográficas

COHN, M. **Agile Estimating and Planning**. Upper Saddle River, NJ: Pearson Education, 2005. 368p.

COHN, M. **User Stories Applied**: for agile software development. Upper Saddle River, NJ: Pearson Education, 2004. 304p.

GRIFFITHS, M. **PMI-ACP$^{SM}$ Exam Prep**. Premier Edition. EUA: RMC Publications, 2012. 340p.

GRIFFITHS, M. **PMI-ACP$^{SM}$ Exam Prep**. Updated Second Edition. EUA: RMC Publications, 2015. 434p.

HIGHSMITH, J. **Gerenciamento Ágil de Projeto**. 2.ed. Rio de Janeiro: Alta Books, 2012. 387p.

MASSARI, V. **Agile Scrum Master no Gerenciamento Avançado de Projetos**. Rio de Janeiro: Brasport, 2015. 289p.

PICHLER, R. **Gestão de Produtos com Scrum**: implementando métodos ágeis na criação e desenvolvimento de produtos. Rio de Janeiro: Elsevier, 2011. 152p.

PROJECT MANAGEMENT INSTITUTE. **Um Guia do Conhecimento em Gerenciamento de Projetos (Guia PMBOK)**. 6.ed. 2017. 496p.

PROJECT MANAGEMENT INSTITUTE. **Guia Ágil**. 2017. 136p.

SCHWABER, K. **Agile Project Management With Scrum**. Redmond, WA: Microsoft Press, 2004. 192p.

Acompanhe a BRASPORT nas redes sociais e receba regularmente informações sobre atualizações, promoções e lançamentos.

 @Brasport

 /brasporteditora

 /editorabrasport

 /editoraBrasport

## Sua sugestão será bem-vinda!

Envie uma mensagem para **marketing@brasport.com.br** informando se deseja receber nossas newsletters através do seu e-mail.